大是文化

他的一句話直接影響油價、
一個動作震盪世界經濟，
沙烏地阿拉伯油王告訴你，
世界的權力如何運作！

油價決定者

前沙特阿美總裁、國王欽點、
史上最具影響力的沙烏地阿拉伯石油部長
阿里・阿爾納米——著　易敬能——譯
Ali Al-Naimi

Out of the Desert: My Journey from Nomadic Bedouin to the Heart of Global Oil

CONTENTS

第二部 國王總統遇刺，石油榮景下的亂世

推薦序

油價暴漲暴跌，阿爾納米提供了最一針見血的洞見

——中央大學管理講座教授、中華經濟研究院前董事長　梁啟源

這是描寫一個出生於窮苦但強悍的沙烏地阿拉伯游牧部落小孩，他力爭上游最後成為世界油價決定者的故事。故事的主人翁阿爾納米，任職於沙烏地阿拉伯最大的石油公司——沙特阿美公司長達七十年，期間由辦公室打雜的小弟一路爬升到總裁。擔任沙特阿美總裁十一年後，又被國王任命為沙國的石油部長，並參與OPEC決策長達二十年。由於沙烏地阿拉伯是世界最大的石油生產國及蘊藏國，阿爾納米的決定對世界油價可說是舉足輕重。

全書以主人翁阿爾納米的生平為經，以石油產業及沙烏地阿拉伯的經濟發展為緯。阿爾納米即使成功，仍謙稱自己是「認真工作、好運還有讓老闆覺得風光滿面」。實際上，**他不但熱情、果斷，還有不服輸、努力提升自己的決心，再加上敬業的精神，而且還能以創新**

思維積極解決問題。作為地質工程師，他善用產油的副產品天然氣，而不是直接燒掉。他大膽嘗試以海水代替珍稀的淡水，注入油井來增加產油，並以水平探井及三維震測讓老油井重生，還藉此發現新的大油田，更為沙特阿美公司打開亞洲市場。

作者在他任職沙國石油部長期間歷經波灣戰爭、亞洲金融風暴、美國科技泡沫、二〇〇四年一月至二〇〇八年六月油價飆漲、二〇〇八年九月世界金融大海嘯，及二〇一四年七月之後迄今的油價大崩跌，**國際油價在此段時間時而暴漲時而暴跌，作者阿爾納米能一針見血的分析此段期間影響石油價格變動的原因，還能洞著機先**，令人深感佩服。

舉例來說，二〇〇四年至二〇〇八年油價飆升，他認為期貨市場的投機性採購，也是推高油價的幕後黑手，並無石油短絀一事。許多實證研究，包括我個人的著作，均支持他上述的看法。二〇一四年下半年後，油價因美國頁岩油革命的影響大幅崩跌，他堅持ＯＰＥＣ及非ＯＰＥＣ石油出口國須共同合作減產，未來油價則由市場供需的力量決定，這有助於我們掌握未來油價變動的方向。

沙烏地阿拉伯發現石油後，由八十年前的落後窮困，政府還得仰賴伊斯蘭教徒朝聖的稅收，到藉由發展石油產業及石化產業，快速的發展成世界上相對富有的國家。在這個過程中，阿爾納米領導的沙特阿美公司貢獻甚大，他甚至親自參與規畫及興建阿卜杜拉國王科技大學，及阿卜杜拉國王石油研究中心。

總而言之，作者以其親身的經歷，和敏銳的觀察力，幽默風趣的寫下此書，全書引人入勝，開卷後令人廢寢忘食，欲罷不能。此書不只是阿爾納米成功的自傳，足為青年勵志，也是了解世界石油發展史，及沙烏地阿拉伯經濟發展史必讀的好書。

前言

從放羊的孩子，成為油價決定者

西元一九三五年，我出生在現今沙烏地阿拉伯的東部沙漠中。我母親屬於貝都因族（源自阿拉伯語，意思是全家或部落一起旅居的沙漠之民）。八歲前，我們跟著家族在附近四處遷徙，尋找放牧牲口的水源和地點。四歲時的第一份工作，就是照顧小羊。

看起來好像很浪漫，實際上卻不是如此。我們的生活朝不保夕、水源稀少、食物匱乏，又沒有現代化的電力來源，在荒漠中絕對沒有電源開關可以扳動。氣候和生活條件又很嚴苛，夏天熱得要死，夜晚冷得要命。我到九歲才有第一雙鞋，但在漫漫沙漠中，根本不需要穿鞋子。這樣的生活造就出堅毅的心志。這樣的人生反而讓人勇敢，我們都成了勇士。

之後，在西元一九三八年，**美國探油人士偶然發現石油。沙烏地阿拉伯的生活從此有了天壤之別**。憑著好運氣及降臨在家人身上的厄運，我十二歲時開始在一家陌生的美國石油公司，擔任辦公室打雜小弟，而這家公司就是阿拉伯美國石油公司（Arabian-American Oil Company，簡稱Aramco，後改名為沙烏地阿拉伯國家石油公司〔Saudi Arabian Oil

Company〕，簡稱沙特阿美〔Saudi Aramco〕）。歷經將近七十年的光陰後，我仍在這家公司工作。

所有貝都因族的小朋友，不但學習速度快，工作又認真。我們不得不如此。我的熱忱受到賞識，也很幸運的，得以接受教育，先在沙烏地阿拉伯，再到黎巴嫩。最後還在賓州的理海大學主修地質學，並在加州史丹佛取得碩士學位。

這一切奠定了我的石油人生。我在一九六三年十一月回國，開始將我的所學應用在各類工作上。我一定做對了一些事，不然不會短時間內就頻頻獲得拔擢。

大家問我成功之道，我告訴他們：認真工作、好運，還有讓老闆覺得風光滿面。這個觀念很簡單。老闆有面子，就可能會高升，而你就能接替他的職位。這個辦法對我很管用。

我在一九八四年，擔任阿拉伯美國石油公司的沙烏地公司總裁。公司在一九八八年改名為沙烏地阿拉伯國家石油公司。無論怎麼看，這對一名貝都因族小孩而言，都是非常了不起的成就。

但我無暇慶祝。第一次波灣戰爭於一九九〇年爆發，對沙烏地阿拉伯龐大的儲油帶來直接威脅。多虧了我國人民和領袖的勇氣，及盟友不可或缺的支持，我們終於取得勝利。好在有沙烏地阿拉伯國家石油公司同仁的努力不懈，我們的石油事業才得以長存。

同時，我開始留意東方。中國正在崛起，沙特阿美感受到整個亞洲在未來有無限商機。

這是我探索新文化、結交新朋友和發揮協商長才的大好機會，我也可以趁機遠離舒適圈。

國王唯一欽點的石油部長

之後，在一九九五年，已經六十歲的我正想著要退休，而**國王的一通電話要我擔任石油部長**。這樣的大好機會絕不能放過。

逾二十年歲月的全新旅程就此展開，我得以和世界級領導者會面、磋商石油政策，並克服國內外各種艱鉅的挑戰。一九九七年八月，石油價格崩跌到每桶十美元以下，全球外交局勢大亂。到了二〇〇八年，油價攀升到一百四十七美元的天價，迫切需要磋商和訂定艱難的決策。

這趟旅程好比搭雲霄飛車，我從不回頭看，即使重來，我的決定依然不變。

至於撰寫這本自傳的動機，讓我先說清楚：我絕非自我感覺良好，或要追逐榮耀。多年來，許多人請我講述我的人生故事，但我沒有時間，意願也不大。老實說，我還是不確定這樣做是不是對的，但我知道我的人生和工作生涯很有趣，也很感謝對此感興趣的人。

寫這本書的理由很單純——就算只有一位年輕人讀了這本書，因為我的生涯而受到啟發，也算好事一件。沙烏地阿拉伯的年輕男女們，事實上可以說是所有阿拉伯青年，都可以把這本書作為模範。雖然已經有許多偉大的人物，但願我也能成為其中一位。如果我這個在沙漠出生的貝都因窮小子辦得到，不論誰都可以。

以更廣的層面來看，阿拉伯世界常被誤解。雖有大量媒體關注，但大多傳出很負面的消息，好像世界的這一帶，不是在口角就是在打仗。但實際上，我們不是這個樣子。阿拉伯人和所有人一樣，關心家人、關心小孩、關心健康也關心教育。阿拉伯人風趣、善良，而且極度忠誠。希望這本書能讓大家稍微理解阿拉伯真正的風貌。

第一部

我不是貴族，
這家外商是我唯一的
出頭路

1935

第一章

朝聖者變少，沙烏地不得已鑽出石油

我依然記得很清楚，我家的黑色帳篷在漫漫黃沙中擠成一團。我當時還是小男孩，視線從未離開它們。那些帳篷守護了我們這個緊緊相依的大家庭，這兩者都是我的世界中心。四歲時，我每天就開始跟同父異母的兄弟穆罕默德一起到外面顧羊。我們將一百五十頭羊看管在營帳附近。即使如此，回家時總還是發現會比清晨出發時少一、兩頭羊。

就這樣過了幾天，我叔叔親自接手：「阿里，我覺得有狼吃了你的羊。」也許他說中了，但這不是因為他會算術或讀寫。我們動身追殺那匹狼，一路追蹤牠到沙漠中某個懸崖的洞窟。

叔叔從附近的沙漠收集了一把灌木。他對我們說，當他拎著老舊步槍，奔進洞裡殺狼的時候，我們就把灌木堆在洞窟的入口。

他說，要是聽到槍聲，灌木又沒動，代表狼應該被他殺死了，但要是聽到槍聲，而灌木又動了，就表示沒打中，而那匹狼會驚慌憤怒的追我們。到時候，我們就要把及踝的長袍拉緊，準備衝回帳篷去。當時我們的年紀還太小，所以完全不懂其實狼要追到我們，就像追到羊一樣輕鬆。

槍聲響起。我們擔心了一會兒，接著叔叔拖著那

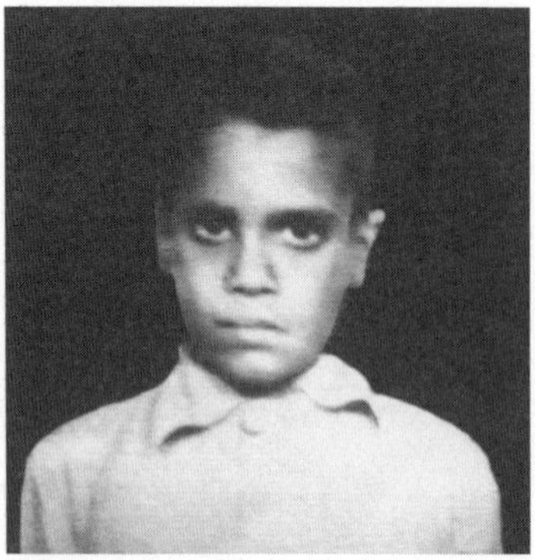

▲目前我所知的第一張個人照，大約 9 或 10 歲。我 8 歲前都在阿拉伯東部沙漠四處遷徙。

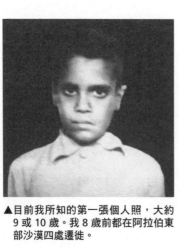

匹死狼走出來。這匹狼大啖了我們的羊，看來肥嘟嘟的。剝皮切塊後，我們這群小男生大口享用這匹狼。我還記得狼肉很鹹，但叔叔對我們說，只要吃一片狼肉，就會變得勇氣百倍，所以我們當然照辦。為了不受邪靈侵擾（我們把邪靈稱作「傑尼」），叔叔給每個人一顆狼牙避邪，我們用線穿好戴在脖子上。我戴著它好多年。

我出生於一九三五年，**那時的世界數百年來未曾變過。家人只能盡力求溫飽，但也僅止於此。大自然定下了依季節遷徙的規律**，我們必須無休無止的尋找水源，讓駱駝、綿羊與山羊有青草吃。這種生活模式和現代世界完全脫節。說我們不懂現代金融與科技，實在太輕描淡寫，因為應該說這樣的知識，在部落文化中完全不存在。假如我生在一八三〇年代、一七三〇年代，甚至一六三〇年代，可能跟我在沙烏地阿拉伯度過的赤腳童年時光，也相差無幾。

烈日、明月、繁星和圍坐營火的家人，就是我們的教室。在海岸貿易小鎮與棗椰樹綠洲流傳的八卦，就是我們的網路。貧困與營養不良對我不重要，因為這就我們認知的一切。這樣的生活方式很好，家人與部落永遠相親相愛。

我出生時，我的國家才剛建立三年。阿卜杜勒・阿齊茲國王（Saud bin Abdul Aziz）耗費了三十年的時間，建立這個國家。他憑著耐心、勇氣，和僅靠著揮動刀劍與步槍的駱駝騎兵，建立了這個王國，橫跨阿拉伯半島自治區與半自治區，面積和密西西比河以東的美國領土一樣大。這家族歷時數世紀才得以實現這個天命。

至少從一七二〇年起，沙地家族（House of Saud，今沙烏地阿拉伯的王室，有一萬多名成員）就已成為領袖，領導阿拉伯部落南征北討。沙地家族由利雅德（Riyadh，沙烏地阿拉伯的首都和最大城市）北部的德拉伊耶（Diriyah，沙烏地阿拉伯利雅得省的一個城鎮）發跡，勢力逐漸擴張。十九世紀期間，這個家族領軍，對抗有鄂圖曼帝國撐腰的部落，挑戰日增。同一時期，他們也小心的與另一個掌控這區的強權大英帝國保持距離。

一場經濟大蕭條，逼得國王挖黑金

我國開國國王的父親，在一八九一年慘遭大敗，首都利雅德被阿拉伯北中部的拉席德家族（Al-Rashid）奪走。走出這場敗仗的絕望後，阿卜杜勒・阿齊茲發誓一定要贏得最後勝利。為了鍛鍊戰鬥與求生技能，他與魯卜哈利沙漠（Rub' al Khali，意為「空曠的四分之一」，由於其面積占據阿拉伯半島約四分之一而得名）邊陲的高傲部落穆拉（Al Murrah）一起生活。

一八九六年起，他與父親成為科威特王朝的貴賓好幾年。在這個波斯灣貿易站，我們未來的國王不斷鍛鍊自己，好準備將來成為領袖。**他親眼見證不管是針對阿拉伯還是其他地**

區，精明的談判人員有多重要。一九〇二年，他已經準備好實現自己的天命。這位年輕的沙烏地王子獲得一小隊的戰士支援，親自領軍、大膽夜襲，將拉席德家族逐出利雅德。阿卜杜勒・阿齊茲成功上演王子復仇記、取得沙烏地部落的領導權，就此踏上三十年的建國之路。

我的部落對此渾然不知，幸福的生活著。不過，到了一九三〇年代，經濟大蕭條肆虐許多開發中國家，利雅德政府也受到影響。沙烏地阿拉伯的早期經濟，相當仰賴每年前往穆斯林聖城麥加與麥地那的朝聖者。在一九二〇年代末期，每年的朝聖人數有十萬人，到我出生前已經跌到只剩兩萬人。

朝聖者越少，沙烏地阿拉伯國王身為聖地守護者，可以抽的稅就越少。我們急需這筆錢來建立新國家。即便如此，國王想讓新國家繁榮茁壯的決心還是未曾動搖。只有極少數沙烏地親信知道的情況下，**尋找新收入來源的任務早已悄悄展開**。這次任務的成果（最後成為全球已知、最豐富的儲備原油），不但**迅速將沙烏地阿拉伯的經濟改頭換面，甚至還重塑了全球經濟**。

不知道是不是因為有這條狼牙鍊保佑，我有幸幾乎是從一開始，就親眼見證這段不可思議的轉型。從我出生那一天起，我與我的國家就已密不可分。幾十年後，我在這家石油企業不斷的晉升，成為阿美公司第一位沙烏地阿拉伯籍執行長。而且從一九九五年開始，擔任沙烏地阿拉伯石油暨礦產資源部長，並在石油輸出國家組織（Organization of the Petroleum

Exporting Countries，簡稱OPEC）代表沙烏地阿拉伯。

擔任石油部長時，我行遍世界各地，遇見了一些非常值得欽佩的國家元首，同時我也和國王協商，協助打造沙烏地阿拉伯的全球石油政策，有些人說生活因此變得更好了，有些人則不苟同。二〇一四年底開始，油價在幾個月內下跌了五〇%，許多石油生產國指責沙烏地阿拉伯。也許他們該看看鏡子，問問到底是誰生產了這麼多石油。誰會料想到當時大肆批評的人，會冀望沙烏地阿拉伯提高油價？但是，現在下定論還太早。

每天都有我這一代的沙烏地人逝世。我們的孫子和曾孫在我國的現代都會長大，整天盯著智慧型手機。記憶中，我們在荒漠天空下曬著烈日、仰望星辰的日子，對年輕沙烏地人來說，幾乎是外星人的生活了，他們和在西方長大的人沒兩樣。然而，那段過去值得牢記，也值得世世代代流傳下去。接下來故事的主人翁，是一位貝都因男孩，他家世寒微、平凡無奇，但是當他的世界發生變化時，他順勢而為。我和多數一起長大的男孩一樣，習慣拚了命的工作。我得以在嶄新的沙烏地世界步步高升，這種個性肯定大有助益。不過，我也很幸運就是了。

在貝都因，說你文明不是一種讚美

我八歲前過著游牧生活。我的家人和族人都是貝都因人（或稱貝都人）。這個名字源自於阿拉伯語，意思是全家或整個部落一起旅居的沙漠之民。多個家庭組成一個部族，而許多部族聚在一起又形成部落。雖然人數會有增減，我們一群人在阿拉伯半島的沙漠和灌木地之間遷徙，人數大約五十到一百人。部落會依照傳統，大致劃分畜養牲口用的領地，這種習俗稱為迪拉赫（Dirah）。領地中的水井僅供這些部落專用，如果從其他部落的水井取水，特別是在乾旱期間，可能會被當作侵略。

我們住在黑羊毛做成的四方形帳篷中，內部非常寬敞，阿拉伯語叫做「baytal-shar」，意為「毛屋」。部落會依季節驅趕牲口、尋找草地和水源。帳篷在順風處保持敞開，通常由布簾分成三個部分：一處給男性和招待男性賓客使用，一處為家庭用，另一處則為烹飪用。寬鬆的布料有利通風，讓風吹出大部分的沙子（但絕沒辦法吹走所有沙子），而地毯就是我們的地板。

雖然在阿拉伯灣沿岸驛站間艱苦跋涉時，我們會遇到其他人，大多是像我們這種阿拉伯人，但彼此的生活幾乎完全繞著家庭和部落打轉，而且表親通婚更是司空見慣。我們為了放牧千里跋涉，由沙烏地阿拉伯北邊國界的科威特城，到廣闊的棗椰綠洲，和距離東邊與南邊逾五百公里遠的胡富夫古鎮（Hofuf，位於該國東部布蓋格油田西南面，由東部省負責管轄，是該國的文化和教育中心）。在那裡，我們用綿羊、山羊或駱駝和羊奶或羊毛，交換穀類、其他乾貨和主食。

外人常誤解和恐懼貝都因人。我們的確很能吃苦。醫學博士保羅・哈里森（Paul Harrison）造訪這一帶後，寫下了《阿拉伯醫生》（*Doctor in Arabia*）一書，在一九四三年出版。他精準的形容我們：「貝都因人看世界的眼光，與眾不同。」即使在今天，這樣的描述仍千真萬確。他接著說：

> 貝都因人大部分的時間都與山羊共同生活、為牠們引路、保護牠免受敵人襲擊……整天和羊群跋山涉水，帶牠們找到最好的食物和水源。相對的，貝都因人以羊奶、羊肉、羊皮和羊毛維生。大家和諧共處、互助共存、彼此相依為命，在世上最自由也最貧瘠的土地上結伴同行。

我不記得那裡有多貧瘠，但他的評論確實很精闢：「**貝都因人的耐力無極限。**」

我父親埃布拉辛（Ibrahim）屬於阿爾納米部落（Al-Naimi）。母親法蒂瑪（Fatima）屬於阿治曼部落（Ajman）。這兩個部落都是阿拉伯半島的望族。我的父親與舅舅從事採珠工作時，他們倆人相遇，而且很早婚，當年我母親也許只有十四歲。按照慣例，我承襲父親部落的名字，但因為幾年後、**我還在她腹中時，父親便和她離婚**，所以我在母親的部落出生和長大。

不熟悉傳統社會的人可能覺得很震驚，但是對於貝都因人，大家庭（父母、〔外〕祖父母、姑姨和叔舅）始終是部落文化的核心。我母親沒有因為離婚而被排擠，她和孩子被接回娘家，後來又改嫁給我的繼父。我的父親則與其第二任太太生了孩子，但我和他們沒有什麼接觸。

我母親是一位矮胖、親切的女性，身高不到一百五十公分。和多數貝都因女性一樣，平常總是穿著一身黑色的服飾，戴著素淨的銀製首飾。她在小村莊拉凱干（Ar-Rkah）生了我，這個小村莊現在隸屬阿拉伯灣沿岸的胡拜爾市（Al-Khobar），而且因為它提供這一帶所有部落所需的自流井水，所以很受貝都因族喜愛。

因為習俗，也因為貧窮，所以我在家庭的帳篷中出生。雖然有類似助產士的人助產，但這一帶沒有醫院。我在家排行老五：育瑟夫（Yousef）、瑪綠恩（Maryam，獨女，在我出生前就夭折了）、阿里（Ali）、阿布杜勒（Abdullah）和我——小阿里（Little Ali）。在這種環境中養大孩子並不簡單。因為飲食缺乏維生素，所以我們容易罹患許多疾病，預期壽命也比較短。與中東居住較為安定的族群相比，**貝都因人個頭比較矮小，而且因為我母親的遺**

傳，我是矮子族裡的小矮子。

在我呱呱落地後，我們搬到利雅德東部的蘇曼（Summan）。雨季時，蘇曼的土壤非常肥沃，大量的青草可供牲口食用，因此我們會在那度過冬、春兩季，然後四處遷徙，為族人和動物尋找水源。我們有很多肉、奶類，但當時除了棗子外，根本沒什麼蔬菜水果可吃。

每天黎明前的祝禱，都為新的一天揭開序幕。如果附近沒有清真寺，就會面向麥加方向，把朝拜毯在沙漠上排好。禱告結束後，部落男長老會用研缽和研棒將咖啡豆磨碎，我至今都還記得那種聲音。長老會呼喚我們享用非常簡單的早餐，只有香氣馥郁的咖啡和棗子，而駱駝奶則留給小孩喝。

因為沒有正式學校，部落的男孩多得是時間，可以在沙漠探險，當然還有惡搞。我們會捕捉小蜥蜴（Damusas），串在一起烤。後來我學會做小型陷阱來捕鳥，然後烤來吃。我們曾把小棍子捅進洞裡，看看有沒有蜥蜴會跑出來。有一天我覺得很無聊，於是大便在其中一個洞裡。我聽到洞裡發出聲音。突然間，一隻沒有腿的蜥蜴衝出來。我奔回帳篷，一路上尖叫著有東西在追我。一位名叫甘納斯（Gannas）的貝都因獵人殺了這條蛇。這原來是一條非常罕見、毒性很強的沙漠眼鏡蛇。幾年後，我高興的在沙特阿美，錄取他才華洋溢的兒子作為部屬。

部落的孩子們都很聽話。與其他宗教慣例不同，穆斯林男孩通常出生不久後，就會接受割禮。當我們一群人直愣愣的躺在我家帳篷的地板上時，我已經五歲了。沒有人告訴我們接下來會發生什麼事。我母親叫我看著帳篷的天花板。有一個男人（不是宗教領袖）來到我們身邊，用一把鋒利的工具，**把我們一個一個給喀擦掉**。

荒漠一旦改變，就再也停不下來了

沙漠生活也有好玩的時候。我母親嫁給繼父時的嫁妝，是一隻美麗的白駱駝。家族做了一個放在動物背上的小轎子（Hawdaj），就像馬鞍一樣載著母親、我和哥哥穆罕默德。駱駝寬大的腳掌踏在沙上很穩健，但踏上鹽沼（Sabkhas）地卻走不動了，因為這些鹽灘上，通常滿是滑溜溜的泥巴。有一天在往胡富夫的路上，我們的駱駝踩到了一個滑溜的地方。牠從我母親身體下方，四腳朝天的滑了出去。我們感到一陣慌亂，揮舞著雙手，從駱駝上跌了下來。後來，駱駝又重新站起來，讓我們再騎上去。多年以後，同樣的戲碼又重新上演：但換成石油公司的卡車，沉入泥洞到車軸這麼高，花了我好大的力氣才把它從洞裡拉出來。

雖然我的體型和其他貝都因男生類似，但因為我父親之前一直從事採珠業，又住在阿拉伯灣沿岸的村莊，所以在我們的社會中，大家認為我很與眾不同。對貝都因人來說，我不算貝都因人。他們認為我很「Hadhari」，意思是很文明、很有教養。有時身為外人的感覺很不好，但也讓我有機會看到傳統社會以外的機會。

在那個世界裡，「很文明」並不是什麼讚美，因為驕傲的貝都因族認為，自己的游牧生活不但建構在詳盡的榮譽守則、代代相傳的口述歷史，和英勇事蹟上，還是阿拉伯人之所以成為阿拉伯人的核心要素。**他們看不起那些依賴田地或村莊生活的人，甚至覺得那些人像是役畜一樣。貝都因人也厭惡任何與海洋相關的東西**，包括吃魚、貝類，和採集珍珠。日後學打棒球時，我知道我這個貝都因人，再多一種外地人的特質，就會被三振了。

然而，外人的身分還是有幾項好處。即使我還是小孩，卻一直被當成客人。因此每當要烹調羊肉招待客人時，他們會把羊肉放在飯上，而且依照傳統，我應該分到羊頭。我總是帶著羊頭跑，但跑不遠，因為其他男生會追上我，一把搶走羊頭。我們會爭搶，看誰先把眼睛扯下來，誰又會搶到舌頭等。可惜的是，羊頭常會從我的腋下滑出來，滾進沙堆裡。最後我們會撕開頭骨，一起享用羊腦。那真是道地的人間美味。

八歲時有一天，母親告訴我，我得搬去和父親與他的家人——阿爾納米族一起住。當時她正和繼父辦離婚，在沙烏地文化中，離婚手續相當簡單，而她也決定不要繼續留在阿治曼部落。由於這些原因，她決定是時候該讓我見見父親了。我不知道該怎麼辦。我們騎駱駝到父親家，他的家在海岸附近的阿赫薩（Al-Hasa），也就是現在達蘭機場（Dhahran airport）的所在地。看到當時的阿爾納米族，也生活在像我住的帳篷裡後，我才鬆了一口氣。

我對父親之前的工作感到很好奇。幾世紀以來，我們稱為採珠的工作，都是阿拉伯灣各城邦和各地區的主要收入來源之一。傳統上，潛水員會在採珠季期間（六月至九月）集體作業，他們戴著鼻塞，腰間綁著繩子。肺活量最大的游泳高手會帶著籃子，從主船潛入海底，在淺海岸的水域中尋找牡蠣，有些人甚至可以潛入水中整整兩分鐘。他們一用力拉繩子，船上的隊友就會把他們和牡蠣籃一起拉上船。潛水員、拖伕與船長共同分享利潤，而經紀人和中間商則會在整個地區及歐洲買賣珍珠。

然而，我隨即發現，事實上父親早在幾年前就不採珍珠了，他早就失業了。日本養珠業在一九三〇年代初蓬勃成長，再加上全球景氣蕭條導致需求驟減，波斯灣地區許多的相關生意也因此失敗。

波斯灣珍珠市場崩盤，為這一帶沿海人民數百年的工作機會奏起輓歌。但顯然，雨後總會天晴。採珠工不怕工作辛苦，所以**許多先前從事採珠的部落成員，不但很快就成為沙烏地石油業的早期員工**，還嶄露頭角。我和接替我沙特阿美執行長職位的阿卜杜拉．舒馬赫（Abdallah Jum'ah）都是採珠人、潛水夫的兒子。

當我長大成人時，我的國家也在成長，但我們顯然沒有真的察覺到，所有事情變化的程度和速度。我的朋友納賽爾．阿吉米（Nassir Al-Ajmi）也是貝都因人，日後成了沙特阿美行政總裁，他概述了當時我們這群男生的未來：

我來自沙漠。七歲時就明白我父親懂的所有事情。我以為人生不過如此。但是後來，我看到新的設備和機器，這些不是駱駝、不是驢、不是馬、不是綿羊，也不是山羊。然後，你**在心裡對自己說，你並非無所不知。你想了解更多，改變就此開始。**

他說得對。而且，改變一旦開始，就再也停不下來。

1935~1945

第二章

石油王國沙烏地，靠一位咱們貝都因人

沙烏地阿拉伯建國後，國王和幕僚就一直密切注意這一帶的石油業發展。他們密切注意附近的巴林（Bahrain，巴林王國，鄰近波斯灣西岸的島國，首都麥納麥，一九三三年發現石油，是海灣地區最早開採石油的國家），巴林酋長是國王的老友，而前幾年在這裡發現了石油。擔任國王幕僚的地質學家推論，也有可能在我國發現石油，而且我們極需現金來建國和照顧人民，所以這真是天大的好消息。

一九三三年春天，沙烏地阿拉伯剛建國一年，國王授予加利福尼亞標準石油（Standard Oil of California，簡稱Socal，今已成為雪佛龍股份有限公司〔Chevron Corporation〕的一部分）特許權。在沙烏地阿拉伯遼闊的國境內，他們在多數地區都具有權探勘石油。為了成功達成這項任務，石油公司成立了一家子公司——加利福尼亞阿拉伯標準石油公司（California Arabia Standard Oil Co，簡稱 Casoc）。就是這顆小小的種子，成長為今日茁壯的沙特阿美公司。

為了替我國爭取最好的財務條件，國王和幕僚聰明的**挑撥美國公司和它的競爭者**，也就是英國控制的伊拉克石油公司（Iraq Petroleum Company，簡稱ＩＰＣ）。長久以來，英國對這一區總是圖謀不軌，所以我國國王和波斯灣各國的領導者，都不太信任英國。

當時的紀錄顯示，英國並沒有看到阿拉伯潛在的龐大商機。一九二九年至一九三六年間，駐科威特的英國官員，狄亞士狄更斯德遜上校（Colonel H.R.P Dickson），在一九三一年寫了一份報告《阿拉伯的未來》（*The Future of Arabia*），並在其中形容阿拉伯「不過是一片大沙漠」。描述我國當時岌岌可危的財務困境時，他也說道：「當伊本．沙特（Ibn Saud，阿拉伯國家稱他為「阿卜杜勒．阿齊茲國王」〔Abdulaziz〕，西方國家稱他為「伊本．沙特」，首任沙烏地阿拉伯國王）消失後，阿拉伯也許就會垮臺、陷入一片混亂。」

對於當時已支持巴林石油產業的美國人，雖然大家對他們的看法不盡相同，但都沒有什麼正面評語。稱他們是一群只關心賣油錢的投機人士未必公道，但另一項因素卻對美國人極為有利。就如同《考利亞氏》（*Collier's*）雜誌的報導，當時國王對一位美國石油顧問說道：「你們距離好遙遠。」

磋商特許權時，有兩項關鍵因素。為了滿足我國急迫的財務需求，沙烏地阿拉伯的談判代表，想在初期拿到越多資金越好，但紀錄顯示，他們也很著重國家發展。在特許權協議共三十七條條文的三分之二處，第二十三條代表了未來數十年沙烏地社會的主要基石，而這條規定是：「本合約之企業由美國人員管理並監督，實際情況許可下，**應盡可能雇用沙烏地阿拉伯公民**。若該公司能找到符合資格之沙烏地員工，不得雇用其他國家公民。」

隨著這些年來，開發的腳步不斷加快，許多沙烏地阿拉伯同胞和我，都努力敦促這家石油公司兌現這項承諾。

第一批被大量雇用的沙烏地阿拉伯人都只是臨時工。一九三四年底，在達曼市

（Dammam，位於沙烏地阿拉伯的東部省，是沙特石油工業的重要中心）附近的胡拜爾，幾百人在波斯灣淺灣處蓋了一座碼頭，讓石油公司的船隻能運送補給用品。一九三五年春天，也就是我出生的那一年，他們開始在名為達曼穹頂（Dammam Dome）地層附近的「直布」（jebel，意思是小山丘）山腳下，蓋了第一座營地。

加利福尼亞阿拉伯標準石油公司的地質學家判定，這些小山丘和巴林產油的小山很相似，是鑽鑿探井的最佳地點。沒錯，一開始的推估讓人覺得希望無窮，但這則消息卻讓工人不是很舒服，因為大家的生活條件都很糟。沙烏地阿拉伯的工人都是男性，多數住在棕櫚樹建成的宿舍中，屋頂則由棕櫚葉編成。國王在這裡也只有一座清真寺。

國王召回貝都因探險家，以星辰助探油

貝都因族民獨有的方向感，讓他們的地位凌駕於臨時工所需的技能之上（沒錯，真的很厲害）。**他們不但利用地標、太陽和星星在沙漠中找路，還繪製了這個區域的地圖**，是公司地質學家的得力助手。有一位嚮導卡米斯・里森（Khamis ibn Rimthan），他的族民在一九二〇年代末期，是國王手下敗將，而當時他也為了活命而逃亡。但國王不記仇，還派一名王族把他從南伊拉克找回來，幫助這些地質學家。在這裡我們可以發現，各個部族常看狀

況調整合作策略。

我聽美國的朋友提過丹尼爾・布恩（Daniel Boone，最著名的事蹟是在一七七五年，成功通過了坎伯蘭峽，開拓了荒野之路〔Wilderness Road〕，使得現稱為肯塔基聯邦的地區，被納入美國聯邦），及大衛・克拉克（Davy Crockett，曾當選代表田納西州西部的眾議員，因參與德克薩斯獨立運動而戰死），他們都是知名的美國探險家，也極具代表性。對我這一代的貝都因人來說，卡米斯這位短小精悍、皮膚被沙漠烈日曬成古銅色的男人，就是融合了布恩及克拉克的沙烏地阿拉伯人。

卡米斯・里森在沙漠導航的本事極為高超、令人讚嘆。

有一件趣事後來為人津津樂道。當時為了要繪製沙漠某一區的地圖，所以美籍地質學家需要畫出一條長達數公里的直線。他們平常使用的光學儀器很複雜，要先把它固定在遠方的一個點上，像是石頭或是矮樹叢的東西，再記錄讀數、往該點移動，然後重複這個過程。但這些地質學家當時要丈量的那塊地，根本沒什麼特徵，也就是說沒有東西可以拴住儀器。

卡米斯語出驚人，說自己辦得到，然後就騎著駱駝出發了。地質學家們半信半疑的跟在後面。過了八英里，他們的設備確認**卡米斯偏離直線僅僅二十碼**（約十八公尺），而且他**完全沒有使用指南針或六分儀**（在測繪和船舶通信導航中，是由分度弧、指標臂、動鏡、定鏡、望遠鏡和測微輪組成，弧長約為圓周的六分之一，用以觀察天體高度和目標的水平角與垂直角的反射鏡類型的手持測角儀器。廣泛用於航海和航空中，用來確定觀測者的自身位置）。不僅如此，他通常也能精準指出，多年前去過的水井在哪裡。

他不僅讓石油探勘的過程更輕鬆，還讓所有人學到了重要的一課。多虧了他的技術、才智與勤奮，卡米斯證明了，沙烏地人可以與頂尖外國地質學家和工程師並肩共事、贏得敬重。他也受到了平等的對待，因此大大影響了當時正崛起的沙烏地石油業文化。

美國傳奇地質學家相助，黑金到手

我是由美國賓州理海大學（Lehigh University），和史丹佛大學受訓出身的地質學家，從那時起，我認為自己擁有判斷優秀石油專家的銳利眼光。其中麥克斯・史坦艾克（Steineke）是眾人望塵莫及的佼佼者。他的科學知識無人能敵、能判斷岩石及地形，**還能感覺到哪裡有石油**。當時我是受訓中的沙烏地阿拉伯年輕地質學家，我還記得他在一九三〇年代寫的日誌，並非常驚訝他竟然能靠著這麼稀少的資訊，做出這麼多的正確判斷。即使現在頂尖的地質學家，已運用 3D 地表構造影像，但他們還是能從麥克斯・史坦艾克身上學到很多。

當時，加利福尼亞阿拉伯標準石油公司，派史坦艾克到沙烏地阿拉伯，他的才能很快就面臨考驗。好幾個月過去了，在達曼穹頂鑽出的石油量，不足以進行商業開發。到了一九三六年底，穹頂工人甚至聽到謠言，說遠在舊金山的高層主管正在評估，繼續在地球的另一邊探油，是不是把錢投入無底洞。

一九三六年，史坦艾克升為主任地質師，構造鑽井計畫也已經同時展開。這個計畫在接下來幾十年，變成全球通用的探油法。他下令在廣闊的特許採油區內，幾個不同的區域鑿出較淺的油井，再從這些油井中取出岩心樣本，進行比對，並研究各油井之間的可能含油層。底下岩層的可能含油指數越高，成功的可能性就越高。多年以後，許多油井就移交給貝都因部落使用。

當這家石油公司和我國都前途未卜的時候，史坦艾克繼續走遍這片無情的沙漠，不斷尋找蛛絲馬跡，好發現哪裡的黃沙與岩石下隱藏著龐大財富。

在我之前，前沙特阿美總裁兼執行長，弗來德．戴維斯（Fred Davies）回憶道，一九三六年某天，史坦艾克拉他到沙漠中。因為風沙大、太陽又毒辣，放眼望去，戴維斯只能看見幾百公尺內的東西。史坦艾克卻指著幾公里外的遙遠山丘，堅持山丘頂的斜坡代表兩名站立的美國人，而形成這種地勢的地層可能富含石油。然後他指著腳下奇特的始新世石灰岩露頭，這樣的結構通常深埋於地表下數百公尺，而且這種地層表面通常已經過億萬年的侵蝕，這是另一個地勢隆起的證據。他向感到茫然又難耐悶熱的戴維斯保證，綜合這些證據，

那個地點就是「未來沙烏地阿拉伯油田」。果然，經過鑽油結果確認，**現今國內第二大的油田——布蓋格油田（Abqaiq）的所在地，離那個地點相差無幾**。

一九三七年春天，看過利雅德市外知名的石灰井後，史坦艾克結合了他對於表層鑽井，與構造鑽井的觀察結果，歸納出不完全確定卻引人注目的結論。這些石灰井由沉澱數百萬年的沉積層岩石中暴露出來。史坦艾克注意到，水分較少的硬石膏岩層，位於多孔石灰岩區上，而石灰岩區通常都富含石油。如果這種慣例也適用於達曼穹頂下方深度不明的地點，那這個石膏帽很可能也是將石油鎖在石灰岩層的原因之一。

史坦艾克的結論還停留在假設階段，但他頑固、熱心又學識淵博，所以成功說服公司繼續鑽油。一陣子之後，公司全部的精神都放在七號油井上。在惡劣的環境下，不但鑽錐斷裂，其他儀器也故障。直到一九三七年一月，在超過一千兩百公尺深的地方，鑽到了幾塊硬石膏碎片，如果這幾塊石頭確實來自利雅德綿延數百公里岩層，就有可能是達曼穹頂下方油礦的岩帽。

史坦艾克催促公司加快腳步，但接下來數個月的努力，卻仍是徒勞無功，沒看到石油的蹤影。前途渺茫下，史坦艾克在一九三八年初被召回舊金山總部。面對公司資深高階主管的質疑，他必須證明只要投入更多時間和金錢，就會從阿拉伯沙漠中鑽出石油。

最後證明史坦艾克的第六感是對的。一九三八年三月四日，有一封電報將消息傳到了舊金山，在七號油井（阿卜杜勒．阿齊茲後來將之命名為「繁榮油井」）、大約一百五十公尺深處，石油日產量史無前例的超過一千五百桶。此處蘊含石油的多孔石灰岩，之後被稱為阿拉伯區。

有些地質學家也許對七號井的成功，及發現布蓋格油田，感到心滿意足，但史坦艾克和他的團隊絕不會因此就滿足。一九四〇年初，當我還在學習怎麼照顧羊群時，另一位沙特阿美未來的總裁及執行長，湯瑪士．巴吉爾（Thomas Barger），當時是史坦艾克管理的四位地質學家之一。他們深深著迷於一處已乾涸的河床彎道，名為沙巴河谷（Wadi Al-Sahbah），與此同時，他們正在繪製分成兩塊的利雅德東南方地圖。某天下午，他們正等著史坦艾克加入時，比較了最近的工作紀錄。

地質學家厄尼．伯格（Eenie Berg）自作主張，打算探索這條東向的乾河谷。他指出，他測量過這個地區的坪頂小山丘的斜面，而且數據顯示這一帶地勢隆起，造成乾河床往右或往南蜿蜒。而且，就像史坦艾克幾年前對戴維斯說的一樣，地勢隆起處的下方可能會有油藏。史坦艾克一加入剛成立的石油團隊時，馬上同意伯格的測量數據很重要。史坦艾克和伯格之後計算出的數據證明，隆起區下方確實有油藏。日後，這些地質學家才明白，他們不只發現我國最大的油田，也是全世界最大的油田——加瓦爾油田（Ghawar Oil field）的南區。

剛在沙特阿美工作的那幾年，我對湯瑪士．巴吉爾既羡慕又敬佩。他直接與啟發我的

▲我在沙烏地阿拉伯，攝於空域的紅色沙地上。阿拉伯語管這裡叫做魯卜哈利。

兩個人——卡米斯．里森和麥克斯．史坦艾克共事。《飛向藍天》（*Out in the Blue*）一書，收錄了巴吉爾在一九三七年到一九四〇年間，在沙烏地阿拉伯的工作信件。他在書中向這兩位偉人致敬，並記錄了他們的特別之處：

在沙漠之上，卡米斯從沒迷路過。他的第六感就像是內建指南針，絕對可靠，他的記憶力也絕佳，能記得年輕時經過的小樹叢，也能找到十年前有人告訴他的一口井。在沙漠之下，層層岩石和沉積岩則屬於地質學家的領域，麥克斯的表現和卡米斯一樣出色，他能把可能在海岸上發現的露頭，與他前幾年讀過的厚重地質學報告，其中的某段文字銜接起來。不論是抽象或具體，他們倆似乎非常清楚自己身在何方以及該往何處走。

然而，這兩位不知道的是，命運決定了他們無法久留此地。卡米斯在石油公司擔任了許多職位，直到一九五九年，他因癌症辭世，享年五十歲。一九七四年，沙烏地阿拉伯發現一塊新油田，便以他命名。這真是難能可貴的殊榮。

我還是學生時，曾有幸與這位備受敬重的導航師相處。我們搭乘公司的小飛機，飛越魯卜哈利沙漠北隅的尼班。即使當時卡米斯年事已高，重病纏身，但導航的目光依舊銳利。當飛機慢慢的傾斜轉彎時，他往下一指：「阿里，**你看到那座沙丘嗎？兩年前我們在那紮營過。」我往窗外看，什麼也沒看到，只看到一座又一座的圓滑弧型沙丘**。「叔叔，」我說，用年輕貝都因人稱呼長輩時使用的稱謂：「你怎麼看得出來？我什麼也沒看到。」他只是點點頭：「如果你仔細看，就看得到記號。」

一九五一年，史坦艾克獲頒美國石油業最高榮譽「西德妮鮑威爾紀念金獎」（Sidney Powers Gold Medal Memorial Award）。頒獎典禮的主持人這麼介紹他：「沙烏地阿拉伯廣泛使用構造鑽井法，因此發現許多油藏。透過他這套方法發現的儲油量，可能比其他地質學家還要多。」

在接下來的一年，史坦艾克久病纏身，他雖然努力奮戰，最後仍不敵病魔，在五十四歲時去世。現在沙特阿美總部大樓中，那棟仍經營中的主要旅館，仍看得到達曼穹頂的小山丘，就命名為史坦艾克廳來紀念他。

雖然不是官方的正式獎項，但卡米斯・里森和與他搭檔的貝都因導航師，也頒發一份榮譽獎給史坦艾克。這個獎項可媲美西德妮鮑威爾獎。巴吉爾在《飛向藍天》寫道，在最後幾趟探油行程中，有一次卡米斯告訴史坦艾克，**有一座低矮陡峭的山丘，美國人之前稱為魯凱巴（Um Ruaqaibah），意思是史坦艾克的手指，這位地質學家的某根手指在遭受感染後，其中一部分被截肢，這座山丘因此命名。**這位地質學家的確在沙烏地的風景中，留下了不可磨滅的印記。

家鄉人不游牧也不採珠了，挖油比較實在

七號井的成功引發了石油潮，也讓沙烏地阿拉伯的社會開始起了劇烈的變化。一九三〇年代末期，石油公司不再只雇用數百名沙烏地人，而是成千上萬。全國各地的貝都因家庭都湧進石油營地，想要找一天三塊沙烏地里亞爾（Saudi Riyal，貨幣編號為ＳＡＲ，目前三塊沙烏地里亞爾折合新臺幣約為二十四元）的穩定工作。對貝都因游牧民和潛水採珠人來說，是天大的財富。黑色的帳篷星羅棋布在周圍的山丘。後來，有些工人開始接受訓練，從事半

技術性工作。

在一九三九年五月一日，阿卜杜勒・阿齊茲國王親自打開了閥門，將第一批沙烏地石油，輸送到公司停在波斯灣拉斯坦努拉（Ras Tanura）輸油站的油輪。這只是象徵性動作，卻意義重大：我們這個未開發國家，第一次與外界建立了商貿往來。當阿卜杜勒・阿齊茲國王的夢想逐漸成真的同時，沙烏地阿拉伯的歷史軌跡就此永遠改變。

然而，我國的發展出現重大突破，但沙烏地工人的困境，卻無法在一夕之間解決。一九三九年七月八日，達曼穹頂二號井的一場大火，提醒了所有人石油業是很危險的。起火原因至今仍是個謎，但燃燒的劇烈程度，卻深深刻在大家的共同記憶中：油井上方四十一公尺高的油井鐵架，在短短十分鐘後融化殆盡。

初期的報告重點是為期十天的英雄式滅火行動。一開始通報的死亡人數是，一位美國人和一位沙烏地人身亡，最後則判定有四位沙烏地人喪生，但其中三位身分不明。如果要說這場悲劇有什麼正面影響，那就是石油業也開始執行所有大企業會執行的政策：**從錯誤中學習。從此，紀錄保存不善及安全措施不良，都得以獲得改正**。這個經驗還為戰後沙烏地政府的工人酬勞，及其他勞工管理措施奠定了基礎。

沙烏地阿拉伯進入現代化世界並非毫無緣由。一九三九年夏天前，第二次世界大戰前的政治鬥爭也波及我國。一九三〇年代末，德國與日本代表造訪我國，想取得採油權好準備作戰。國王顯然想與美國石油公司保持密切的關係，但還是在一九三九年七月，簽署特許權附約，將我國迫切需要的額外資金收進國庫，這也顯示原油生產已經展開。

隨著戰事升溫，沙烏地阿拉伯石油業的發展也急遽衰退。大西洋及太平洋被封鎖，導致運輸受限，也很難取得產業材料。我國各地的沙烏地人，也面臨糖及米等進口食品價格飆漲。到了一九四二年，美國因日本偷襲珍珠港而參戰，石油公司人力也刪減一半，只剩一千六百名沙烏地人、八十二名美國人，和八十四名外國員工。

儘管如此，沙烏地石油產業卻仍然有些進展。一九四三年一月前，在新發現的布蓋格油田，開鑿了三口油井。諷刺的是，石油補給卻很稀少。事實上，加利福尼亞阿拉伯標準石油公司，轉而找卡米斯．里森組成駱駝商隊，將補給運到偏遠的油井。然而，高階主管不想繼續其他大型工程，因為**德國人當時正從北非挺進，很多人怕德國人接下來可能會侵入沙烏地阿拉伯**，所以中止大多數的行動和場地。

當時**甚至還有計畫要關閉或炸掉油井，同時毀掉其他設備和設施**，免得它們落入德國人的手裡。為了預防公司最怕的夢魘成真，他們規畫了一條逃脫路線，從不毛之地魯卜哈利沙漠（Rub' al Khali），逃到阿拉伯半島南端的英國港口亞丁（Aden）。但是即使在最暗無天日的戰期，加利福尼亞阿拉伯標準石油公司還是取得國王許可，以駁船運送石油到巴林，以供應皇家海軍（Royal Navy，簡稱 RN，亦稱英國皇家海軍或英國海軍）的需求。

隨著戰爭明顯轉向，同盟國占上風，我們公司和沙烏地政府開始思考，如何在戰後市場，為石油業務定位。對於我國利益，美國政府也表示感興趣和支持，這對我們極有幫助。這項合作關係也反映在我們公司的名稱上，一九四四年，公司改名為沙烏地阿拉伯國家石油公司，簡稱沙特阿美。

為了讓兩國建立更緊密的合作關係，我們採取了許多措施。儘管羅斯福總統（Franklin D. Roosevelt，第三十二任美國總統）年事已高、也多病，一九四五年二月，他還是親自到蘇伊士運河區的船上，與阿卜杜勒・阿齊茲國王祕密會晤。

當時，他剛結束史上著名的雅爾達會議（Yalta Conference，又稱克里米亞會議，是美國、英國和蘇聯三國領袖在蘇聯克里米亞雅爾達里瓦幾亞宮內，舉行之關鍵性首腦會議），正在回國途中。在這場會議中，他與溫斯頓・邱吉爾（Winston Churchill，英國首相）、約瑟夫・史達林（Joseph Stalin，蘇聯前最高領導人，執政近三十年）會面，決定了戰後歐洲勢力結構。雖然羅斯福於數週後逝世，但他友善的態度，為兩國日後數十年的關係奠定了基礎。沙烏地阿拉伯終於綻放出全新經濟時代的曙光了。

1945～1958

第三章

我九歲投入石油業，「也許」十八歲

對於我和我這一代成長於阿拉伯東部的沙烏地阿拉伯窮人來說，一九四〇年代，生活中最重要的事絕不在歐洲戰場，或南太平洋的荒涼海灘。我們的願景不但更急迫，而且保證能為我們自己和國家帶來光明的未來。

對我這一代的人來說，**美好人生的入口，就在海邊小鎮胡拜爾的一棟平房前門**。這棟平房是公司員工傑辛哈吉．傑辛（Hiji bin Jassim）所有，他是一名口譯師，也是第一位講師。從一九四〇年五月開始，他將房裡的其中一個房間出租給公司，作為**沙烏地阿拉伯人的第一所學校**。

沙特阿美公司的茁壯與沙烏地阿拉伯的發展，從一開始就密不可分。因此，傑辛雖然只有一間教室，而且非常簡樸，卻是極為重要的里程碑。當時石油已經開始量產，非正式的在職訓練已顯不足，雖然當時有四所省立學校，但都遠在一百三十五公里外的胡富夫。

第一所企業學校開辦時，有十九位男學生，他們至少都會一些英語。後來學生人數迅速成長到五十位。另一所學校，設立在胡拜爾西部達蘭（Dhahran）的沙烏地營（Saudi Camp），公司員工大多住在這裡。很快的，下班後去那所學校上課的學生，也達一百六十五名之多。在這段期間，許多女生會成群在家自學，一直要到一九六〇年代初期後，才開辦第一所公立女子學校。

立志要成為阿美公司的總裁，那年我九歲

一九四一年沙烏地營開辦的學校，開啟了我生命旅程的下一頁。這所學校的主要教學對象是家僕、公司助理或基層人員等，因為他們年紀都太小，無法在晚上去其他學校就讀。一九四四年春天，學校沿著北海岸、搬遷至原先的石油營地，校舍則是由附近的波斯灣淺灘切下的珊瑚岩，所砌成的小平房。

直布學校（Jebel School）在石油營的麥恩街上，那是一條寬敞的凹窪路，兩側停滿的卡車全覆蓋上灰塵。這所學校也恰好就在區經理辦公室對面、會計部門旁邊。這棟堅固的建築和地點，向男學生傳達出這則訊息：沙烏地阿拉伯十分重視年輕人的教育。**如果我想參與眼前這場巨大轉變，就務必吸收這些教室裡傳授的知識。**

我九歲時，媽媽把我送去和爸爸一起住。我和同父異母的哥哥阿布杜勒（Abdullah），很快就熟稔起來，他是直布學校的學生，大我五歲，長得又高又瘦還很帥。很快的，我成了他的小跟班。除了爸爸，他是我人生中第一個尊敬的長者。我記得我在心中默默的想：「雖然我失去了弟弟，但現在我在這裡還有個哥哥。他會照顧我。」

我很快就明白自己的生活即將發生改變。一天早晨醒來，阿布杜勒說：「阿里，起床，你要跟我一起走。」我告訴他，我想待在這裡。

他說：「我們要去上學。」

我問他學校是什麼，他回答：「跟我來。你會看到和你一樣的年輕人。」

阿布杜勒和其他同年紀的男孩一樣，除了上課外，也在阿美公司擔任辦公室小弟。早在一九四四年，阿美公司雇用第二批阿拉伯人時，他就加入公司。當時波斯灣的拉斯坦努拉煉油廠（Ras Tanura refinery）正大興土木，最初是為了供應石油給在太平洋作戰的美國海軍而建。一九四五年，沙特阿美聘了八千多名沙烏地人，是兩年前人數的五倍。

戰爭結束後，全球對石油的需求日增，進一步助長了我國石油業成長。到一九四〇年代後期，另外三家美國石油公司加入加利福尼亞標準石油，包括德州石油（Texas）、紐澤西標準石油公司（Standard Oil of New Jersey），以及紐約標準石油公司（Standard Oil of New York）的前身——飛馬牌石油公司（Socony-Vacuum），它們成為阿美公司的投資公司，並帶來迫切需要的資金和專業知識，對開發沙烏地阿拉伯的國家資源，有深遠的影響。

社會持續變化中。我開始覺得自己可以參與其中。我哥哥和其他在沙特阿美工作的男生，從上午七點開始在直布學校上四小時的課，下午則到公司工作四小時。現在我也加入他們的行列，**並肩走十五公里的路到學校**。即使現在只是學生，但我終於有鞋子穿了。貝都因所有男生，走在沙漠中或沿著馬路走路時，都會把皮製涼鞋掛在肩上，因為我們不想把涼鞋穿壞。

我清楚記得自己穿著索布袍和涼鞋走進學校，雖然我們都窮，但我感覺自己是課堂中最粗野、最髒、也最窮的男生，也許還是最矮的。

我的老師是一位魁梧粗壯的蘇格蘭人，還有滿臉的雀斑，藏在粗硬的紅色山羊鬍和八字鬍後面。他高舉圖片，用英語洪亮的喊出動物的名稱：「這是狼！這是狐狸！這是貓！」看到狼的圖片時，我當然知道那是狼，但我現在知道怎麼用英語說了！

我們大部分時間都在學英語、阿拉伯語和基礎算術。之後才會學到理化。第一本教科書是英國人奧格登（Ogden）寫的《基礎英文》（*The Basic Way to English*）。我們就像海綿一樣，多數人都學得飛快。因為我同時開始接受英語和阿拉伯語的正規教育，所以一直到現在，我都能在兩種語言間應用自如。

這所簡陋的直布學校，對我影響甚鉅。阿美公司讓男孩都渴望受教育，這可能是我之後學到所謂的「開明利己」，但無論他們的動機是什麼，成效卻很驚人。

石油公司關注我們這一代並非偶然，因為他們知道自己正長期投資沙烏地孩子和我國的未來。一九七三年一篇未出版的教育文獻中，資深企業政府關係員工威廉．穆利（William Mulligan），精準描述了問題的核心：「美國石油公司了解，石油業集團的**未來將由接受完整教育的人來管理，而年輕人是唯一有機會的**。從一開始，直布學校就是為了小男生開辦，而不是成年男性。」

以前只有利雅德外交官家庭，或紅海吉達（Jeddah）商人家庭的男孩，才能接受正規教育。**現在，沙烏地社會各階層的人（至少就男生而言），都可以透過學習通往成功**。雖然進入石油業顯然是我國的最佳選擇，但並非所有人都想走這行。後來我很多同學都在沙烏地阿拉伯，和其他波灣國家的商業及金融領域擔任要職。我們有幾位沙烏地教師也受拔擢，接到其他重要工作。

我承認自己人小志氣大。也許因為體型矮小，所以總想證明自己能做些什麼，但我一直比其他男生更努力工作、表現得也更傑出。有一天，老師問我們長大後想成為什麼樣的人。多數人的答案都很符合年紀和性別，如消防員、老師或鑽油領班。我不記得我在哪裡聽過這個字眼，但我突然脫口說道：「**我想成為阿美公司的總裁！**」

雖然這個志願要很久才會成真，但在十二歲時，我很快就實現了另一個夢想。一九四七年，阿卜杜勒・阿齊茲國王正式訪問這一帶。當時的習俗（現在也是如此）是，在這種場合中，國王會親自與當地的小孩會面。出於某種原因，也許是因為游牧民族的出身背景，我雀屏中選，還背了一首詩。雖然我已經記不起這首詩，但我仍記得國王非常熱情善良。**從那以後，每一位國王我都見過**。

我們這些學生年紀都很小，卻深知受教育的機會很重要，鮮少打混摸魚。一九四六年，美籍校長文斯・詹姆斯（Vince James）搬到我國接管直布學校。他在《沙特阿美及其人員：

培訓史》（*People: A History of Traning*）中回憶道：「我們真的沒有紀律問題。沙烏地人很認真學習。我敢說他們渴望學習，也吸收得很好，甚至比一般美國小孩更優秀。」

這三年來，我和我哥哥早上一起上學，下午一同做辦公室小弟的時光，是我生命中最幸福的歲月。我曾開玩笑說，我石油業生涯的開端，是把文件從一張桌子送到另一張桌子。當我終於成為阿美公司的總裁時，居然也花很多時間在做這件事！

有時我會回去探望住在沙漠帳篷的母親。我承認自己是相當有教養的小孩。我會說英語、會說寫阿拉伯語，也擅長算術，再加上我在阿美公司工作，所以即使我沒有工資，她依然以我為傲。

語言和數學等專長，讓我和傳統貝都因文化漸行漸遠，但我依然珍惜部落傳統。沙漠生活讓我學會很多，資源短缺的環境，可能在一夕之間急遽改變，唯有做好萬全的準備才能生存。雖然**當時我年紀太小，無法完全想像未來可能要面對怎樣的人生，但貝都因的成長背景，已經教會我萬全準備和保持彈性的重要**。除此之外，我還能上學、受教育。

然而，我卻完全無法準備面對哥哥的死。他死於肺炎時只有十七歲，而且因為我們拿不到抗生素，所以他活下來的希望渺茫。當他在午夜於胡拜爾美國醫院死亡時，我就陪在他身邊。幾個小時後，我們依照族內習俗將他埋葬。

當時我才十一、十二歲。（我不知道自己確切的出生日期，這對我們出生在沙漠中的這一代人來說，不是什麼新鮮事，因為我們遵循的伊斯蘭陰曆，完全無法轉換成西方的公曆（Gregorian calendar））我哥哥被埋葬後，公司的人打電話到他的辦公室找我：「阿里，你懂這些工作，我們會雇用你。」我問這是什麼意思。他說他們會付我過去三年來，和我哥哥一起工作的薪資。雖然我差點因為害怕打針，沒通過公司體檢，但我還是同意繼續在公司上班。他們最後得動用我爸爸、一個叔叔和另一個男性，才能讓我不亂動、乖乖打針。

初成家中經濟支柱，四個月丟了四份工作

現在，我不但是阿美公司的正式員工，也很努力的繼續學業。而且雖然我還只是一個小孩，但已經是家中的經濟支柱，月薪有九十塊里亞爾，這在當時好像是一大筆錢。和其他為沙特阿美工作的男孩一樣，我把薪水交給爸爸。他這時已經六十多歲了，數十年辛勞的工作讓他身體虛弱，沒辦法有固定收入養家。他從我的薪水中拿十里亞爾給我、二十里亞爾給媽媽、十里亞爾給我的繼母，他自己則留五十里亞爾當作家用。

然而，九個月後沙烏地政府頒布了一套新的勞動法，所以我在阿美公司的第一份工作，被迫突然中止。這對沙烏地人來說是好事，但很不幸的是，這代表阿美公司不能雇用未滿十八歲的男孩。

因此我只好去找別的工作，以支持家中經濟。我表哥在承包公司上班，工作地點在胡拜爾附近、興建中的美國空軍基地的飛機棚。過去幾十年來，這個空軍基地曾重大擴建，在一九九〇年第一次波斯灣戰爭中，發揮關鍵作用。我告訴他我非常想要工作，我會做很多事，所以他雇用我，**派我到屋頂上查看工人是不是在偷懶或睡覺**。

我站得沒想像中的穩，所以沒多久我就從機棚頂上跌下來。幸運的是，地面上的墊子減輕了力道，雖然我沒受傷，但表哥說如果我發生什麼意外，他無法面對我爸爸。所以我在幾個星期內，又丟了第二份工作。

我不假思索的決定，自己要在美國空軍基地的其他部門找工作。因為我會說英語，所以這裡似乎是找工作的好地方。我找到一個軍官，告訴他我很靈巧，給我一份工作吧？我承認現在回想起來，覺得很丟臉，我從不知道他的姓名或階級，就稱呼他為「父親」，當時就是這麼年幼無知。儘管如此，他還是同意了，我可以領美國政府發的工資了。因為薪水以美金計算，**我又從沒見過美金，所以我根本不知道我的薪水是多少錢**。

這名軍官不僅欣賞我的工作表現，也喜歡有我陪伴。他每個星期都會從羅馬飛過來，還順道帶給我一顆又大又紅的義大利蘋果。收下蘋果後，我通常會乖乖的帶回家和家人分享，為他們加菜。

他還教我把硬幣拋成直線來賭錢，我很厲害，還把贏來的賭金帶回家。爸爸嚇壞了：

「阿里，這樣是賭博，是違法的，你不可以賭錢。」他把錢扔了。但是當我告訴軍官時，他說：「別擔心，我教你另一個遊戲，不是賭博。」然後他拿出一對骰子。當我再告訴我爸時，你可以想得到他有什麼反應！

很不幸的，我在美軍的工作也為期不久。一星期後，這位軍官搭乘的飛機延遲了，偏偏我喜不自勝的想快點知道，他有沒有帶給我另一顆蘋果，所以飛也似的跑進螺旋槳的危險區域。其他軍官說我差點小命不保，所以我的監護人不得不請我離職。

我的下一份工作，是在這裡的另一家沙烏地承包商，他們負責為一些大型處理槽上漆，而這些處理槽則是用於穩定達曼油井（Dammam wells）的石油分離出的硫磺。承包商認識我爸，也同意雇用我。但我又被要求**監視油槽油漆工，寫下誰在上班時睡懶覺**。也許這些承包商認為，像我這樣的小男生不大引人注意，但是大約兩個星期後，**工人發現我在做的事，把我打得滿身瘀青**。承包商只好去找我爸爸，說**如果我繼續待下去，很可能會被打死**。

如果有哪間學校開了失敗這門課，那我一定是資優生，我在四個月內丟了四份工作。但是我同時也更了解自己，我知道自己行動迅速、適應力強，越為自己發聲，就會有越多人尊重我。體型（希望年齡也是）不是一切。

重返石油公司，年齡也可以議價

後來我回到阿美公司。對接見我的公司主管說，我先前為他們工作了九個月，盡可能站得高一點、挺起胸膛，而且我壓低音調向他保證：「我根本不是十二歲，今年二十歲了。但是因為我是貝都因人，貝都因人都很矮小。再加上我爸毛髮不多，所以我的臉上沒有多少汗毛。我需要一份工作。」

他說：「阿里，我們認識你。你很乖，但你要拿到政府許可才行。」我看到一絲曙光，我要求他們寫一封信，說明如果政府允許，他就會雇用我，所以就給了我這麼一封保證信。

我開始出運了。先前政府指派給我們的阿拉伯語老師，阿布杜勒·麥爾胡（Abdullah Al-Malhooq），他是在省長底下做事的長官，後來也繼續為官方服務，先擔任駐蘇丹大使，然後派駐希臘。我告訴他我的需求，不斷重複說二十歲的男生被誤認為十二歲，很令人不開心。他當然知道我不是二十歲，但他同意寫信給在達曼的眼科醫生哈珊醫師（Dr Hassan）。阿布杜勒·麥爾胡說：「如果哈珊說你十七歲，我就發工作證給你。」我告訴他：「十七歲沒問題，其實我根本二十歲，你等著看。」

阿美公司前任董事長兼執行長弗蘭克·安格斯（Frank Jungers），是日後我和許多沙烏地人的事業推手，他在回憶錄中提到「年齡」的問題：

想被沙特阿美聘用的沙烏地人——尤其是那些最聰明或父母努力幫忙找工作的人——會聲稱自己十八歲，也就是最低就業年齡。早期，大多數人不知道十八歲的意思，但他們仍然堅稱自己是十八歲！詢問他們的年齡時，他們會說：「Yimkin 十八。」（Yimkin 就是「也許」的意思）。

這就是為什麼醫生說我是十七歲就可以了。尤其是如果有希望接下工作時，十七歲就是 Yimkin 十八歲。在我心裡，我至少 Yimkin 十八歲了。

最後，我和哈珊醫師預約。他檢查了我的眼睛，說我染上砂眼，可能導致失明，這在沙烏地人和其他波斯灣居民中，傳染得很嚴重。他還檢查了我的牙齒，然後他要我脫掉衣服。我知道接下來會發生什麼事，於是我抗議。他說：「如果你想要我幫你鑑定年齡，我就必須檢查，拜託你。」他檢查完了，沒看到什麼，就在表格上填下了十二歲。

我開始哭，為深深的沮喪和憤怒而流淚。但我也發現他對我感到同情，因此我為自己辯解：「我真的不是十二歲。我是二十歲，但十八歲我也能接受。」後來他把十二歲改成十六歲，我又說：「哈珊醫師，好吧，不是十八也可以，那就十七吧。」他動搖了：「成交？」真的就這樣成交了。我回到沙特阿美人事部，手上拿著的表格證明我十七歲，因為十七歲可以擴大解釋成十八歲，所以再次被雇用。一九四七年十二月六日，正式開工。

我不再是辦公室小弟，因為我的資歷，還有可能因為求職時展現的勇氣和毅力，我被聘**為初級雇員**。而且我每天早上七點，還回學校上四小時的課。

除了語文和數學外，我們還有速記、簿記和打字等特別課程。我很會打字，我應該曾經是沙烏地阿拉伯最快的打字員。我用雷明頓機械打字機，可以每分鐘打一百二十字，快到他們要我在我們公司速記室打書信。我的英語當時還可以應付，但不是所有的字都看得懂，所以我只是盡快敲著打字機。我得坐在一堆字典上面，才碰得到按鍵，而速記室裡的西方小姐，像鴿子一樣對著小阿里輕聲細語。不得不承認，我喜歡被關注的感覺。

▲當時我 16 歲，正在向參訪要員展現我的打字技巧。學習英語和打字讓我獲得優勢，但兩者都需要大量的練習。

下午，我得連續工作四小時，但可能是因為公司知道我年紀有多小，所以其中兩個小時，常是花在和其中一位老闆玩遊戲。我學會打美式棒球，還會在二壘和三壘間擔任游擊手，當時我還以為游擊手這個字（shortstop）的 short（短）是指我的身高。由沙烏地男孩和美國人組成的棒球

▲這張照片拍攝於 1946 年，當時我 11 歲。右邊算來第二位就是我，手上還握著球。美國石油工人教我打棒球，之後在我赴美求學期間，他們又協助我了解美國文化。

聯盟非常強，我們整年都在打球。即使許多石油營地的美式生活已經消失，這顆文化種子已然生根，還持續了好長一段時間。時至今日，來自達蘭的小聯盟棒球隊，依然經常參加世界少棒大賽。

後來，有一位英語老師法米・布拉威（Fahmi Basrawi）組了一支棒球隊。學生們不知道，來石油營前，他對英語或運動一無所知。他的故事明白的告訴我們，只要我們這些年輕沙烏地男生願意冒險，前途絕對希望無窮。

布拉威以前任職於吉達警察局，他在報紙上看到一則語焉不詳的求才廣告，就應徵了這個職位。招募人員注意到，布拉威會讀和寫阿拉伯語，所以提供他一份工作，也就是**擔任直布學校的**

英語教師，薪水還是在警察局工作的兩倍。**布拉威說他不會說、讀或寫英語**，但招募人員叫他別擔心，我們會教你。

這位老師於是來了一場跨國之旅，他坐在卡車後方的小麥袋上將近兩星期。達納沙地（Dhana sands）是利雅德和達蘭之間的沙漠，美麗的翼形沙丘每年移動三公尺，所以道路經常不得不因此封閉。當時卡車要通過達納沙地並不容易。司機行駛於路況極差的高速公路，還要花費一樣久的時間，從沙中挖出他們的卡車。布拉威抵達後，沒人教他英語，所以他每天進度超前一、兩課，從課本的圖片中，記住約十個英語單字。最後，他不但是位成功的老師，也是受全部男學生喜愛的棒球教練。布拉威這位英俊瀟灑的短鬍男子，後來還成為沙烏地電視臺遊戲節目的明星主持人。

幾年後，布拉威向一名阿美公司面試官形容，我是「非常認真的男生」，還說我是「班上最聰明的人之一」。我不但很準時，還會主動寫作業。要是他把這些寫在成績單上，我就可以拿給我爸爸看了！

我們沙烏地男生也踢美國人所謂的足球。當然，多數男生都愛運動，我也不例外，但是和這些美國人一起踢球時，我不知道的是，這些運動其實擴展了我的視野，也讓我們更了解和我們截然不同的人。幾年後，我抵達賓州理海大學時，地質系系主任對我能迅速適應美國文化表示激賞。我告訴他，我先前在沙特阿美工作時，早就習慣美國文化了。

我也把和我玩接球的人當作父執輩。其中有一位是基斯・凱夫（Keith Cave），他老是戲稱我為蘇格拜市長（Mayor of Thuqbah），蘇格拜是我哥去世後，我們移居的小村莊。凱夫搬回美國後，多年來我們仍保持聯繫。

我有另一個老闆，我都稱他為拉佛提先生（Mr. Rafferty），是個盡心照顧我的好人。先前說過，很多貝都因人都因為營養不良或其他原因，患上很惱人的疾病，像我的頭皮就有痂。當時我們都用燒紅的鐵將把痂皮燙焦，我依舊清楚感覺到我頭髮下的痂皮，也永遠無法忘記這樣的「療法」有多痛。拉佛提先生診斷，這是因為維他命不足所致，還告訴我他有特效藥。他把好幾匙的鱈魚肝油灌入我的喉嚨，現在想起來，那種味道還是揮之不去，難喝死了，但很有效。一個星期後瘙痛消失了，我又變得生龍活虎。

一九四八年，我的英語能力已經很好了，所以我被選為第一批前往紐約長島的沙烏地員工，負責在阿美公司的外國員工來沙國前，先教他們一些阿拉伯語。我的家人很緊張，也煩惱著不知道美國是什麼樣子。我的繼母堅持要我打扮、不能失禮，所以她要我搭傳統淺底帆船的阿拉伯帆船，去巴林找一位印度裁縫師。他幫我做了兩三套像新任印度總理尼赫魯（Jawaharlal Nehru，印度獨立後第一任總理）常穿的白色套裝，我穿起來相當精明幹練。

但好景不常。我猜挑我去美國的人沒見過我本人，所以與教育訓練部負責人唐・理查（Don Richard）見面時，他打量我一番，說：「阿里，你年紀太小，不能去美國工作。」

然後他在牆上畫一條線，說道：「等你長到這麼高的時候，我就派你去。」我當然覺得很失望。**至今，我也沒長到那條線那麼高，而且也忘了那些套裝的下落。**

接下來幾年裡我必須快快長高。當時最難堪的一段回憶，同時也是我的快樂和驕傲：打字。大概在一九五一年，不知道為什麼，我在課堂上的打字測驗表現很差，常常打錯很多字。當時我大發脾氣，還對海倫・史丹渥（Helen Stanwood）老師說，都是打字機的錯。我氣到舉起打字機，把它重重摔到地上，打字機因此支離破碎。

大約在同一時間，我們全都參加貝魯特美國大學（America University of Beirut）暑期課的政府獎學金資格考。當我走進考場時，史丹渥小姐說：「阿里，我知道你會考得很好，但是別抱太大希望。」我覺得很糟。到今天，我還是不知道究竟是因為我的年紀和體型，還是因為我暴怒。結果，雖然我的考試成績很好，卻沒拿到獎學金。

落榜讓我下定決心要成功。但在我能掌控自己的命運前，我必須好好控制自己。我對自己發誓，再也不發脾氣。雖然有些報導石油輸出國組織會議的記者，有時候會拿我的脾氣大作文章，但我不記得我有哪次真的感到非常煩躁。

1953～1959

第四章

拒絕爽缺做文書，志在探油部

我遭貝魯特美國大學獎學金兩度拒絕後，一九五三年終於入選，命運因此翻轉。之前我對代數或任何類似學科完全不了解，在貝魯特美國大學，我第一次接觸到物理學、化學、生物學和高階數學。

貝魯特美國大學校園草地蒼翠繁茂，建築宏偉莊嚴，相反的，石油營和附近小鎮住宅極為樸素，辦公室滿是灰塵，兩者之間可說是天壤之別。雖然貝魯特的夏天很炎熱，但與阿拉伯灣附近的潮溼悶熱相比，根本是小巫見大巫。雖然我們好像置身避暑勝地（的確，許多阿拉伯人在這段期間，都會跑到貝魯特，和敘利亞西部的山上度假），但我們知道自己有正經事要辦。

在課程結束時有場考試，我拿下前十名。沙特阿美會贊助這前十名，上另一堂暑期課。這次我們在阿勒頗學院（Aleppo College，位於敘利亞）上課，所以又造訪了另一座美麗的城市和校園。很不幸的，它在最近的戰爭中，被敘利亞政府的軍隊摧毀了，真是可惜。

我們這十人在一九五三年九月回國。大約在同一時期，阿赫薩地區的沙特阿美工人正在罷工，雖然我們沒有直接參與，但這一帶所有家庭，幾乎多少都受到這項重大爭議影響。

會發生罷工是因為，近十年來，公司和沙烏地員工的勞資關係一直都很緊張。一九四五年七月，拉斯坦努拉煉油廠的沙烏地工人罷工了好幾天。阿美公司因此稍微提高工資，特別是低階工人的工資，煉油廠才得以復工。但是一個月後，在拉斯坦努拉，和在當時的營運中心達蘭多達九千名工人，又展開罷工行動。他們的主要訴求是改善工作條件、薪酬、生活規畫以及待遇不公——尤其是戰時抵達的義大利人，他們受到的待遇居然比沙烏地人還好。

政府表態支持沙烏地工人，這對他們來說是好消息，但顯然讓阿美公司感到很失望。此外，政府要求公司取消個別聽取投訴，並與沙烏地勞工代表談判。政府的行動讓石油公司注意到，我國不同於這一帶的其他石油生產國，不會放任勞資關係不管。經過幾個月的談判，阿美公司同意改善工作條件、建立永久性單身宿舍（取代工人帳篷，但非全部），並在達蘭建立醫院，工人們才返回工作崗位。

另一場短期罷工發生於一九四七年。工人和政府持續抱怨，沙烏地人的生活區與美國人相比，明顯受歧視。因此接下來幾年內，公司不但改善營區的生活條件，還展開沙烏地阿拉伯的房屋所有權計畫，讓工人能與家人一起生活。

許多心思善良的美國人，無法理解這些當地人在抱怨什麼。幾年前這些沙烏地人，不都一直住在自己的羊毛帳篷裡嗎？眾人的怨懟不見消散，反而越積越深。我的老友兼公司同事哈麥・胡利法尼（Hamad Jurifani），自一九五一年起就在沙特阿美拉斯坦努拉煉油廠工作。他明顯感受到自己是二等公民：

> 他們的社區在沙灘上，有美侖美奐的房子，設施也很棒。公司安排外籍人士住在那。沙

烏地人又另外被分為兩級，高級人士住的房子有風扇但沒有空調。其他人則被安置在帳篷。我記得，四個人擠在同一項帳篷生活。

除了阿美公司和政府的關係很緊張外，公司還在一九五〇年，關閉直布學校，因為阿美公司認為，現在該是政府接管公共教育的時候了。直布學校在一九四六年，更名為阿拉伯預備學校（Arab Preparatory School）。到了一九四七年，又改為阿拉伯貿易預備學校（Arab Trade Preparatory School），但大家仍習慣叫它直布學校。

政府對此作出回應，聲稱阿美公司沒有協助我國，滿足國內石油生產地不斷增長的人口需求。一九五三年一月，沙烏地王子訪問公司，認為地區教育是他的其中一項重要任務。同年，他摯愛的父親阿卜杜勒·阿齊茲國王逝世，沙烏地王子的影響力本來就很大，被任命為國王後，更是影響深遠。沙特阿美設立了專責部門，負責處理與利雅德政府的關係。公司不是傻子，他們當然明白這項暗示，所以在沙烏地王子訪視的同月，公司同意開始在這裡為二千四百名學生建立學校。

沙烏地人接受了這項教育協議，但是這仍無法阻止工人，持續要求更高的工資和更好的工作條件。一九五三年五月，一百五十多名沙烏地中階技術工人和其他人，簽署了一份請願書，提交給阿美公司管理階層，堅持要求提高最低生活工資和改善生活條件。他們表示，晉升到高階職位的本地人太少，在石油營中也飽受歧視。但公司拒絕與群眾見面，只同意在六月三十日與代表會談。最後，阿美公司仍拒絕他們的要求。

九月初，當地政府的勞動局支持工人訴求。它當然不鼓勵罷工，但許多工人仍離開工作崗位。幾個星期後，沙烏地國家防衛隊被調派來阻止罷工，還有幾名工人遭到監禁。這是所有相關人員學到的血淋淋教訓。

十月，政府小組開始調查，聽取工人證詞。十一月，公司已經同意多數工人的要求。這場紛爭最終進一步改善了沙烏地的勞工法律。雖然我的團隊在公司升遷快速，但我相信這次罷工，不但對我們和一般工人的職涯有莫大的助益，也讓沙烏地人的住房條件和其他福利待遇更平等。

然而，這是個極其緩慢的過程。整個一九五〇年代，阿卜杜拉・塔里基（Abdullah Al-Tariki），是我國政府石油部的一顆明日之星。他不但是開羅大學（University of Cairo）學士、德州大學（University of Taxas）碩士，還是在一九五九年，頭兩名被任命為沙特阿美董事的沙烏地人之一。一九六〇年，沙烏地政府設立石油暨礦產資源部，他也成為第一位部長。一九五四年，塔里基駐紮在東省（Eastern Province），他堅持住在沙特阿美位於達蘭的資深職員社區。當時這個社區的住戶幾乎全是美國人和其他西方家庭。沒過多久，塔里基當然感受到自己遭到許多美籍石油公司主管的歧視。

不想坐辦公室，因為我有總裁大夢

不僅如此，我們的獎學金課程也因罷工取消。一九五四年，公司創建了高級文書學校，讓我們和其他學生，得以在國內繼續受教育。學校校址在主要石油營區內，距離不遠。我特別想學更多理化和數學這類的課程。

當時，贊助我受教育的單位是沙特阿美人事部，他們想把我打造成職涯顧問，但我不覺得這是我該走的生涯路。一九五三年底，我與人事部經理比爾・鮑曼（Bill Bowman）見面，把我的想法告訴他。他說：「阿里，我們本來是花錢把你訓練成顧問，現在我們已經給你更高階的職位了。」我告訴他我年紀太小了，不能當顧問。這可能是我第一次因年幼獲得好處，因為事實上，我根本不想要這個職位。

我告訴他，我想學習地質學，然後進入探油部。當時探油部有許多低階的沙烏地工人，但沒有人擔任過高階職員，而我想成為第一位。不僅如此，我也很清楚**許多前任總裁都出自探油部**。

鮑曼同意讓我和探油部主管談談。我的第一關在林恩・米藍（L. B. Milam Jr）的辦公室，他為人和善，主管部門營運，後來還成為我人生中另一位如父般的長者。多年後，他在德州醫院的病床上，緊握著我的手離開人世。那天，他給了我一堆建議，我猛做筆記。米藍注意到我抄寫下的奇怪符號，他叫我停下來：「阿里，你不覺得奇怪嗎？我以為阿拉伯文是由右寫到左，而不是從左寫到右。」我告訴他我在速記，我們還因此大笑了一番。

把沙烏地人加入部門快速升遷管道，是一項非常重大的決定，我猜必須呈報主管探油部的總經理等高階主管。史考特．希格（Scott Segar）來自蒙大拿州（Montana）的比靈斯（Billings），他矮矮胖胖，最出名的就是非常直言不諱。他問我：「你為什麼要當地質學家？這是一份髒兮兮的工作，還得整天待在鑽油臺上。」但是他完全沒想到，其實我和我這一代人大多在沙漠中長大。

突然，我還沒意識到要閉嘴，就已經大聲的脫口而出，感覺好像回到了直布學校一樣。我說：「沒關係，**因為我想當公司總裁**。」他嚇呆了，但只有一會兒，他說：「孩子，**事實上這是我聽過最棒的理由**。歡迎來到探油部！」

為了考驗我，他們派我去魯卜哈利沙漠，和地質學家一同進行地層測試井，我們會鑽鑿這種油井，來研究這一區的地層。這是我們在奧拜蘭（Obailah）鑿的第一口井，有五千公尺深，使用的是當時很先進的鋁鑽桿。這片沙漠滿是高聳的鐵鏽色沙丘，在這裡待了兩週後，我就患上重病，儘管住院了一個星期，還是找不到病因。在早期我的族人一定會覺得我犯了罪，所以受到傑尼或邪靈的懲罰，或是因為我敢冒險深入不宜人居的不毛之地。我始終不知道自己生了什麼病，但這次的經驗沒能阻止我，後來橫越國內最荒涼的地區。不過從當時開始，我就一直近視到現在。

我一出醫院後就跑回學校，而不是回到沙漠中。他們沒想到我會沒通過現場測試，但也認為我應該回去繼續我的正規教育。

另一項類似的實地測驗，我也沒通過，但是這次的試驗是和我的家人有關。我的表哥薩勒姆（Salem）年紀與我相當，差不多二十幾歲，他住在靠近蘇格拜的小鎮，而且準備要結婚了。他答應把車借給我，讓我載家人來參加婚禮和喜宴。他問我會不會開車，我說謊：「我當然會。」當他開著車出現時，我極力掩飾自己的無能，還辯解說因為油田只有老舊小貨車，所以他要教我怎麼打檔和啟動轎車，**但是方向盤幾乎完全擋住我的視線**。

我曾看過許多學歷比我低的沙烏地人，開車橫越沙漠，所以開車哪會多難？我叫我爸、叔叔、和哥哥弟弟們上車，前後座都塞滿了人。當時當然沒有安全帶，真遺憾。我叔叔感到不對勁：「阿里，你確定知道怎麼開嗎？」我說：「當然，別擔心。」

當年，當地道路根本就是荒煙小徑，像沙漠一樣，路面滿是沙塵，但我仍想，沒問題的。我看過許多阿美公司的卡車司機，在車子滑動時，會把方向盤往反方向急轉，奔馳穿越鬆散的沙層。所以當我們大轉彎，看到橫擋在前頭的是一座沙丘時，我也如法泡製。問題是我把方向盤打過頭了，我們衝上小沙丘的斜坡、車子整個翻倒、輪子無助的懸空，還不停的轉呀轉。

雖然沒人受重傷，但他們全都氣壞了，尤其是我叔叔。**他追著我越過駱駝牧地到馬路上，直到上氣不接下氣才停止**。我們徒步走完剩下的路程到婚禮。薩勒姆熱情的招呼我們，然後問：「車子呢？」我說在某一處沙丘，讓他以為車子只是拋錨而已。之後，我們一行人把車子推正，另一位親戚把車子開回來，還給薩勒姆。等我開著我下一輛車橫越半個世界時，已經是五年後的事了。

繼續升學，成為造福百人的海外白老鼠

一九五六年爆發蘇伊士運河危機，我們的工程和這一帶多數建設都因此中止。七月，埃及軍奪回蘇伊士運河，國際危機風雨欲來。

十月二十九日，英國、法國以及以色列軍隊攻擊埃及。美國總統艾森豪（Dwight D. Eisenhower）公開譴責這項入侵行動，並威脅要收回美國財務援助，聯軍才被迫迅速撤軍。但是沙烏地阿拉伯和其他石油生產國開始還擊，切斷對英、法兩國的石油供應。英國受益的其他石油生產區域發生暴動，但所幸美國和沙烏地阿拉伯的立場明確，沙特阿美的設備才沒遭到波及。

假期結束後，我回到貝魯特市外山區的探油部。林恩．米藍給了我一份驚喜，他要我回

到黎巴嫩。我是五位獲頒獎學金的其中一位，可以到貝魯特美國大學國際學院，完成中學教育，準備上大學。如果我們成功了，我們會是公司第一批，派到美國念大學的沙烏地學生，而且所有費用都由公司支付。

辦理這項課程的人是教育主管保羅・凱斯（Paul Case），他身材高大，戴著眼鏡，一頭短短的捲髮，還如慈父般關愛著所有人。他太太和他一樣慈祥和藹，夫妻倆盡心的教導我們美國文化。凱斯夫婦常邀請我們到他們家，詳細討論美國風俗和習慣，像是學習晚宴餐桌禮儀和刀叉握法。有一個星期，凱斯太太每晚都為我們烹煮不同餐點，解說如何用美國人使用刀叉的方式來切肉。對我們這些沒接觸過其他生活方式，或所知不多的人來說，這真是充滿異國情調。

但是保羅・凱斯清楚表示，有件事比餐桌禮儀更重要，他說我們是白老鼠：**「如果你們成功了，我們會延續這項計畫。之後也許會造福數百人。**你們的成績

▲照片中有 4 位出國留學的阿美石油員工，當時我們馬上就要出發前往美國，取得學位。我在最左邊，正在聆聽教育主管保羅・凱斯的指示。阿美公司明確警告：「搞砸的話，以後誰都別想去！」

攸關這項計畫的未來。」

當時我們非但沒有享受到正規中學教育的好處，還感受到一股龐大的壓力。我們對一些科目很擅長，但有些科目就弱斃了。這五人中，有兩個人留級了一年才畢業。儘管曾受到挫折，他們日後卻都成為模範，其中一位在敘利亞從事銀行業，另一位是沙烏地阿拉伯的商務人士。

我、瑪斯塔法．阿布亞馬（Mustaffa Al-Khan Abuahmad），和阿布杜勒．布斯貝亞（Absullah Busbayte）如期畢業，我們原本很擔心那些分數未達標的人，會讓課程中斷。但事實上，凱斯對我們的成績感到很驕傲。尤其是我成為畢業致別辭代表，更是大大影響了他的決定。

在等著前往美國的那段時間，我們趁機在貝魯特美國大學，多修了大學一年級和二年級的課。我修了一般教育課程，包括中古世紀伊斯蘭哲學家的作品，尤其是伊本．魯世德（Ibn Rushd，著名的安達盧斯哲學家和博學家）——西方人稱呼他作阿威羅伊（Averroes）和《歷史緒論》（*Muqaddimah: An Introduction to History*）的作者伊本．赫勒敦（Ibn Khaldun，阿拉伯穆斯林學者、史學家、經濟學家、社會學家，被認為是人口統計學之父）。在前往美國前，第四位沙烏地學生亞麥．胡拉法尼（Hamad Juraifani），成為我們的一員。

現在，我們已經準備好踏出人生和生涯發展的下一步，即將成為大人了。這對沙特阿美和我國來說，都是一座里程碑。公司傾注全力把合格的沙烏地學生，培育成受過良好教育和訓練的產業專家。同時，我國也正加快腳步，盡力發展沙烏地社會，和改善人民福祉。我們的人生就此不同以往。

1959～1961

第五章

留美被問：你騎駱駝來的嗎？

我想回家。我在曼哈頓中城的沙特阿美辦公室，打電話給人在達蘭的保羅・凱斯，我這樣對他說。我們才到美國四天，但強烈的文化衝擊讓我很痛苦。我穿著新西裝搭電梯，對大家說「Salam Alaikum」，卻沒有人回我「早安」。**紐約也許是一座移民城市，但在一九五九年，我卻看不到任何人的外表和語言與我們相似。**

曼哈頓步調太快、太讓人手足無措——即使是對來念大學的工程師和地質學家們也是一樣。第一次從時代廣場搭地鐵時，我們最後搭到了長島一處不知名的地方，紐約分公司經理還得開車載我們回到曼哈頓。我在心裡對自己說：「這個地方爛透了。」

凱斯叫我們要多點耐心。阿美公司做了明智的安排，讓我們四個學生參加為期六週的夏季新生訓練。這門課是專為將來要就讀美國大學的外國學生所辦。我們也匆匆參觀了美國首都華盛頓特區（Washington DC），也更了解美國歷史。我想我拍下了每棟政府大樓和紀念碑的照片。華盛頓紀念碑讓我們想到我們的國父阿卜杜勒・阿齊茲國王。

新生訓練課程，在賓州中部鄉間的巴克納爾大學（Bucknell University），這裡的步調比曼哈頓慢很多，我很享受此地的氛圍。課程重點在英文口說和閱讀。我們幾個的英文程度還不錯，所以課程承辦人要我教巴西來的醫生和護士，不過我因此學到的葡萄牙語，可能比他們學到的英文還多。

還有一件事也很重要——更了解美國文化，尤其是美國年輕人感興趣的東西。我甚至還學怎麼跳「牛仔舞」（jitterbug，或譯吉魯巴，典型的美國舞蹈，一九四〇年最先流行於美國南部）！抵達巴克納爾的幾週內，我決定再給美國一次機會。

就在那年秋天，我們四個分別就讀不同的大學，我開始在賓州東部的理海大學上課。阿美公司的主管大都來自德州、美國南方或西部，但我該感謝一個人幫我決定該念哪所大學。這位地質學家在美國東部長大，名叫唐・多納胡（Don Donoghue），擁有地質學博士學位。認識他時正值夏季，我在石油營的小木屋中幫測試井的岩樣貼標籤，這份工作必須忍受炙熱的天氣和滿身灰塵，但是多虧了多納胡博士，我學到很多沙烏地各地岩層的相關知識。

他不只要我在美國東部受教育，還要我念小學校，這樣我才不會迷失在茫茫人海中，他說：「我要你上頂尖大學，去念布朗或理海。這兩所大學小而美。」我對這兩所大學一無所知，所以我問他該怎麼決定。他說：「簡單，擲銅板。正面是理海，反面是布朗。」最後丟銅板的結果翻出正面，所以我就上了理海大學。**要是早知道理海是男校，我也許就不會用銅板孤注一擲。**

到了理海，我搬進布萊斯樓（Price Hall）。當時這棟宿舍在南山山坡的舊校區，住了三十到四十位學生，大家的出身背景和信仰都不同。當時附近的伯利恆煉鋼廠（Bethlehem Steel mill）從早忙到晚，煤煙讓灰岩色的校舍看起來更加灰暗。伯利恆市的工人宿舍離學校非常近，所以理海給人的感覺，不像巴克納爾那樣與世隔絕。

當時的大學還有很多戲弄新鮮人的活動，與從其他大學生（尤其是加入兄弟會的學生）口中聽到的相比，我們學校的惡作劇算是非常客氣。但一直到十月，和附近的拉法葉大學（Lafayette College）舉辦年度足球對抗賽為止，我們都得帶著棕色的包頭帽，我們叫它丁克帽（dinks），假裝成玉米穗菸斗（起碼我必須這麼做）。

大家都很認真念書，而且因有實習課，所以一週要上課六天，只有星期日才放假。我們不但很好勝，也希望自己不會讓阿美公司或國家感到失望，所以還選修功課繁重的理化課。其他人的學費是父母付的，所以必須達成父母的期望，其中有很多人如果被退學，就會被徵召入伍。我表現得還不錯，但我仍然很拚。我入學時，地質系系主任是理查・高德博士（Dr Richard Gault），他很優秀，但要求很嚴。副主任唐諾・萊恩博士（Dr Donald Ryan）也十分卓越。

儘管我們求勝心切，還是會互相扶持。我同時會速記和打字，所以筆記做得最好，如果有人缺席，我就會把上課的速記筆記打出來，借給他們。

我的朋友大多是美國人。當時理海只有大約二十名外國學生，我還是唯一住校的沙烏地學生。另一名沙烏地人馬胡・泰巴（Mahmood Taubah），也是沙特阿美公司贊助的沙烏地學生，但是他已經結婚，住校外。儘管如此，我們還是成為好友。

文化衝擊：我一下成了同性戀、還是共產黨

此外，約有六十到九十名外國學生就讀研究所，大多主修工程。因為我很晚才開始上學，所以比大部分的同學大上四歲。每個星期，我們一群人會一起參加美式足球賽、摔角賽，也會一起去看電影。當時我國和現在一樣，因為宗教因素，所以不播放電影。我承認自己和阿赫薩地區的男孩一樣，會溜進戶外電影院，而美國人在石油營播放的大多是西部片，約翰·韋恩（John Wayne，美國電影演員，一九四〇到一九七〇年代的主要影星之一。他的名字和西部片和戰爭片緊密聯結在一起），也就成了我心目中的大英雄。

在理海，我們也會和當地其他大學的學生去跳舞，我想現學現賣我的牛仔舞舞技。當時艾維斯·普里斯萊（Elvis Presley，貓王）是美國最紅的流行歌手，但我一直都不喜歡他，艾維斯·「屁裡濕」這個暱稱還比較適合他。

我還擔任過理海國際社團社長，身為社長的其中一項任務，是舉辦名為社交舞的舞會，還要邀請附近女子大學的學生來參加。在理海，與異性舞伴共舞理所當然，但在沙烏地阿拉伯當然嚴格禁止這種行為。我覺得和女生共舞很開心，但畢業後絕不會繼續這麼做。還有，我當時不想談戀愛，我始終明白自己最後會娶家鄉的女孩為妻。這就是我們的習俗。

美國還有其他不一樣的文化。當我在巴克納爾大學參加新生訓練時，我和另一個阿拉伯

學生結為好友。我們會在校園裡見面、討論家鄉、文化之類的話題。在這種場合，**阿拉伯男性會手牽手散步聊天**，而我們當時也這麼做。於是接下來的那一週，更難找到願意當我舞伴的女生，我問一位美國朋友怎麼會這樣，他笑笑的看著我：「阿里，他們覺得你很 gay（同性戀，原意是開心）。」這是我第一次聽到這種說法，所以我不太懂：「嗯，我很 gay，我很開心。這有什麼不對嗎？」聽他解釋之後，我才懂。

此外，我還曾很驕傲的告訴大家我是socialist（社會主義者），但是當時麥卡錫時代（McCarthyism，在沒有足夠證據的情況下指控他人不忠、顛覆、叛國等罪，尤其是指控他人是社會主義〔socialism〕）才剛結束不久，所有的左派人士都被認為「不美國」（un-America），我朋友又把我拉到一邊，確定他是不是聽錯了。我對他說：「沒錯，我喜歡和大家在一起，喜歡和大家聊天。我是社會主義者。」他再次糾正我：「你的意思是『喜歡社交的』（sociable）。社會主義者的意思不是這樣！」

美國人發現沙烏地人富有幽默感時，通常都覺得很驚訝。也許是因為媒體上，沙烏地人的傳統服飾和戴眼鏡的古板形象，讓我們看起來很嚴肅。但在沙特阿美工作多年，我知道美國人和沙烏地人都很喜歡開玩笑。

伯利恆舉辦了許多活動，協助外國學生熟悉這個小鎮和這一區，當地人也想了解我們。在秋季班開課後不久，我受邀參加外國女學生的團體聚會。因為其他外國學生看起來都很緊張，所以我想要幽默一下打破沉悶的氣氛。**有位小姐問我，我怎麼來美國的？是不是騎駱駝來的？**其他女生噗哧的笑出聲來。事實上，我們搭阿美公司的道格拉斯 DC-9 螺旋槳飛機，它的名字正好叫「飛駝」（Flying Camel），當時我們花了四天才飛到美國。所以我對她說：「沒錯，我是坐飛駝來的。」她嚇了一跳，但在我解釋後，大家都聽懂我的笑話了。

在另外一個場合，我認識了一位賓州蘭開斯特孟諾教阿米希社區（Amish religious Cummunity）教徒，他們住的地方不用電、電話、不開車，大多時間都與世隔絕。他仔細打量我後，問道：「年輕人，你打哪來的？」我告訴他：「我從沙烏地阿拉伯來的。」他想了一會兒，又問我：「這在賓州的什麼地方？」於是我告訴他，在伯利恆附近。

在美國的第一個冬天，是我的震撼教育。在阿美公司工作的美國人警告過沙烏地學生，如果我們到美國北方念大學，就要留意酷寒的氣候和大雪。但是晚上從圖書館回到宿舍，面對校園裡呼嘯肆虐的寒風時，我還是沒有心理準備。我有一件在達蘭試穿過的外套，我自以為那就是冬季大衣，但隨著氣候越來越寒冷，這件大衣的厚度不足以抵擋賓州的寒冬，所以我又去伯利恆買了保暖一點的外套。有人帶我去當地的軍用品裝備店，那裡有賣第二次世界大戰留下的衣服和裝備，當時美國各個大小城市，幾乎都看得到這種店。我用自以為很划算的價格，買了一件很厚的毛夾克。

當我大搖大擺地走進理化實驗室時，新的戰利品讓我自我感覺良好。我的一位好朋友兼同事彼德·範·德·坎普（Peter Van de Kamp），他在離伯利恆不遠的紐澤西（New Jersey）長大。他問我這件大衣的價格，我告訴他後，他說我被敲竹槓了。我聽不懂他的意思，所以他隔天帶我回到那家商店，拿著同一款大衣和銷售員殺價。最後殺到的價格，竟是我付的價錢的零頭。我很生氣，但大部分是氣自己。

這是寶貴的一堂課。我不會在沙烏地的露天市場殺價，但不代表在西方或其他地方的價格也是不二價。幾十年後，當承包商認為從水泥到精密滾珠軸承，沙烏地阿拉伯都能負擔任何高價時，**我總是給經理人相同的忠告：議價、議價、議價！**

多虧了我的朋友彼德，邀請我去紐澤西州的家過感恩節，我才能實際體驗美國的家庭生活。他們為了讓我覺得像在家中一般自在，彼德的媽媽除了準備了傳統的火雞、填料和馬鈴薯，還為我煮了米飯，我示範給她看沙烏地人在家，是怎麼在煮飯前把米先洗三次。

假期中，彼德和我也幫他爸爸整理庭院，包括劈柴。我很快就劈上手，他們感到有點驚訝，但我跟他們說，我在野外長大，一直都很喜歡戶外活動。我覺得自己好像是那些，第一次在美國過感恩節的清教徒。

首次入美西的外國人，被牛仔追

春天終於翩然降臨美國，我忙著打棒球和踢足球。美國老師對我的棒球技術感到很吃驚，以為我這個外國學生，應該也很會踢足球。好在我足下功夫和傳球技巧也都還不賴，該拿的分數都沒少拿。

在美國留學最難忘的記憶，大都在教室外。我們主修地質學，必須要在夏天進行現場研究。在美國的第一個夏天，我整個暑假都被派到麥迪遜鮑伊山脈（Medicine Bow Moutains），進行懷俄明大學的專案。

為了要從賓州長途跋涉，跨越半個美國到懷俄明，我努力說服阿美公司幫我買一部車。他們答應了，撥給我的預算可以買一部福斯金龜車，我買了一輛自認為絕美的天空藍金龜車，而且我不想和我在家鄉時一樣，讓這部車也撞翻，所以我上了幾堂駕駛課，然後就準備上路。

彼德也參與這個計畫，所以他跟我同行，我們看起來實在不搭。我是黑髮，五呎三吋（約一百六十公分）；他是金髮荷蘭人，比我高快一英尺（約三十．四八公分），所以他得把身體彎成一半，才擠得進我的小金龜。當時四線道的州際公路，或收費高速公路非常少，所以這趟路途非常漫長，必須開一整天的車，然後把車停在附近玉米田或牧場的路邊，攤開睡袋休息。我計畫在黃石國家公園（Yellowstone and Tenton National Parks）稍作停留，然後再如期抵達懷俄明（Wyoming）東南部，如詩如畫的洛磯山脈（Rocky Mountains）專案營地。那年夏天的旅程中，我驚訝的看見鹿、駝羊以及羚羊盯著我們。

懷俄明大學的野外地質學在全美首屈一指。我們參加的是**正規地質學課程，但大多在戶外上課**。學生學習如何檢驗岩石、如何測量它們的特性，和基本地圖製作技巧。我們朝某個方向用步伐測距離，也利用指南針繪製地形圖，沿路上看到石頭就作筆記，然後在地圖上標示位置，還學習如何應用航空圖片和地形學。

我們第一週住在大本營裡的小屋中，不管是用餐或晚上上課都在一棟大樓。大學老師中，有一位山姆·奈特（Samuel H. Knight），他是聞名遐邇、備受尊敬的懷俄明大學教授，兼落磯山地質學及恐龍化石專家。除了奈特教授外，授課老師也包括哥倫比亞大學（Columbia University）的老師。接下來四週，我們前往不同的區域進行現場研究，晚上就睡在帳篷裡。

地質學家骨子裡就是探險家。那年夏天除了檢驗百萬年之久的外露岩層外，彼德和我決定也要勘查一下當地的社區，只要到了週末，我們就會開車到附近的小鎮上。有個週末，我們決定開車到拉勒米（Laramie，懷俄明州第三大城）參加為期三天的禧日（Jubilee Days）慶典。這場慶典活動包括牧人表演套馬（這是我第一次看到），還有許多嘉年華會活動和炭烤美食。

我當然對當地風俗一無所知，而彼德這輩子都生活在東岸，所以不太懂牛仔文化。我們不知道當地人覺得我們看起來很奇怪，連我們開的車都是進口車，車牌也不是登記在懷俄明州。光是這幾點，加上當地騎師豪飲啤酒，就該讓我們警覺自己正一步步踏入危險中。

當我們離開拉勒米，沿著公路開回醫學弓國家森林公園（Medicine Bow National Forest），發現後面有一輛車坐滿年輕人，正跟蹤我們，看樣子我們絕對是被盯上了，而且他們開車橫衝直撞，顯然已經喝得醉醺醺。我的小金龜後方的氣冷式引擎，比不上他們引擎蓋下方馬力十足的美國V-8引擎。他們朝我們一步步逼近。

突然我在後照鏡看到紅燈閃呀閃的，**一輛黑白相間的大警車開到我們旁邊，憤怒的警官向我們揮手**，示意我們靠邊停車。那輛坐滿年輕人的車繼續往前飛馳而去。我心想：「完蛋了。警察大人想抓我們。」這不只會讓我丟了阿美公司的飯碗，更擔心小命也一起丟了。

警官們叫我們跟他們到下一個小鎮，懷俄明千禧市（Centennial）。他們要我們在千禧市作客一晚，而我們的寢室就是鎮上的監獄，後來我們才漸漸明白，警官們把我們關起來其實是為我們好，他們一定是看到那部車追著我們奇怪的藍色小金龜車，然後發現我們遇上麻煩了。

我害怕的打電話給課程主任，告訴他來龍去脈。他覺得我會讓阿美公司蒙羞而大發雷霆，他威脅要打電話給沙烏地阿拉伯政府，把我踢出課程，但他冷靜之後，答應只要不再惹麻煩，他就幫我保守祕密。我盡力了。

語言和文化依然是一大難關。隔天早上，彼德和我去當地的小餐館吃早餐，順道慶祝我們重獲自由。我們看到的所有人，幾乎都和彼德一樣一頭金髮，後來才知道，當地人的祖先都來自瑞典。當女服務生來幫我們點餐時，我看著她說：「我要吃羚羊（antelope）。」她嚇了一跳：「我們沒有賣羚羊。」我說：「有，你們有。菜單這裡有寫。」事實上，在懷俄明州鄉間，有些標榜野味的餐館的確有羚羊這道菜，但這家沒有。她說：「喔！你說得是哈密瓜（cantaloupe）。」我記得彼德看著窗外偷笑，他不想要讓我覺得更丟臉。

把握求知的每分每秒

那年夏天，回到理海之前，我去探望下一批在巴克納爾參加新生訓練的沙烏地學生。只是第二年而已，就已經有十一位阿美公司贊助的學生上這堂課，比首批四名學生的兩倍還多。這群人很優秀，其中包括納賽爾．阿吉米（Nassir Al-Ajmi），和卡里德．艾爾特（Khalid Ali Al-Turki）。納賽爾．阿吉米日後是阿美公司資深主管，而卡里德．艾爾特後來離開阿美公司，成為我國成就斐然的企業家。

我們這批「白老鼠」被當作成功範例，這讓我引以為傲。我們這批學生為日後數十多年，由政府贊助的上萬名沙烏地學生，開啟了一扇大門。在懷俄明州千禧市監獄度過的那晚，沒有在我的成績單上留下汙點，謝天謝地。

一九六〇年步入尾聲，並不是只有沙烏地學生嗅到了嶄新的契機。整個美國都即將籠罩在一股巨大的變化當中。新的年代、新的總統。艾森豪總統的確威震全球，但絕對屬於舊時代。讓人最感興奮的候選人，就是麻州（Massachusetts）的年輕民主黨參議員，約翰．甘迺迪（John F. Kennedy，美國第三十五任總統）。

同年十一月，甘迺迪贏得總統大選，並在一九六一年一月就職。他年輕、有活力，當你在電視上看到他，或在報紙上讀到他的消息，都會覺得他似乎能實現一切願望。甘迺迪讓美國在一九六〇年代初期，籠罩在樂觀與希望中，而他傳達的希望，也造就了越來越活躍的學生運動。

美國各地的學生群起抗議當時美國南方的種族歧視，接著又展開反越戰示威運動。我們也召開校內部會議，舉行幾場學生集會，但一般說來，在我的印象中，我在理海念書時，當地學生對政治相當冷感，而且當時校內非裔美國學生很少，大多數人只在乎課業。

我和沙烏地同胞是為了念書才到美國，但我們不可能對政治覺醒和政治運動意識毫無感覺。在貝魯特的美國大學時，很多人至少都涉獵過一些阿拉伯國家主義歷史。我常把黎巴嫩裔埃及作家，喬治．安東尼厄斯（George Antonius）的《阿拉伯的覺醒》（*The Arab Awakening*）放在書包裡，這本書在一九三〇年代末期出版，對我國國民影響深遠。我們是驕傲和忠誠的沙烏地國民，但我們也以阿拉伯人在整個伊斯蘭世界的成就為傲。

費瑟王儲（Crown Prince Faisak）是薩爾德國王（King Saud）的半血緣兄弟，也是王位繼承人，在我國還被視為現代化的推手。他在一九五八年被任命為總理，協助我國推動急迫的現代化管理架構，並控管支出。一九六〇年。他辭職以示對改革阻力抗議。但皇室和烏理瑪（又譯為烏里瑪、歐萊瑪，伊斯蘭教學者的總稱）的支持派強力支持，一九六二年，他又再度被任命為總理。一九六四年，皇室任命他擔任國王，薩爾德同時下臺，我國改革腳步因此加快，尤其是開辦女子學校。

當我在美國念大學時，阿美公司在家鄉迅速成長茁壯。我與在阿美公司全職工作的沙烏地同胞保持聯繫，他們已經升到比我高的職階了，有些人甚至當上領班了，所以他們賺得錢比我還多，結了婚，也組成家庭。**如果我當初選擇不上大學，早就搶到這個職位了。**

我雖然羨慕他們幸福的人生和事業發達，但我決心絕不浪費在美國的每分每秒。我在理海的學業進展神速，多修了很多課，而且我在貝魯特修的學分可以抵免，所以我發現自己可以提早畢業。

當時我不想返鄉，渴望在美國繼續深造，拿到碩士學位。**我知道許多沙特阿美的資深主**

管學歷都很高，所以這對我的事業發展至關重要。就像我之前說的，我們這一代沙烏地人的企圖心都很旺盛，第一位石油部長阿卜杜拉・塔里基，堪稱我們的模範，他在一九五〇年代拿到了德州大學碩士學位。

但是我的企圖心面臨到重大的阻礙。沙特阿美的這項大學教育計畫，幫助了我們這批在美國讀書的沙烏地人，但是當時**他們並不覺得有必要讓我們繼續深造**，**公司希望我們回國，馬上學以致用**。再加上公司業務迅速壯大，卻找不到足夠的技術性員工來從事重要工作。因此，**他們要拿回投資的報酬**。

我終究還是成功說服沙特阿美高層，告訴對方我都已經在美國念大學了，再拿一個碩士有利無害。但他們只給我一年的時間，這個條件可麻煩了，因為大部分的地質碩士課程，都要兩年才念得完。

理海大學地質系同意我能在大四念完大學課程的同時，修地質系碩一的課。他們幫我找到一些可能適合我的研究所課程，包括極具聲望的加州史丹佛大學（Standord University）地質碩士課程。我考了所有美國學生都要考的「研究所入學程度考試」（Graduate Record Examination，簡稱GRE），然後就去打工遊學一個暑假。

當年，一九六一年深深烙印在我的腦海中，因為我長年重病的爸爸去世了。我發現自己來不及回家參加喪禮，心痛到無以復加，而且就算喪禮延期，我也沒錢付來回波斯灣的旅費。對一個在親密的部落中長大的人來說，那是一段令人哀傷的時光。並非所有改善人生和事業的選擇，都讓我感到快樂。

1961～1964

第六章

爭取待遇福利，最好讓上司幫你

一九六一年夏天，我從理海前往美國地質調查局（US Geogeaphical Survey）工作。我們先到華府兩週，然後被分派進行實地調查。我被派往阿布奎基（Albuquerque），參與亞利桑納（Arizona）和新墨西哥（New Mexio）的地下水流域評估專案。這項任務對我往後在沙烏地阿拉伯的工作大有幫助。

對我的學業來說，更重要的是這項專案的主持人，史丹佛地質系系主任史丹利．戴維斯教授（Stanley Davis）。知名的伊拉克教授馬諦．漢圖許（Mahdi Hantush），也是領導專案的團隊成員。我毫不掩飾的表達，自己對於史丹佛很有興趣，還問戴維斯博士：「要怎樣才能進入史丹佛？」他說：「和我們一起工作兩週後，我再告訴你需要什麼。」我覺得這輩子從來沒有比那年夏天的那兩週更努力過。

兩週後我再問他，我有沒有機會念碩士班。他說：「有，你很優秀。你只需要寫一封信給我就好。其他的事由我來處理。」因為那次的偶然相遇，加上我的努力付出，史丹佛接受我的入學申請。我的好朋友彼德卻被拒絕，即使他的分數比我還高。

在新墨西哥的那年夏天，餐廳菜單事件又重演了，但是這次我沒有把哈密瓜看成羚羊，因為菜單上都是西班牙文，所以我一個字也看不懂。我走進阿布奎基的一家墨西哥餐廳時，**我的打扮讓女服務生誤以為我是墨西哥人**。這樣就算了，但**我跟她要英文菜單時，她看著我，把我當成神經病就走掉了**。我堅稱我看不懂西班牙文，但她不信，所以最後我隨便指了菜單上的一道菜，她端來了玉米肉粽。

此時一對阿拉伯夫妻走進餐廳，先生是附近新墨西哥大學（University of New Mexico）的老師，我急忙衝到他們的餐桌自我介紹。有人可以和我用阿拉伯語聊聊，感覺真是太棒了。我用阿拉伯語請他們告訴女服務生，說我不是墨西哥人，我想要看英文的菜單。他們懂我的感受，還對我說他們以前也遇過這種事，因為當時美國西南部沒有太多阿拉伯人。最後，我不但拿到我要的英文菜單、點了其他菜，還用阿拉伯語，與我的老鄉共享晚餐。

我在理海的最後一年，應該很少從書堆中抬起頭來。為了拿出優異的表現給理海教授，和史丹佛地質系看，我深感壓力。此外，我也正在為私人生活的下一個階段做準備。

理化課的課業壓力總是無比的繁重，藝術欣賞課卻是例外。我會修這門課，只因為我的主修規定得修這門課才能畢業，而這門課的教授理查．瑞德（Richard Redd），也是一位畫家。雖然我自己沒什麼藝術天分，但是他對藝術的愛好至今還是深深影響著我。

這門課的期末考是要看三十九張畫的投影片，然後說出畫家的名字和畫作的日期，再說明每一幅畫象徵了什麼意義。期末考前的那個週末，我開車到紐約市，跑到許多博物館和藝廊認真做功課。我用非常有系統和科學化方式做了筆記，所以背下了所有答案。我可以很驕傲的說，期末考的這一題，我拿了滿分，而且瑞德教授對於我沒有繼續研究藝術，感到非常的不解。

畢業前，我們必須通過兩種非母語的語言檢定。校方認為我的英文很溜，所以**把英文認定為我的母語。我想，太好了，那我另一個語言的首選就是阿拉伯語。**我在考試前複習了最難搞的阿拉伯文法。

當時理海沒有阿拉伯語課，所以他們還得從其他大學請講師來考我。他問我的第一個問題是：「你對伊本．赫勒敦了解多少？」我在貝魯特美國大學讀過他的作品，所以很高興被問到這個問題，但我很訝異老師用英文對我說話，我說：「那，我想我就用英文回答好了。」他說：「**好，我不會阿拉伯語。**」我知道自己會拿下好成績，尤其是因為他問的第二個問題是，關於我另一位很喜歡的作者阿威羅伊。

我修的第二外國語是德文。我在理海的三年都有上德文課，因為遇到一些德國來的學生，還與他們變成好朋友，所以便決定修德文。一位理海的老師用德文考我，我輕鬆的通過考試。

那年春天我從理海畢業時，成績是班上前二五％。系主任葛倫．克里斯汀生（Glenn Christensen）說道：「在班上排名前四分之一，在任何大學都是很棒的成就。在精英薈萃的理海，成績在班上前四分之一，同時又學習外語，更是一項非常值得讚賞的成就。」我的努力耕耘終於有了收穫。我對自己發誓，未來我要更拚。

既漫長又炎熱的畢業典禮，在格雷斯樓（Grace Hill）舉辦。典禮結束後，我和彼德，還有其他幾位好友在校園中的旗桿附近碰面，這是理海傳統的碰面地點。我們握手、擁抱、祝福彼此，聊著夏天有什麼計畫。

我的計畫比多數人都緊湊些，從理海畢業後，到我去史丹佛校區念研究所的第二年課程前，我第一次在哥本哈根（Copenhagen，紐約附近小村），與寄宿家庭共同生活了一個月。我一直都想體驗寄宿生活，所以我知道機不可失，因為之後我就要回家，和我未來的老婆見面、結婚，然後和她回到美國，這會是她第一次離鄉旅行。

還沒開始上班，就成功說服公司付我結婚基金

在我這一代，相親極為稀鬆平常，而且現在還是有很多沙烏地人相親。雖然家鄉的朋友都結婚了，但我發誓過我要把學位拿到手，再成為一家之主。畢業前半年，我就知道自己能拿得到學位，所以我告訴自己：時候到了。

我寫信給在巴林的遠房表親奈伊米（Al-Naimi），他曾在拉斯坦努拉的一所企業學校中任教。我在貝魯特美國大學認識他的弟弟，知道他們有個妹妹，**因我認識的那個弟弟長得很帥氣，所以雖然我從來沒看過他妹妹的照片，但我覺得她一定也很漂亮。**

我寫信給哥哥，他是家族長輩（他們的爸爸過世了），告訴他我會回家兩星期，還有我

想和他妹妹訂婚，然後結婚。

我飛回家幾天後，就前往巴林和表哥見面。他歡迎我進他家，也歡迎我當他的家人——雖然我們已經是表親了。但他知道我的學業表現，對我刮目相看。我問他：「我能看看我未來的老婆嗎？」他說：「當然可以。」

走進來的是一位美得令人目眩神迷的十六、七歲少女（和我一樣，她也不知道自己確切的年齡），有一頭烏黑亮麗的捲髮，名字是黛比雅（Dhabyah），再一年就中學畢業。我們情投意合，當場就訂婚了。還請來法官，在結婚證書上簽字，從此展開結婚生活到現在。

阿拉伯海中有一處狹長的淺灘，將沙烏地阿拉伯和巴林隔開。我馬上飛過這處淺灘回到沙烏地阿拉伯，我知道這聽起來很不浪漫，但是我要做的事太多了。相親不只影響新娘與新郎，也會影響雙方的家庭，所以我必須要告訴其他家人，他們當時對我的計畫一無所知。

我打電話給我媽媽，告訴他我要結婚了，她問：「對方是誰？」她問的其實是哪一家人。我跟我媽媽說黛比雅的爸爸是誰，她說：「喔，她們家族很優秀，我認識。」我和我一位舅舅和表兄弟們相談，也得到相同的結論。

在一九六二年八月一日，因為連結兩國的堤道是在幾十年後才蓋好，所以我租了一艘淺底獨桅帆船，帶全家人離開阿拉伯東部省，前往巴林來一趟小旅行。隔天，我們在黛比雅家舉辦婚禮，婚禮沒有特別講究，很像是三個兄弟參加的大型派對，而且因為是家族內通婚，所以沒有什麼嫁妝或聘金。

接下來兩個星期，我們忙翻了。第一週，我們在巴林和黛比雅家人在一起，然後前往拉斯坦努拉，住在我哥哥家。雖然這個地區在距離沙特阿美第一座煉油廠不遠的地方，蓋了集合住宅，但是這裡的海灘仍美不勝收。

那是我老婆第一次離家，這在現在聽起來也許是件怪事，因為從巴林就看得到沙烏地阿拉伯，但她甚至從來沒有去那裡玩過。她說英語時帶著印度腔，因為她的老師和我第一位裁縫師一樣，都來自島上人數眾多的印度社區。而且她根本不懂去美國是怎麼一回事，但她很快就會明白了。

我們赴美前只有一個問題需要解決。公司發的研究所獎學金，不包括我老婆的費用，而且我還沒對任何人透露結婚計畫。

我對老闆林恩．米藍說，我不能把我新婚妻子丟在家裡，如果想要婚姻和諧，她就得跟我一起去看看這個世界。林恩說：「阿里，**你就像我的親生兒子一樣**，我同意你的想法。我太太和我會幫你舉辦一場私人派對，慶祝你結婚，順便邀請石油營業副總裁，他才是有權力核准的人。」

所以我們辦了派對，當時是八月，所有人都穿著白色的衣服，保持涼爽。後來沙特阿美的夏季服飾也都是白色的褲子、白色的上衣、白色的鞋子，這個靈感來自英國人，他們說這是夏裝。

米藍故意讓我和其他人**猛灌副總裁酒，這樣他才會開心**。然後我坐到他旁邊，解釋為什麼我要帶我太太去美國，他說他很樂意明天簽同意書給訓練主任。我隔天一早就去他的辦公室拿同意書。

訓練主任比爾．葛萊迪（Bill O'Grady）看完那封信後，大發雷霆，但他也無可奈何，還是得聽從副總裁的指令。他同時也準備了公司同意這個安排的但書，要我簽名。我必須同意阿美公司不負擔我太太的機票以外的費用，包括醫療或懷孕的支出。我對他們說，她很健康，也不打算懷孕。所以幹嘛不簽！

新婚、得子、拿到碩士學位都在同一年

我們在歐洲停留了幾站後，終於飛抵紐約。這次我們沒搭阿美公司的「飛駝」，而是搭乘商務飛機。我先帶黛比雅到曼哈頓中城的梅西百貨，給她買幾件西方款式的衣服，好讓她在陌生的國家中感覺更自在些。

我朋友彼德開著我的藍色小金龜車來接我們，在我回國結婚的這段期間，我把車托給他保管。我介紹彼德和其他幾位大學女同學給黛比雅，她轉頭問我：「這些女人是誰？」我向

她保證，她們是彼德的朋友。

史丹佛開課前，我們有十天可以開車穿越美國到加州的帕羅奧圖（Palo Alto）。旅途的第一站是理海大學校園，黛比雅很喜歡理海和我之前住的布萊斯樓。我們的橫貫美國之旅穿越阿勒格尼山脈（Allegheny Mountains，位在西維吉尼亞州），然後經過中西部、蔓草叢生的原野和大草原。在俄亥俄州（Ohio），有一位賣蘋果和蘋果汁的攤販老闆娘，誇張的稱讚我的年輕妻子有多漂亮，堅稱她看起來像蘇菲亞・羅蘭（Sophia Loren，義大利國寶級女演員）。事實上，好在我們隨身帶著結婚證書，因為很多汽車旅館的老闆，都仔細打量這位二十六歲的年輕男子，和他貌美如花的年幼老婆。

我們停車欣賞密西西比河（Mississippi River）的動人奇景。我解釋道，埃及有知名的尼羅河，而密西西比河就是美國的尼羅河。我們開了好幾天的車，最後終於抵達洛磯山，經過沉積岩層時，我還解說了地質學，說這些沉積岩層以往很平坦，現在卻是直立的。

好在我們兩人都是小個子，因為這輛車塞滿了我們的行李和沿路購買的東西。最後我們開下山，驅車開過加州，抵達史丹佛的校園。我們當時並不知道，一九六二年，我們前往帕羅奧圖時經過的那片大果園，就是日後遠近馳名的矽谷（Silicon Valley）。

在史丹佛的那年，比在理海的最後一年還要忙。戴維斯教授親自招呼我進地質系，沒有什麼比這還要令人感到興奮。我的工作繁重，工時又長。我修了三十六小時的課，其中六小時是論文撰寫，一般學生的時數只要一半。

當我拿到碩士學位時，黛比雅也完成了她在帕羅奧圖的中學教育。當時我們在山景城（Mountain View）和門洛公園（Menlo Park）附近租公寓，她和社區的幾位年輕女孩變成好朋友。雖然工作耗掉了大部分的時間，但我們仍想辦法安排了幾趟旅行，享受美國西部的絕美自然風光。我們開車去了亞利桑那州的大峽谷（Grand Canyon），也和另一對夫妻去加州優勝美地國家公園（Yosemite National Park），享受一趟輕旅行。

如果說我太太和我，對婚姻生活想得太傻太天真，真是一點也不為過。到史丹佛一個月後，她生病了，我不知道她為什麼會生病，她這麼年輕貌美又健康。雖然沙特阿美之前堅持不會支付醫療費用，我還是帶她去史丹佛醫院，大約一小時後，一位醫生走了出來，他說：「恭喜！你要當爸爸了！」我喜出望外。

一九六三年七月二十三日，我們的女兒里姆（Reem）出生於史丹佛醫院。我太太和我自然是欣喜若狂，深深愛上我們第一個小孩。事實上，我們運氣很好，里姆是個很好照顧的孩子。真是太好了，我的碩士論文才寫到一半，而且我們的一房公寓開始感覺有點擁擠。

因為我和公司簽下的那紙合約，所以懷孕和生產的醫療費用，讓我陷入財務困境。我記得里姆出生於醫院的費用是九百美元，我照實付款，並留下單據。**幾年後，我回到沙烏地阿拉伯，向葛萊迪先生提出損失賠償。最終我贏了，從公司領到將近四萬美元，包含利息。**

同年九月，我拿到碩士學位。我十分感謝戴維斯教授，給我在史丹佛念書的機會，但我急著回國工作，所以甚至沒有留下來參加畢業典禮。他後來還幫我寫推薦信給公司，在信中他說：「他讓我們刮目相看。不但是勤奮的學生，也是一位翩翩君子。」我真是受寵若驚。

十一月初，我們回美東趕搭飛機回沙烏地阿拉伯。雖然我們的車子累積里程數不算少，但還是用當初的買價賣掉它；金龜車在一九六〇年代的加州，可是很受歡迎的車款。

我們把里姆舒適的包好，放在嬰兒搖籃中，和彼德還有他在紐澤西的家人道別，然後從紐約市皇后區威爾德機場飛回家。我們離開美國幾個星期後，甘迺迪總統被刺殺，威爾德機場便改名為約翰甘迺迪機場。這起刺殺案震驚全球，現在回想起來，它彷彿是一道警訊，警告我們這個世界將變得越來越危險。

第二部

國王總統遇刺，石油榮景下的亂世

1974~1978

第七章

世界遇上石油危機，我職涯尋找轉機

我已經結束正規教育，是時候該離開美國、回阿拉伯了。我太太和女兒搬進達蘭的主管住宅區，這個地區早期幾乎只提供給美國人、外國人士以及眷屬。我是探油及生產部、職等十一級的地質學家，而十一級是最低的管理階級，負責發照給東部省合格的鑿井案。住在我們這排牧場式房屋的鄰居都是美國人，所以我們很輕鬆的就打入了這一個社區的社交圈，黛比雅也和這個營地的很多年輕媽媽成為好友。

一九六四年，我二十九歲上下，是探油生產部中最高階的沙烏地人。但是一九五二年進入公司的賽佛・胡西尼（Zafer H. Husseini），在一九六五年成為生產配銷部經理，是整個公司中的第一位沙烏地經理。他的升遷實至名歸，逼得我們其他人更拚命工作，好盡速獲得晉升機會。

隔年，我的職涯出現了意外的小變化。一九六五年，我聯絡在法赫德國王大學（King Fahd University）擔任總裁的一位老友，這所位於東部省的大學當時才剛成立不久，計畫培訓石油及其他自然資源相關產業的工程師，及其他專業人士。他知道我主修地下水，所以他聯絡了他擔任農業部長的朋友，並告訴他，如果需要有人取代他的水資源副部長，這裡有適當的人選。

後來，農業部長和我連絡，我們簡短的討論後，他提供我在利雅德的一份公職，我受聘為主任，而且很有機會成為下一任的水資源副部長。他給我的薪水是一個月三千里亞爾，幾乎是我在阿美公司的兩倍。而且當時能在政府擔任這種職位，是所有年輕沙烏地男性渴望的無上榮耀，而且當時政府是我國最大的雇主，至今依舊如此。

我告訴我在阿美公司的主管，這份工作實在好到讓人難以拒絕，還跟他們說，我希望可以留職停薪一年，試試看這份公職。他們說：「阿里，如果你真想這麼做，那好吧。」他們還同意借我一萬里亞爾，讓我在利雅德租房子。我將這件事告知太太後，她也答應：「你覺得好就好。」有了她的同意，我動身前往利雅德，在我安頓好一切之前，她和寶寶一樣繼續住在達蘭。

為了想要表現出我是多苦幹實幹的員工，**第一天早上七點，我就出現在辦公室大門，卻連半個人影都沒看到**，甚至連警衛也不在。我打電話給利雅德的政府關係處，負責人是美國人哈利．奧德（Harry Alter），我把問題告訴他後，他答道：「好，你顯然不了解政府。你先搭計程車到我的辦公室來，我們喝杯咖啡，然後再載你回去，如何？」

我在大約十一點回到辦公室和主任見面，我正要接任他的位置。他說：「歡迎來到水資源部。這些是辦公室的鑰匙。還有一個保險箱，讓你放貴重物品。」說完他就離開了。

我才放下公事包，就遇上民間承包商和地主，他們應該算是我的第一批顧客，希望我同意鑿水井。大家手上都拿著待簽的公文，而且，**他們之前顯然可以在沒有鑿井流程的工程，及其他細節資訊的狀況下，輕易的拿到前一位主任的核可。**

史丹佛和阿美公司的訓練，讓我覺得事有蹊蹺。我告訴這些民眾：「我不能簽這些文件。我需要看計畫書、套管計畫、水泥計畫、要接多少英尺的水管到井裡。這些全都要看。」**他們說：「不對，我們以前不是這麼做事的。」我說：「嗯，我以後就會這麼做。」**

不只他們感到很沮喪，我也是。兩天後，我看不到自己能夠改變他們辦事方法的跡象，所以決定放棄。我試著訂沙烏地航空的班機回達蘭，但機位全都被訂光了。最後我花了兩百里亞爾，雇了一輛計程車載我回家，然而高速公路路況不佳，幾乎耗上了一整天才到家。

我在阿美公司的主管聽到這個消息時，覺得很遺憾。我還清我借的錢，到基漢（Jiham）地區繼續當地質學家，還在此地鑽油、開發。大約兩週之後，我接到一通由達蘭打來的電話。

農業部長打電話來，他對我放棄新職位感到非常憤怒。當時他正在沙烏地阿拉伯政府的夏季開會地點吉達，所以命令我直接從基漢飛過去。

我和部長在吉達的一間政府辦公室見面。他和我一樣都來自阿赫薩。他說：「阿里，發生什麼事了？」我告訴他：「長官，我在您的環境中無法做事。」他說：「你知道，**我可以因為你闖的禍，把你送去吃牢飯。**」我之前確實沒仔細想過，但我知道他說的沒錯。

即便如此，我還是認為自己拒絕隨便簽署公文是正確的，不管是對我國、對未來，我都沒做錯。我告訴他：「長官，您了解我，我也了解您。我們來自同一地區。我不認為你選我，是為了要我變得跟其他職員一樣。您要我展現績效，但是在那樣的環境裡，我沒辦法，對吧？所以請您決定，如果非得要送我去坐牢，就這麼做吧，但我不覺得這對事情有幫助，仍無法達到您的目標。」他喜歡這個想法，說道：「好，握個手道別吧。」我走出辦公室後，直接回到基漢，繼續鑽油工程。

石油輸出國家組織正式成立

接下來的經驗就比較輕鬆愉快，從被威脅要進大牢，變成被指中邪，而且還是小時候狼牙保護我，不受邪靈侵犯的那種邪靈。我在這個時候開始學習射擊。

在鑽油場有位司機和我媽媽一樣是阿治曼族人，雖然我們沒有血緣關係，但他也算是族裡的長輩，所以我都叫他阿普杜拉叔叔（Uncle Abdullah）。有一天，他問我有沒有來福槍，我說我不只沒有，也不會射擊。他認為我是族裡的恥辱：「你身為阿治曼族人，不可以沒有來福槍，更不可以不會射擊。」當時更換鑽頭要花八到十二小時，所以下一次他們更換鑽頭時，我們開車到利雅德最近的交易站，買了輕量型〇．二二口徑的來福槍和子彈，練習打靶和射擊。

我們把幾個錫罐放在石頭上，輪流射擊。我很少射中，這讓阿普杜拉叔叔很不開心，他邊說邊搖頭：「你射得爛透了。」好在，有一位美國鑽油領班瑞得（Red）喜歡射擊，也很照顧我。我不斷練習，但槍法還是沒有很準。

有一天，我叔叔開著阿美公司的卡車去打獵，正好有隻烏鴉飛過，我直覺的透過敞開的車窗、拿槍瞄準，結果還真的射中了飛在半空中的鳥！阿普杜拉叔叔緊急剎車，大吼：「你把我當白癡嗎？為什麼罐子射不中，現在卻能射中在天上飛的鳥？**你根本一直都是神射手，幹嘛要耍我？**」他還為此和我冷戰了三個星期。

我們和好後，他帶我去獵一種叫做鴇的大型鳥類。在過度獵捕前，鴇在我國沙漠中隨處可見。我們在灌木叢中看到一隻，阿杜拉叔叔要我盡量爬近一點，然後再射擊。當我們靠近那隻鳥的時候，雖然牠是活的，卻動也不動，所以我決定再靠近一點。最後我站起來朝那隻鳥走去，一槍也沒開，就把牠直接撿起來。

我叔叔生氣的說：「我要和你斷絕往來！」我問他為什麼。他說：「你中邪了。你對那隻鳥施術。」我後來才發現，可能是有一條蛇先咬了那隻鳥，讓牠整個麻痺，但叔叔不理會我的解釋，之後我們再也沒有一起打獵。

我承認，在早期職業生涯中，有時候我會想，也許當初沒在政府中硬撐是錯的。當時我們這一代的沙烏地人，覺得阿美公司不關心我們的升遷機會，還被調來調去，去填補人員退休或調職而產生的職缺，而不是接受必要的訓練和經歷，也非為將來晉升做打算。美籍主管顯然不是很懂我們強烈渴望證明自己的心態。

我們覺得自己收到兩種不同的訊息。阿美公司高階主管，包括在一九六一年被任命為主要執行長的湯瑪士．巴吉爾，都要沙烏地人做好在阿美公司晉升的準備。法蘭克．強格斯（Frank Jungers）是深受巴吉爾喜愛的明日之星，也大力推動積極訓練和晉升目標。但卻因公司體制官僚，還有為了盡快完成任務或解決眼下的問題，得盡速下決定，這都讓目標和現實頻頻牴觸。

阿美公司的決策人員也受到外部環境的影響。**一九六〇年，沙烏地阿拉伯、委內瑞拉、科威特、伊朗及伊拉克，創辦石油輸出國家組織**（Organization of Petroleum Exporting Countries，**簡稱OPEC**），旨在讓石油生產國，能有效控制國內最有價值的自然資源。這不但不危及石油開採權，也讓阿美公司更有條件與沙烏地阿拉伯政府維持良好關係，同時這也表示不論位階高低，沙烏地人都需要受訓。

一九六二年，三十二歲的艾哈邁德．扎基．雅曼尼（Ahmed Zaki Yamani），接替阿杜拉勒．塔里基，成為沙烏地石油部長。他曾是一位有口皆碑的律師，日後在石油輸出國家組織中，代表沙烏地阿拉伯石油業，還成為最活躍的代表而聞名全球。全世界和阿美公司控股公司，都知道他積極為我國發聲。同時，針對各個石油生產國，越來越想把國內石油業收歸國有，他採取相對溫和的態度，認為外國的專業技術及資本，是開發我國資源的關鍵要素。

一九六五年，在開羅的一場石油業會議中，我第一次與雅曼尼部長、阿杜拉勒．塔里基前部長見面。我當時三十歲，正在為我第一份研究報告〈沙烏地阿拉伯東北部地下水〉做簡報。這份報告是以我國主要石油生產區地下水資源的研究，作為基礎，為了這份報告，我還把早期石油公司地質學家的報告拿來參考，在沙烏地阿拉伯，他們是這個領域的研究先驅。超過五千年來，阿拉伯半島都沒有常流河，所以地下水相關知識，在我國非常重要。

雅曼尼部長和塔里基前部長，都對我的簡報給予好評，同時恭賀我完成研究，而我願意在問答時間，直接面對評論人員，他們覺得這種做法很棒。評論員是一位年長的英國紳士，他錯誤的堅稱，海水侵蝕了這區的地下蓄水層（或稱地下水源），這也是數十年來，阿美公司在此區展開開拓性的鑽油及研究計畫前，**普遍的錯誤認知**。對沙烏地同胞而言，我代表新一代的沙烏地阿拉伯技術專家和官員。**殖民政權撼動整個中東地區時，我們善用教育和研究技巧，揭露這個時代的世界觀有多不足信**。

一九六六年，我的長子拉米（Rami）出世，我感到無比的驕傲。我的部族傳統上是父系社會，和大多數的部族文化一樣，長子出世代表父系家庭得以延續，因此值得慶祝。沒錯，雖然我的本名包括賓．埃布拉辛（bin Ibrahim），意思是埃布拉辛的兒子，但好友都稱呼我為阿布．拉米（Abu Rami），意思是拉米的老爸。

職涯瓶頸，重回油井開始

我的家裡人口越來越多，事業也屢屢進展。到了一九六七年，我已經升了四個職等，眼巴巴的期待著下次升遷，但有件全球大事比我的事業心更重要。在中東局勢日趨緊張數個月後，六月五日，阿拉伯以色列六日戰爭爆發（也就是第三次中東戰爭，以色列方面稱六日戰爭，阿拉伯國家方面稱六月戰爭，亦稱六・五戰爭、六天戰爭）。隨著衝突消息席捲阿拉伯世界，許多阿美公司工地的沙烏地工人，在六月七日離開工作崗位或沒有去上班。不同於蘇伊士運河危機期間，在這次六日戰爭中，美國被視為支持以色列，所以沙烏地阿拉伯和該地區其他地方的石油設施遭受威脅。

石油礦物大學（College of Petroleum and Minerals）的學生，組成抗議團體，遊行到守衛不嚴謹的石油營，展開了著名的「週三石頭運動」（Rock Wednesday），對車窗丟石頭，還燒毀車輛。後來遊行隊伍行經位於石油營區和阿喀巴（Al-Khobar）之間的美國領事館，所幸並未造成公司重大財產損失或人員傷亡。

也許是因為機緣巧合，那一年我被調職到公關部。因為我同時擁有地質學、鑽油及生產方面的知識，英文又熟練，所以我成為公關人員，要與外國記者會面、帶他們參觀我們的設施，讓他們了解沙烏地阿拉伯。

大約一年後，我對這份工作感到十分厭煩，但是如果我留任，**他們就會讓我擔任公關經理**，而且如果表現良好，最後可能會坐上公關副總的位子。副總是很高階的職位，當時整個阿美公司上下的副總，總共不到十二位。

鮑伯．威爾森（Bob Wilson）夫婦，是我太太和我的鄰居兼密友。鮑伯擁有經濟學博士學位，是很優秀的數學家。我們常定期聚餐，或在離石油基地不遠的沙漠區露營。當時，我請鮑伯給我生涯規畫的建議，他說我們明晚應該一起吃頓晚飯，並答應他會**拿公司的組織圖詳細討論**。

隔天晚上我們夫妻倆赴約，而公司的組織圖揭露了真相。各部門分布就像夜空中的星群一樣，我從來沒有看過這張圖，鮑伯要我注意，組織圖裡有一組沒有發展性的星群：公關。看來我的職涯規畫有了答案。

鮑伯建議我試著把在阿美公司的職涯，轉換到經濟學部門，畢竟我在理海拿到了二十一個學分。但是幾個月後，我恍然大悟，發現自己在經濟學部門不會有立足之地，那個部門太高不可攀。我需要活在更實際的世界裡。

一九六八年夏天，我回到探油生產部。丹．蘇利文（Dan Sullivan）正殷殷期盼著我的到來，他是一位身材高大、有著粗濃白眉的愛爾蘭裔美國人。我還來不及開口說話，他就笑著問我：「阿里，你要回來工作嗎？」我告訴他，我已經準備好要回到探油生產部了。

距離達蘭六十五公里的布蓋格（Abqaiq）有個小社區，丹・蘇利文給了我一份當地的工作。布蓋格算是幾處大型油田間的石油管樞紐，過去幾十年來，我們已經投資數百億美元在該地的處理廠。即使時至今日，布蓋格處理的石油量，在全球依然占了很重要的比例。

在一九六〇年代晚期，布蓋格就很重要，但規模小多了，住宅區的周邊設施也不多。公司當時正在合併達蘭的許多宿舍，但這不是最慘的。**我當時是十五職等的地質學家，但公司給我的工作，只是九職等的資深主任操作員**。更何況，我在八月中開始工作，這是東部省在一年當中最炎熱、最潮濕的時節，氣溫常高達華氏一百一十度（約攝氏四十三度）。一九五六年，高溫甚至飆破華氏一百二十四度（約攝氏五十一度）。

我知道如果我想證明自己、要回到管理階層，就必須接受這份差事。我告訴黛比雅，她和孩子會暫時住在達蘭，直到我對新工作有更深入的了解為止。每個部門都有幾輛附冷氣的汽車，**公司卻配給我一輛沒裝冷氣的貨車**，所以我只能將車窗搖下，但我已經習慣沙漠的酷熱，所以不以為意。

我的新老闆哈利・艾克（Harry Egy）是部門負責人。他對我說，我的首要任務就是和油井服務處通力合作，學習油井的所有相關知識。我告訴他，我先前是從事探油工程的地質學家。他告訴我：「出油井不太一樣。」並派我和強尼・賽普（Johnny Sipe）搭檔，他人很好，雖然沒有大學學歷，卻非常認真工作。接下來的幾個月當中，我們巡視各油田和檢查井壓及溫度。

一九六九年春天，賽普對我說，我們在愛因達爾（Ain Dar）的十七號油井是死井，工程師試過熱油衝擊等普通方法，但都徒勞無功，我有沒有辦法讓它起死回生？

我回答，試試看。我發現附近有一個氣體噴射管經過，而且氣壓很強，有三千磅。我問強尼是不是能以「不停工」的工法，將氣體管線連接到油井中。他說，如果你畫草圖給我看，我就辦得到。我把他要的草圖畫出來後，他就把氣體還在流通的氣體噴射管接通，插入活門，再連接到廢井中。就我所知，這是阿美公司第一次使用這種工法。

現在只能等著看壓縮氣體能否疏通油井管，所以我叫賽普回家休息。這裡的產油領班阿梅德（Ahmed）是一位沙烏地阿拉伯人，他和我整夜守著油井，而且因為那裡常有蛇群出沒，所以我們裹著睡袋，睡在貨車後方。

清晨三點鐘，我們聽到一股低沉的巨大聲響。死井復活了。煙霧、氣體、蒸氣和石油不斷的從油井管線中噴發出來。每個油井都配有緊急照明燈，用來燃燒油井突然噴出的伴產氣，阿梅德點燃照明燈，**火光在數英里外都看得清清楚楚。我們將油流控制住後，全身上下都是石油。**

到了早上五點，天色漸漸亮了，我們看到賽普開著他的卡車，穿過沙漠朝我們快速開過來。他笑得合不攏嘴，從車子中跳出來：「我看到火光了。」他邊走邊對著熊熊的火焰大叫：「你成功了！」順便遞給我一盒甜麵包當早餐。

我說這是大家合力的結果。這次換阿梅德笑得合不攏嘴。「我會去見經理，和他說你成功了。」我問他什麼意思。「**這是對你的考驗**」他說。那場考驗後，在一九六九年四月一日，我被任命為布蓋格產油部負責人。我是第一位擔任部門負責人的沙烏地阿拉伯人。在那之前，我只是沙烏地阿拉伯領班。

晉升領班，解決沙、美勞資僵局

我的第一項工作，就是**教導我的沙烏地部屬，如何訂定自己部門的預算**，並控管費用。過去是由負責人掌管預算，但因為費用監控不良，維修部的計畫未編列在預算當中，如此一來就會產生所謂的「鍍金」專案，不合理的把資金由獲利較高的專案中抽走。

大約在這個時候，我臨時被派去負責大型燃氣渦輪廠。我習慣在一天結束前，仔細檢查發票，**我想我當時找到一樁相當明顯的舞弊案，渦輪維修部訂了好幾貨櫃的米。我想像著他們用公司的錢，吃著奢華的午餐**。我把經理叫到辦公室，把發票丟到他面前，問道：「這是怎麼回事？怎麼訂這麼多米，你要怎麼解釋。」

他鬆了一口氣，說原因很簡單，因為儘管渦輪葉片很大，但實際上，處理時需要非常注意，如果清潔材質太粗，可能會讓邊緣變凹或損毀，效能會變差。**維修小組發現生米是最棒的救星，它硬到可以用來清潔，但也夠軟，不會損及葉片**。聽完後，我稱讚他和他的小組真是別具巧思。

過了一陣子，我覺得我的職涯發展又遭遇瓶頸。亞利・巴魯奇（Ali Baluchi）是我的童年玩伴，我們曾在直布學校上學，他在阿美公司也不斷晉升。他當時負責布蓋格的社區服務，之後在達蘭也擔任相同職位。當時我常對亞利抱怨，說升遷太慢讓我感到灰心。他勸我要有耐性。這真的是很棒的建議。當然，我從來沒有對沙烏地阿拉伯密友以外的人，抱怨過公司任何一個字。

沒有美國人或其他西方人，特別阻礙我的職涯發展，但我和許多沙烏地阿拉伯人都覺得，有些美國人積習難改。這些人通常教育水準不高，認為沙烏地阿拉伯人是無法勝任工作的原住民。過了好幾年，亞利給我看一位「大老粗」在布蓋格拍的照片。照片中，我穿著尺碼大好幾號的大衣。亞利和我都覺得，拍下這張照片到處散布，明顯是為了表示我不夠高大，不夠格做這份工作。我相信石油業的其他人，遇到這種歧視波灣國家石油工人的狀況，都會覺得無傷大雅，但這讓我很不爽。這件事更讓我下定決心，要證明自己給大家看。

一九七〇年，我的二女兒娜塔（Nada）加入這個家庭。她是個很會逗人開心的小女生，我在家的時候都很開心，也能把工作上偶爾的不順遂拋諸腦後，工作狀況也漸漸好轉。

一九七二年，我被拔擢為布蓋格石油部副理，一年後成為經理，是第三位爬上這個階級的沙烏地阿拉伯人。和我一起拿到貝魯特美國大學獎學金課程的朋友瑪斯塔法·阿布亞馬，在一九四四年加入阿美公司。一九六八年，我離開公關部時，他接替了我的職位。一九六九年，他被任命為部門經理。

在人生的這個階段，我過得非常忙碌，但也盡力騰出時間陪家人。我喜歡帶小孩在波斯灣的半月灣（Half Moon Bay）釣魚、游泳，以及漫步在荒漠中，享受大自然。當蜥蜴從我們面前飛奔而過，隱身埋進沙堆時，總會引起里姆的興趣。

我們在布蓋格的房子前面有一座小花園，種了一些蔬菜和花，都不是什麼高級的品種。有一天，我想教里姆和拉米一些地質學的知識，我從後院的烤肉架中拿了一塊木炭給孩子看，我問：「看到了嗎？如果把它埋在土中好幾百萬年，它就會變成亮晶晶的美麗鑽石。」里姆感到非常好奇，他們挖了個洞，把那塊木炭放進去。沒過幾天，我從屋裡走到前廊時，看到里姆正在檢查她的鑽石是不是已經成形了。

布蓋格平常相當幽靜，但也不乏一些刺激的事。那天是星期五，我哥哥一家來我們家拜訪。午餐後，一夥人都在睡午覺，突然聽到警報聲。我們急忙跑出去，看看發生什麼事。原來是住宅區旁的交誼廳著火了。我們三人奔過去，抓了一條水龍帶，開始努力滅火，但其他兩人沒抓牢，只剩我一個人抓著高壓水龍帶的一頭。水龍帶開始上下彈來彈去，但我不敢放手，害怕一鬆手，它就會到處甩來甩去，然後打到我。最後，有人把水關掉，這場鬧劇才結束，但我卻因此罹患疝氣。

我私底下有另一個工作，就是**在各設施擔任勞工協議的調解人員**。沙烏地阿拉伯人知道我升官了，所以常跑來向我訴苦，我習慣仔細傾聽他們的抱怨。而且我也發現**這些問題都不是偶發事件，而是衝擊全沙烏地阿拉伯工人的整體問題**。事後我和美籍經理人和主管討論時，都盡力以整體性觀點來說明各種抱怨。然後，高階美籍經理人會對我說，他們很感謝我的想法，還表示我提供的這些實例，對勞工關係大有裨益。

在戰後年代，阿美公司油田的開發和處理，以及達蘭外僑的社區生活，一直是西方媒體關注的焦點。一九七二年，外媒再次來訪，這次是CBS電視臺（美國商業無線電視網）的節目《六十分鐘》（*60 Minutes*）。

CBS的製作人把阿美公司的美籍員工，和沙烏地阿拉伯家庭的生活做比較。我家現在已有三個小孩，里姆、拉米和娜塔，所以被選為沙烏地家庭的代表。我們在布蓋格的鄰居鮑伯·魯崔爾（Bob Luttrell）一家，則代表美國家庭。我們的公關人員很擔心CBS製作團隊，會極力突顯沙烏地阿拉伯人的待遇不如美國人。

事實上，他們發現我們的生活並無二致。我們的小孩上同所學校，太太們也和其他沙烏地阿拉伯及美籍的媽媽們交際。雖然在工作上鮑伯和我沒有交集，但時常碰面。最後剪入

《六十分鐘》的片段，讓阿美公司的所有人都感到很開心，但是我們當時完全不知道，一年後不久，《六十分鐘》會再次聯絡我們。

第一次石油危機，美資企業也拿禁運沒轍

到了一九七三年，以阿關係緊張到一觸即發。同年十月，埃及和敘利亞在猶太宗教節日贖罪日（Yom Kippur，希伯來曆提斯利月之第十天，也是敬畏之日，是猶太人每年最神聖的日子，當天會全日禁食和恆常祈禱）突擊以色列。**衝突期間，石油輸出國家組織大幅提高油價，以反映因戰爭引發的，瘋狂性購買「現貨」價格**。當美國、數個歐洲國家及日本，提供以色列戰爭援助，石油輸出國家組織的阿拉伯地區會員國，也**宣布禁運石油**。除了對美國及荷蘭的運油完全終止，也大幅刪減提供給曾協助以色列的國家。

當費瑟國王宣布禁運時，一九七三年上任的主要執行長法蘭克．強格斯，進退兩難，他必須協助執行禁運政策，否則整個公司可能會被收歸國有。由於四大美國石油公司共同掌控阿美公司，所以他的行為在美國遭受強力抨擊。從一九七三年開始，沙烏地阿拉伯政府，就已取得阿美公司二五%的參與權，四大石油公司的所有權，也依比例刪減。數個月後，禁運政策逐漸鬆動。

我們在布蓋格沒有直接感受到戰爭或禁運的衝擊。然而，就如一九六七年的戰爭，它引發了眾多沙烏地阿拉伯人及其他阿拉伯人的熊熊怒火，阿拉伯媒體及廣播，大量散播反美觀點，但我們在石油廠卻沒看到任何反美行動。

一九七四年，《六十分鐘》再次找上我們。節目主播邁克・華萊士（Mike Wallace，美國記者和媒體知名人士）想要造訪達蘭，就禁運一事訪問法蘭克・強格斯。公關人員急切的想確保華萊士和節目團隊，會以全面的觀點報導沙烏地阿拉伯人，和美國人相處非常融洽。我對他們造訪一事一無所知，直到我接到公關部由達蘭打來的一通電話，叫我在布蓋格等華萊士和他的團員，一起用晚餐。

公關人員不知道我太太已經變成了獨立思想家。在我們結婚時，她也許才剛從中學畢業，但這幾年她學會堅定的表達自己的想法。一九七二年，《六十分鐘》來訪時，她沒有立場說什麼。兩年後，邁克・華萊士因報導禁運一事而來，情況可就大大不同了。

根據阿拉伯家庭的習俗，我們很樂意招待訪客。女主人黛比雅非常親切友善的招待客人。但是我們談到政治時，她向華萊士明確表示她的立場，**控訴他對阿拉伯人有所不公，還說美國媒體大多與他同聲一氣**。顯然，華萊士完全沒預料到，自己會被阿拉伯女性質問。我當然很敬佩她，但是我記得當時心想：「完蛋了。」

華萊士以很專業的態度處理批評。他告訴我們在達蘭的公關，他很讚賞在荒漠中的沙烏地阿拉伯家庭主婦，坦白說出內心想法。最後《六十分鐘》播出強格斯的訪談，比我們期望的還要公正。

我還在布蓋格時，我的朋友亞利．巴魯奇，和其他階級較高的阿美公司沙烏地員工，要求並獲准與雅曼尼部長會面。

他們最先要討論的議題，就是層出不窮的怨言：為了某些原因，美國人拔擢沙烏地阿拉伯人的速度不夠快。雅曼尼部長非常支持，並向接見團體保證，他會盡快針對這些問題，展開行動。

一九七四年夏天，我被升為北區產油部經理，我們搬回達蘭的住宅區。阿美公司共有十五座油田，我的職責是掌管其中的十一座。這些油田為阿美公司的股東，和我國貢獻了絕大部分的石油營收，這是公司最重要的職務。

同年，比我大十歲的費薩爾．巴薩姆（Faisal Al-Bassam），被任命為第一位阿美公司沙烏地副總裁，執掌公共事務部。有沙烏地人打破晉升位階的紀錄，我和其他沙烏地阿拉伯年輕人都為此深感驕傲。我確信自己還要花好幾年，才可能再次獲得重大升遷。

世事難料。

1964~1974

第八章

公司搭上石油世紀，我擠上公司人事布局

在阿美公司，我們以自己的敬業態度為傲。早上五點，我們走進達蘭基地的福利社，喝杯咖啡、走一小段路到辦公室。六點前，在各自的座位上坐下，然後通常要到下午五點或六點才會回家。

因為工時很長，其他沙烏地阿拉伯人**偶爾會戲稱我們是「工蜂」或「雄峰」**。在我看來，他們只是酸葡萄。能在阿美公司獲得升遷的人大多覺得，自己正盡力為國家發展效力，而不只是在尋找、生產石油和天然氣。

在油價因石油禁運攀升三倍之前，我們的業務就已經蓬勃發展。一九七〇年代初期，美國、歐洲和日本對石油的需求迅速攀升。一九六〇年代末期，煉油工程的資本支出每年高達數千萬美元。到了一九七〇年代中期，更是飆漲到數十億美元。我們盡可能收購所有找得到的鋼和混凝土，還雇用鑽油臺。到了一九七五年，我們的薪水已經漲到一萬九千五百里亞爾，是五年前的兩倍。

然而，我們的辦公設備和我們的好運，根本是天壤之別。公司成長迅速，所以空間彌足珍貴。一九七五年初，我的辦公室在一棟臨時搭建的木製建築物中，我們叫它「行動辦公室」，它擠在基地南面入口前的消防隊旁邊。只要有空地，我們就隨地建置辦公室。幾年前，我們辦公大樓拆掉了，但旁邊的消防局依然挺立在原地，而且還變得更大更漂亮了。

那天，我正同時處理幾件案子時，聽到脆弱的辦公室房門有敲門聲。敲門的是我們的總裁法蘭克．強格斯，身穿標準的工作服，包括了靴子、卡其褲和短袖上衣，而且沒繫領帶。不出所料，我們的穿著常和老闆一模一樣。他說：「阿里，出去兜兜風吧。」

我當時心想：「我有很多事情要忙，執行長要忙的事應該更多，但如果他想出去兜風，我們就出去兜兜風吧。」我們已經認識好多年了，所以我不覺得有什麼好擔心的，但我覺得很好奇。坐上他的車，在石油基地附近繞繞。他詢問我的近況，閒聊了將近一個小時。我開始覺得有點洩氣，因為這輛車和這段對話好像都沒有重點。

終於，強格斯把車開到路邊，停在總部辦公大樓前面，轉頭對我說：「阿里，恭喜。你現在是公司代表人了。」我不好意思說我不懂他是什麼意思。

強格斯解釋，一九七五年五月一日早上，阿美公司董事會進行表決，而**我現在是阿美公司副總裁了。我承認我不懂董事會決議的重要性，我只知道我被加薪了**。他輕聲笑著說：「如果其他代表人因故不在公司，你就能依法代表公司簽字。」

我感到極度震驚。四十歲的我一次連升四級，從十九級直接升到二十三級，這還是阿美公司史上頭一遭。

不論對誰來說，這都是重大的升遷，尤其我並不是在類似公關部這樣的幕僚單位，而是成為第一位由營運單位成為總裁級的沙烏地阿拉伯人，因此更難能可貴。這次升遷對我來說，是一份無上的榮耀，我覺得有些沙烏地阿拉伯人，會忌妒我的好運，但跟我聊過的人，大多認為我為後人鋪了一條成功之道。而且，他們不得不承認，沒有人比我更拚。

隨著我的新職銜而來的是，總部大樓的一間辦公室。我是產油暨注水副總裁，當時全公司的副總裁不到十二位，我負責掌管特許權區內，所有阿美公司的石油井及天然氣井。

從畢業算起，我在公司才剛待滿十年。當我從美國回來、搬到達蘭的第一個家時，根本無法預料到自己會晉升得這麼快。其實，在接下來十年，我的職涯、阿美公司和我國會變化得更快。

當時沙烏地阿拉伯商界正蓬勃發展，而我的晉升也引起他們的注意。我被任命為副總裁不久後，知名的商務人士蘇里曼·奧拉揚（Suliman Olayan）前來拜訪。和許多沙烏地商業領袖一樣，他也從石油公司起家，一九三七年至一九四七年間，在阿美公司任職，後來成立自己的貨車運輸公司，其後又成立或收購了五十家公司。事業版圖由運輸和消費者商品，延伸到金融保險，大多在奧拉揚集團（Olayan Group）旗下，市值高達數十億美元。之後在一九八〇年代初期，他也成為美孚（Mobil，美國主要石油公司）的董事。

他找時間特地與我見面，也堅持要我直呼他的名字，都讓我感到很榮幸，他比我年長，又是遠近馳名的商業領袖，所以當然直呼我阿里。在客套幾句後，他切入正題。

他知道我在阿美公司已經站上成功的地位，但他有個疑問：**我想不想和他合作？**他還沒有想到明確的職位，但清楚表示，如果我同意，他會**提供比我在阿美公司高出一倍的薪水**，還強烈暗示如果我表現良好，很有可能在接下來的幾年內，累積更多財富。我趕忙回應：「蘇里曼，您過去有您的成功之路，**但我將來有我的成功之道。我對人的興趣大過金錢。**」

由我這種收入頗豐，擔任部長時又被稱為「長官」的人來說，這句話聽起來也許很滑稽，但我真的對金錢興趣缺缺，對名望更是不關心。但是我對成效興趣濃厚。最後，我們像朋友一樣道別，蘇里曼再次稱讚我的成就。我從不後悔留在阿美公司。至於蘇里曼，他在享受了歷久不衰的事業與人生後，二〇〇二年，以八十三歲的高齡去世。

沙烏地阿拉伯錢淹腳目，基礎建設大興土木

一九六七年的六月，戰爭造成油價飆漲，沙烏地阿拉伯的經濟漸趨火熱。一九六〇年代末期，在史丹佛研究所的協助下，費瑟國王訂定第一套五年經濟計畫，並於一九七〇年開始實施。**我國年度石油營收，在一九七〇年首度超過一億美元**。這項計畫針對未來油價及需求趨勢，謹慎設定基礎假設。而且該計畫不僅列入阿美公司正在進行的石油設施建設計畫（價值數十億美元），其他大型建設的政府工程專案也名列其中，包含道路、學校及醫院等。

在一九七五年三月起跑的第二套五年計畫，反映出**油價及營收飆漲逾三倍**的新現實。這套計畫的重大公共建設工程，會在數年內改造整個國家，特別是首都利雅德，而且沙烏地阿

拉伯的國防支出也大幅增加。這項整個將石油營收，花在商品或專案（其中很多皆由西方國家所援助）的過程，就成了所謂的石油美元回流。

第二套五年計畫的基礎，是規模比其他大型專案都還要龐大的氣體治理系統。這套計畫預估預算為一百二十至一百四十億美元，相當於現今逾四百億美元，是史上最大的能源開發計畫。

這套計畫的宗旨是促使我國經濟轉型，同時將完全仰賴石油業，及其附屬設施和服務的產業經濟分散至其他產業。而且當時產油設施的天然氣大多燒盡，未來將會有效管控天然氣，讓下一代沙烏地阿拉伯產業及商業更有動力。

含有古代海洋生物的海洋沉積物受壓縮後，形成的碳氫化合物就成了天然氣和石油。通常在地下岩層中找到石油時，伴隨而出的氣體稱為「伴產氣」（associated gas）。當然，也可能只發現石油，這取決於封閉石油的岩層特性，及其他因素。

在石油產業萌芽的數十年內，伴產氣的需求量不大，提煉及運輸技術也尚未成熟，德州和委內瑞拉是如此，沙烏地阿拉伯也是如此，所以才會把天然氣燃盡。即使過去十年來，北達科他州（North Darkota）的頁岩油，和天然氣田極迅速的開發，但也因管線和基礎建設不足，無法運輸天然氣加以提煉。因此，大量的天然氣就繼續被「燃盡」。

一九五〇年代中期，我們在布蓋格開始收集這些伴產氣，將其注回油槽，以維持油槽壓力，並穩定石油流動速度。幾年之後，又蓋了另一座工廠，將天然氣注回愛因達爾及薩德古姆（Shedgum）的油槽，這兩座油槽都隸屬於儲量極大的加瓦爾油田。但是相對於我國當時普遍燃盡氣體的做法，這些極為先進的工廠仍屬少數。

《烈陽與烈焰》（*Sun and Flare*），是阿美公司內部報紙早期的名稱，從這個名字就可以看出，火焰在我們的世界占的地位。尤其是在晚上，一點也不誇張，我在布蓋格工作時，晚上開卡車回達蘭，根本不用開大燈。熊熊火焰如悶雷般的聲響，和氣體燃燒的味道，早已司空見慣。

至少從一九六〇年代初期開始，包括我國首任石油部長阿卜杜拉．塔里基等人，就不斷呼籲要有效控管天然氣，並善加利用。贊成這種做法的公司主管，看到我們暴殄天物，也總是搖搖頭。但當時政府要求我們把主力放在生產石油，以支持我國成長，我們必須把這項要求視為優先要務。到了**一九七〇年代中期，我們手上突然有了數十億美元，可以達成有效控管天然氣的目標**，就不必這麼浪費了。

想當然耳，收集和使用天然氣，主要是出於經濟考量。同時，即使當時沒有人討論氣候變遷——至少在我們的世界裡沒有——很多人仍覺得火焰對我們帶來的負面效應，越來越難以承受。在阿美公司，我們這群責任越來越重的人，深知石油業的天職是報效國家，但我們要呼吸新鮮空氣，我們要仰望在沙漠中，默默引導貝都因族人的星星。起初，改革採漸進的方式，但現在回想起來，一九七七年，**氣體治理系統**（Master Gas System）**工廠上線**，我認為建立這個系統，**是國家邁向環保意識與責任的關鍵第一步**。

我不會假裝我們的進步毫無瑕疵，但從大火蔓延的那天起，我們已大幅改善。在後面的章節，我會再談到這個話題，我想大家一定會大吃一驚。

經濟大好，國王卻遭刺、部長被綁架

遺憾的是，費瑟國王還來不及目睹第二套五年計畫就辭世了。計畫宣布幾週後，他就在利雅德的王宮，被二十八歲的王侄開槍刺殺身亡。當時，王子混入現任石油部長阿瑪德．雅曼尼在內的參訪團，溜到國王面前，部長也差點喪命。王子是王室成員，大家自然以為他有獲准進入會場。

媒體後來揭露，王子有長期使用藥物及精神疾病的病史。他的哥哥屬保守主義教派，也可能是為他哥哥的死而展開報復，至少他想這麼做。費瑟國王支持開放我國的第一家電視臺，但王子的哥哥生前極度反對，覺得這違反沙烏地阿拉伯的文化，而後在攻擊電視轉播設施時喪生。

費瑟國王之死，對沙烏地阿拉伯人來說，就像美國人回憶甘迺迪總統喪生一樣。當時我在總部大樓，從廣播中得知國王的死訊時，馬上放下手邊工作，繼續仔細聆聽新聞的詳細內容。然後我們打電話給在利雅德的政府關係部同仁，想搞清楚究竟發生什麼事。阿美公司為了表示對皇室的敬意，隔天早上，執行長強格斯前往利雅德參加喪禮，以示對國王的崇敬，同時對費瑟兄弟獻上哀悼之意。

哈立德王儲（Crown Prince Khalid）積極參與政府事務多年，深受眾人愛戴，他繼承了費瑟成為國王。弟弟法赫德（Fahd，實權統治期間橫跨二十世紀一九八〇到一九九〇年代，直到他病重才把大權逐漸交給弟弟阿卜杜拉代為負責）也是相當精明、機敏的領導者，則被任命為王儲。儘管這些皇室領袖都能妥善治理國家，人民對於費瑟天不假年，還是有深沉的失落感。

儘管費瑟遭刺時已年近七十歲，但大家仍認為他是充滿活力的領袖，既尊重沙烏地阿拉伯的沙漠風俗，又努力不懈的推動現代化，進而大大提升了我國在國際間的名望。費瑟也是一位政績斐然的政治家，與美國和其他西方國家建立了密切關係，還**修補因為他支持石油禁運，造成我國和西方許多國家的外交鴻溝**。

當全國還在為痛失國王而療傷時，一九七五年的最後幾個星期，又發生了震驚全國的事件。有些年紀的讀者一定記得，一九七〇年代最著名的就是發生了許多恐怖活動，包括劫機事件。這十年當中最惡名昭彰的恐怖分子，就是人稱「豺狼卡洛斯」的委內瑞拉人（Carlos the Jackal，讓他聲名大噪的案子，莫過於一九七五年維也納石油輸出國家組織突襲事件，之後他還陸續幹下多起綁架等恐怖事件，他於一九九四年被逮捕，現正於法國北部克萊爾沃監獄服刑）。

當年十二月中旬，卡洛斯率領一批國際恐怖分子，襲擊石油輸出國家組織的總部維也納，對全球企業進行大規模攻擊，還挾持了數十名人質，其中包括雅曼尼和其他五位阿拉伯部長。雅曼尼後來在他的傳記中說，卡洛斯告訴他，他是首要人質。

阿美公司飛機駕駛員將雅曼尼和他的助理載往維也納，他是首先得知人質挾持事件的人之一。這位駕駛員持續監聽維也納機場飛航管制塔臺的無線電對話。卡洛斯要求一架奧地利飛機，將恐怖分子和人質載往的黎波里（Tripoli，位處利比亞西北部沙漠的邊緣及地中海沿岸，是該國首都）。強格斯批准阿美公司的駕駛員，以安全距離跟蹤恐怖分子的飛機，希望他能盡快平安救出雅曼尼部長。

飛機飛往的黎波里後，又飛到阿爾及爾（Algiers，阿爾及利亞首都及海港），然後回到的黎波里，許多人質陸續被釋放，但不包括雅曼尼。後來這場危機終於和平收場。雅曼尼衝過跑道，一直跑到正在等他的阿美公司飛機，被載往安全地點。直到一九九四年，卡洛斯才遭捕獲，他因謀殺兩名法國政府祕探及線民，目前正在法國服無期徒刑。

人質危機警醒沙烏地阿拉伯人，在全球事務中扮演重要角色有其風險及回報。從那一天起，我國部長都有嚴密的保護。當我們開始覺得，這種無所不在的維安是種累贅時，我相信包括我自己在內的每位部長，都會想起雅曼尼和他的家人當時所忍受的一切苦難。

沙國靠黑金賺多少？世界級的工程都在這

哈立德國王主掌第二套五年計畫。大家認為相較於費瑟，他不太注重政府集中管控，所以支出以前所未有的幅度飆高，其中大部分用於長期投資。在這段期間，波斯灣的朱拜勒市（Jubail）和紅海的延布市（Yanbu）被選定為未來產業發展指定地。

有些人擔心支出飆漲會危及沙烏地阿拉伯的經濟。沙烏地阿拉伯貨幣局前局長哈馬德・薩亞里（Hamad Sayari）表示：「一九七〇年代是一個樂觀的年代。政府收入與支出節節上升，房產價格飆漲，大家荷包賺飽飽。但通貨膨脹率來到三〇%。這就像爐底放了太多柴火，菜煮焦了一樣。」多年來，預算都呈現高額盈餘後，我國發布，一九七八年至一九七九年預算年度出現小額赤字，還制定了一些撙節辦法。

阿美公司本身也在大規模擴張，同時發包氣體治理系統。幾乎在同一時間，我們也在整合阿美公司以及東部省的輸電網路系統，以升級電力系統。

重要的是，這些基礎設施工程，為沙烏地阿拉伯承包商帶來了巨大利益。一九七五年，阿美公司發包給沙烏地阿拉伯企業，大約價值二．五億美元的天然氣系統合約。僅僅兩年後，這個金額就飆升到近二十億美元。我們不僅為新系統奠定基礎，還使我國未來的發展獲得動力，同時也增進國內的商業發展。

一九七〇年代，沙特阿美公司本身，正在監督有史以來，規模最大的兩項專案建設。第一項是位於波斯灣祖魯夫油田（Zuluf）的大型海上油氣分離站，第二個是世界上同等級中，最大的**古賴耶海水處理廠**（Qurayyah Seawater Treatment Plant）。

數量空前的勞工從各地湧進，以滿足建設這些大型設施的人力需求。四處林立、雜亂無章的建築工人營地，如雨後春筍般冒出，好容納這些工人。到了一九七七年，這些營地可容納三萬七千九百位單身勞工，及八百七十五個家庭。如果需要更多空間，我們就從新加坡和日本，拖來有五層樓宿舍的駁船，這艘船可再容納四千五百名工人，所以它也很快就有了浮動旅館的暱稱。

我特別留意古賴耶，因為三十年前，我還是小男孩時，常赤腳由特峇（Thugbah）走到直布學校，古賴耶就離那條小徑不遠。而且它也代表公司的另一個轉捩點，而它對我國來說，則是象徵了我們更周延的運用自然資源。

我們的地質科學家，持續嘗試將氣體注入油槽，以維持壓力，同時也探索注入海水的可能性。到目前為止，全球通用的產業慣例，是利用井水來維持油槽壓力。但是沙烏地阿拉伯沙漠中的井水彌足珍貴，所以我們必須找到替代方案。科學家們很快就發現，**海水經過處理，去除雜質和大量腐蝕性氧氣後，可以沿著油槽邊緣注入**。這項流程比灌注氣體更有效，而我正好是海水灌注研究團隊的主持人之一。

我們團隊逐一克服灌注海水的挑戰，這項工程順利完成。我們主要的問題，是要確保沒有任何異物，會被灌注到地下油層，為了除去大量氧氣，我們將水吸汲到工廠屋頂，再從底下送上氮氣。氮氣和氧氣結合後，將其從水中除去，如此一來，就大幅降低了將海水運送至油田的管線和水泵中的腐蝕性。

在特別訂製的長型碼頭末端，我們安裝了吸水泵。為了用吸水泵從阿拉伯海抽水，我們起初先小部分測試，後來又迅速擴大為全面執行。一開始的日產量為四百萬桶，而截至目前為止，加工廠已多次擴廠，阿美公司目前每天處理將近一千四百萬桶海水。

擔任副總裁後，我就有權審視公司的許多措施，好為營運問題找到更有經濟效益的解決方案。海水灌注流程已順利實施後，我開始注意其他問題。有一天我在檢查發票時，不敢相信自己看到的。**這個地方環顧四周都是沙丘，但我手上卻拿著運送沙子的請款發票！**不是隨便一種的沙子，請注意，這張是**由懷俄明州橫跨半個世界所送來的沙子！**

負責這個案子的總經理是美國人，他沒有和我一樣覺得很驚訝。他說，事實上公司已經進口這種沙子多年，而且眾所周知。這種形狀的沙粒的特性，用在過濾器上是首選。我對他

▲我（前排右一）在 1982 年加入阿美公司董事會。約翰・凱貝勒（坐中間，打藍領帶），是當時由美國負責營運時的執行長。6 年之內，沙烏地阿拉伯取得阿美石油控制權，這是順利移轉所有權的成果。

說，我相信這種沙子很棒，但我們公司有這麼多地質科學家，我們國家有這麼多沙子，難道沒辦法在附近找到可以滿足我們需求的沙子嗎？如我所料，我們的團隊一開始研究國內各種沙子類型後，就發現有種沙子符合我們所需的規格。

最高階級的沙烏地籍主管

一九七七年，在管理總公司的石油業務、協助展開重大專案兩年後，我在總部大樓的一處狹窄走廊遇到了強格斯。自從我晉升為副總裁後，我們就成了好友。

他說：「阿里，我想你擔任石油營運副總裁太久了。我希望拓展你在公司的經驗。」我手上有這麼多的案子在進行，我覺得自己已經像帳篷門一樣緊繃了，只好對他說：「法蘭克，我沒有太多的空間可以拓展了。你指的是什麼經驗？」

他說我的第一站是掌管勞資關係部，包括所有醫療人員和設施。我當然回他，我對勞工關係一無所知。但是法蘭克說，這就是重點，還說我需要學習阿美公司各個營運部門的相關知識。再次的，**我很榮幸能得到強格斯的信賴，但我也深深明瞭支持和毀謗我的人，都在密切注意我**，所以我的任何缺失和績效，也許在接下來好幾年，都會被用來當成藉口，打擊認真工作的沙烏地阿拉伯人，拒絕他們升遷。

接下來大概一年左右，**我在不同的工作崗位間輪調**，好讓我理解本公司不同部門的運作方式。在勞資關係部待了四個月後，我被調到社區服務部，再下一站是材料供應部。即使這些部門皆屬同一家公司，但每個部門都各有獨特的行事模式，也有自身的部門文化。**我就像上了一門速成課**，學習高階主管在阿美公司所面臨的所有優勢與挑戰。

下一步包括調職國外及新職銜。法蘭克有一天說：「我要你去阿美公司海牙公司（The Hague Aramco Overseas Company），也就是阿美公司的海外公司。看看你能不能管理荷蘭分公司。」分公司簡稱AOC，在第二次世界大戰後建立，一部分是為了管理材料運輸，和各種幣別的商業交易而建，我被任命為分公司總裁。這是一段很棒的經歷，尤其是因為我之前從沒直接與歐洲人共事過，他們很多人不像我以前共事過的美國人，生性開放或喜愛交際，但我仍結交了一些好友。能夠在歐洲生活一段時光，我太太和小孩也很享受這樣的機會。我清楚記得我兒子拉米當時十一歲，正在練習伸縮長號，好在荷蘭的房子有好幾層樓，我們鼓勵他到閣樓練習！

隨著一九七〇年代一年年過去，法蘭克·強格斯與四大控股公司經營者，偶爾會意見相左。他們質疑強格斯過分注重氣體治理系統，以及升級輸電網路，還有為什麼阿美公司必須當領頭羊。有些人當然有他們自己偏愛的美國主管，想要讓他們在阿美公司輪調，這些人也許**對強格斯努力加速公司沙烏地阿拉伯化不以為然**。但無論如何，強格斯手下的每個美國人都非常尊敬他。一九七八年一月，他才五十幾歲卻被迫退休，回到美國後他擔任貝泰公司（Bechtel Corporation，又譯貝泰集團、貝克特爾公司，是美國最大的建築和工程公司）顧問，並提供石油公司各種收購策略。

我很幸運的能在強格斯底下做事，從他身上學到了很多。他集聰明、勤勉和極度果斷於一身，是阿美公司未來高階主管的榜樣，而且強格斯雖然是冷靜、精明的經理人，但他既熱情又有愛心，也關心公司的每位員工，尤其是沙烏地阿拉伯人。他對人力發展的堅定信念，對公司內部文化的轉變大有幫助。令人惋惜的是，他很可能也因此丟了飯碗。接替強格斯擔任阿美公司董事長兼執行長的人，是約翰·凱貝勒（John Kelberer），這位阿美公司高階主管，先前一直在紐約分公司任職。接任總裁的則是來自埃克森公司（Exxon）的資深主管修．格納（Hugh H. Goerner）。

我在海牙擔任ＡＯＣ總裁大約六個月後回國，並於一九七八年七月成為阿美公司資深副總裁。**我現在是公司最高階的沙烏地阿拉伯主管**，已經準備好要迎接下一個挑戰了。

被列入阿美公司的「綠化」圖

雖然約翰．凱貝勒不像強格斯一樣外向，我們仍建立了緊密的工作關係。我希望在阿美公司能繼續升職，他當然支持我。美孚石油公司前董事長兼執行長，盧．諾託（Lou Noto）接受記者採訪時稱讚，凱貝勒信任我能提升公司士氣和文化的判斷，還表示他和其他人相當認同凱貝勒的做法：「約翰．凱貝勒對阿里評價相當高，某種程度上，透過阿里這面鏡子，約翰能更深入了解情勢。」

然而，我和新任總裁的合作關係就不大一樣。修．格納和我以及其他沙烏地阿拉伯人打交道時，態度非常專業，但不容易親近，我也不確定他有多真誠的要推動沙烏地阿拉伯化。但有件事我記得非常清楚，他在管理會議上硬要抽煙斗，菸斗中彷彿塞滿了菸草，氣味令人極度生厭。

一九七〇年代中期，因為有太多專案，以及因此雇用的數千名契約工，耗掉我們大量時間和精力，所以管理階層不太留心公司沙烏地阿拉伯化。在一場初期會議中，凱貝勒告訴我，我們需要重新啟動這個方案，並由我負責。身為資深副總裁，我的首要任務之一，就是為新成立的沙烏地阿拉伯人力委員會（SAMCOM），並擔任副主席。這個委員會的成立宗旨，就是要把強格斯時期締造出的氣勢與流程正式化。

沙烏地阿拉伯人力委員會，建立了一個系統，它會追蹤各職級沙特阿拉伯人的職涯發展，包括高中畢業生到大學生，及修習專業發展課程的人。很快的，我就發現我們沒必要從零開始，因為阿美公司已經有一張受到嚴格控管的圖表。這張圖表只供少數高階部門主管參閱，用來追踪極具潛力的沙烏地阿拉伯主管候選人。當雅曼尼部長訪問阿美公司位於達蘭的總部時，經常會看一看這張圖。雖然我並非毫不知情，但**得知自己是被密切追蹤的候選人之一，還是感覺很怪。**

這張圖表稱為「阿美公司綠化圖」，用以追踪將來可擔任高階主管的沙烏地阿拉伯候選人，塗上綠色的格子代表，由沙烏地阿拉伯人擔任的主管職位，如我擔任的資深副總裁。如果是**預計在兩年內**，某位沙烏地阿拉伯人可以擔任某個職位，該職位就塗上綠條紋。此外，綠邊方格代表，有沙烏地阿拉伯候選人，可擔任這個職位，但就職時間不定。**下雨時，沙烏地阿拉伯荒蕪的沙漠，會轉眼鋪滿一片鮮綠的嫩草。我很驕傲的說，這張圖很快就會同樣綠油油的一片。**

沙烏地阿拉伯化專案，不限於管理階層，我們也大幅提高高中及大學畢業的沙烏地阿拉伯員工人數。一九七〇年，我展開沙烏地阿拉伯高中畢業生雇用計畫，首批學生總計將近一百名。儘管起初成效不錯，但整個一九七〇年代，都著重在建設大型專案，所以每年雇用的人數大致相同。一九七九年，這個數字躍升到七百九十六人，一九八〇年飆升到一千二百八十一人。

一九七九年，我們還新設大學捷徑專案，透過阿美公司頒發的大學獎學金，吸引表現優異的高中生。第一年有五十七名高中畢業生符合資格，其中包括十三位沙烏地阿拉伯女性。此外，我們也聘用更多大學畢業生。一九七九年有一百二十四位，一年後又增加了二百零三位。一九五九年，我和其他白老鼠冒險赴美，但是單單在這兩年，我們雇用的大學畢業生總數，就超過了這二十年來所雇用的大學畢業生總人數。

重返美國，原來德州也有貝都因人

一九七〇年代，我也繼續進修。經過十數年後，一九七四年我頭一次回到美國，在紐約的哥倫比亞大學（Columbia University）進修高階管理課，五年後又在麻州劍橋的哈佛大學，修習類似的課程。每次我都覺得課程很有挑戰性，也很充實。儘管進修時，我比其他同學多了些實際管理經驗，但我仍非常珍惜這個機會，讓我能更充分了解管理理論與策略。

就像一九五〇年代末期和一九六〇年代初期，我在理海和史丹佛大學時一樣，一九七〇年代，我在美國時，極具意義的經歷都發生在教室之外。哥大的課程結束時，阿美公司覺得該讓我花些時間與美國母公司合作，這是個不錯的點子。黛比雅和三個小孩和我同遊（我們的第四個孩子穆罕默德〔Mohammed〕在一九七八年出生），我的第一站是總部設於紐澤西的德士古（Texaco，美國一家石油公司）。之後，再前往埃克森在德州的營運部。

接著我飛去德州米德蘭盆地（Midland Basin），與雪佛龍經理艾德．普萊斯（Ed Price）共同度過了一段美好的時光。艾德邀請我和家人共進午餐，我品嚐到最鮮美的烤雞。用餐時還認識了山姆．懷特（Sam White），以及他的妻子芙羅倫絲（Florence）。

山姆．懷特是冠軍化學（Champion Chemical）的創辦人，而冠軍化學是雪佛龍的一家承包商。我很欣賞山姆見多識廣，當時在米德蘭的德州人身上，很難看到這樣的人格特質。他先前因工作和旅遊，曾走遍世界各地，後來有一陣子他在家中，和我們這個阿拉伯家庭共度美好時光。他甚至讓我的兒子拉米坐在他的大腿上，再坐上他改裝過的M151美國陸軍吉普車（又稱多用途戰鬥車〔Military Utility Tactical Truck〕或MUTT）中，讓拉米轉動方向盤。他和太太也帶孩子們去看電影《金龜車大鬧南美洲》（*Herbie Goes Bananas*）。

和山姆驅車奔馳，穿越德州西部的荒原，放眼望去鑽油臺散布四周。這個景象讓我想起

▲與山姆．懷特（中）和加倫．波克（右）合影。山姆是我最好的朋友，他來自德州米德蘭市，但我們有共同的世界觀，也喜愛狩獵和露營。多年來，加倫負責為我準備海外所需物品，已經和我一起行遍幾千公里，但他大多時間都在抱怨。

沙烏地阿拉伯，只是少了沙丘。我珍惜與山姆間這段緊密的友誼。即便他是德州人，也比我高了一英尺，我們曾笑說我們骨子裡都是貝都因人。

之後數年中，我們聯繫過幾次，當我再回到美國進修哈佛高階管理課程時，我們又重拾了以往的情誼。山姆不僅擁有自己的公務飛機，也是有執照的飛行員。當學校放感恩節假期時，他會飛到紐約和我見面，再載我飛回米德蘭。

那次旅行，我重拾了打從十年前和阿杜拉叔叔一起冒險後就不曾碰過的打獵，我也開始釣魚，山姆就是我的老師兼導遊。接下來三十年裡，我們兩人環遊世界各地，去打獵或釣魚，或沿著佩科斯河（Pecos River），往上游來場荒野旅行，佩科斯河向南會流到格蘭河（Rio Grande，北美南部的河流，在墨西哥被稱為布拉沃河）。那裡有一座能俯瞰滾滾河水的鐵皮狩獵休息所，山姆叫它佩柯斯宮（Pecos Palace）。我開心的大啖我們宰殺的獵物，因為我的貝都因血統，我承認自己一直對魚肉沒什麼興趣，但是多虧了山姆，我現在會吃魚，而且隨著年紀漸長，我在飲食中也提高了魚肉的比例，比較少吃紅肉。

如果阿美公司的高層知道了這些遠征之旅的細節，我猜他們鐵定不會很開心。在一九七○年代末期及一九八○年代初期，像現在一樣，墨西哥某些地區因販毒而成為危險地帶。然而山姆和我會沿著一些和羊腸小徑根本沒兩樣的土路，開著他的多用途戰鬥車進入山區。只要我不開口，就很容易被誤認為是墨西哥人——正如我以前在亞利桑那做現場研究時所學到的一樣。

有一次，我們駕車穿過一處陡峭的峽谷。當時我們拜訪完山姆的朋友，正在回家的路上，突然車軸斷了，而且再沒幾個小時，太陽就要下山了，我有點焦慮，不知道我們要怎麼過夜、去哪裡過夜。山姆套上他放在車後的連身工作褲，還**拉出備用的車軸。誰旅行會帶著備用軸？顯然在德州西部自立自強的貝都因人會**。兩個半小時後，我們重新上路。發生這件事後，我對山姆說：「我會和你一起去天涯海角，就算是月球也可以。」

然而這個故事卻有悲傷的結局。二○○五年三月初的一個晚上，我在利雅德的私人專線接到了他太太芙羅倫絲的電話，我早就得知山姆罹患了癌症，而且病情很不樂觀，這通電話證實了我最深的恐懼，山姆當天在休斯頓去世了。她告訴我，山姆生前想確認我會參加他的葬禮。我意識到，只要重新安排一些行程，馬上動身，就可以趕到米德蘭參加葬禮。這趟行程使我筋疲力盡，但這是對我的莫逆之交，和他的家人獻上弔唁之意的最好方式。

與山姆這些年來的友誼，對我意義重大。它讓我更了解美國和美國人在自己國家的工作和生活。在那之前，我接觸的美國人，大多僅限於在阿美公司工作的美國人，當然還有大學時代的朋友。認識了山姆，讓我得以了解德州人，以及讓這一州與眾不同的獨立精神。對我而言，了解美國，的確在未來數十年中至關緊要。

1977~1983

第九章

石油禁運
只做了三件事，
而且都是錯事

一九七〇年代末期，新聞報導全是中東政治和石油的消息，正如十年前的石油禁運一樣。到了一九七七年底和一九七八年初，德黑蘭（Teheran，伊朗首都）和其他伊朗主要城市的街頭，屢見反伊朗國王獨裁統治的示威抗議。一九七八年下半年，該國國政越來越趨近癱瘓，再加上伊朗是主要石油生產國，所以我們特別密切關注。主要石油消費國也是如此。一九七三至一九七四年，石油禁運和後續的衰退衝擊全球，至今在全世界數億消費者心中，仍記憶猶新。

一九七八年秋天，政治危機惡化，罷工越演越烈，都讓伊朗石油產量急遽下降。伊朗每日石油出口量，從九月每日約四百五十萬桶，到十一月已經跌至少於一百萬桶。十二月二十五日聖誕節，伊朗關閉這些管道，完全停止出口石油。

一九七九年一月十六日，國王終於逃出伊朗，他身患癌症在美國接受治療，最後被流放埃及，隔年去世。一九七九年二月，伊朗政府垮臺，隨後舉行大選，動亂事件卻越趨頻繁。幾個月後，阿亞圖拉·何梅尼（Ayatollah Khomeini，伊朗什葉派宗教學者，一九七九年伊朗革命的政治和精神領袖，推翻伊朗國王。經過革命及全民公投後，何梅尼成為國家最高領袖）取得政權。

儘管一九七九年春季，伊朗逐漸恢復石油出口量，全球石油市場卻陷入一片混亂。為了消除部分赤字，沙烏地阿拉伯公開大幅增加產量，從一九七八年底的日產八百五十萬桶，提高到一千零五十萬桶。伊朗石油重新回到市場後，我們也因此將產量逐漸遞減，並刻意保持油價穩定，最初油價為每桶十八美元，遠低於世界石油交易商提供的全球現貨市場價格，也低於石油輸出國家組織的官方價格。然而全球石油市場價格迅速飆高一倍以上，美國電視新聞不斷報導加油站外，美國人枯坐在車中大排長龍的畫面。

隨著一九七〇年代落幕，針對石油禁運一事，雅曼尼部長開始暢所欲言。他的論點很簡單：**石油禁運徒勞無功。石油禁運只做到了三件事，而且都是壞事**——至少從沙烏地阿拉伯，和其他多數石油輸出國組織成員國的角度來看是如此。石油禁運促使已開發經濟體展開節能運動、加速替代能源開發，並積極尋找非中東石油來源。事實上，在一九七三年至一九七四年的禁運後，阿拉斯加北坡（Alaska's North Slope）、墨西哥灣的深海水域，及北海的油田，開發腳步就已經加速了。

雅曼尼反覆警告其他石油生產國，因應伊朗危機而收取天價的好處，僅是曇花一現。長遠來看，石油輸出國家組織和其他石油生產國的行動，將**引發新一波的節能運動，同時招致更多石油生產國進入市場，油價最終一定會被壓低**。這個論點鏗鏘有力，但對於其他石油生產國來說，這筆意外之財仍是難以抗拒的誘惑。由於美國和其他國家的需求強烈，再加上一九八〇年秋季，兩伊爆發武裝衝突，到了一九八一年，石油價格繼續上漲到每桶四十美元以上。

一九七九年十一月，兩起災難事件轉移了眾人對油價的憂慮。十一月四日在德黑蘭，學生和其他激進分子襲擊美國大使館，同時挾持三名美國人作為人質（在伊朗外交部遭俘，另六十六名館員隨後被扣）。十一月二十日，也就是伊斯蘭曆一四〇〇年的第一天，一群激進派人士在麥加朝覲期間，襲擊禁寺（Grand Mosque，又譯麥加禁寺、麥加大清真寺，世界上最大的清真寺。是全球穆斯林的每日的朝拜方向，也是伊斯蘭教最神聖的地方），還挾持了多名人質。

這樁持續了一年多的伊朗人質危機，證據確鑿。一九八〇年初，美國的救援行動失敗，多數人認為總統吉米．卡特（Jimmy Carter，美國的第三十九任總統）還為此輸掉了連任的機會，也傷害美國在海外的形象。一九八一年一月，隆納．雷根總統（Ronald Reagan，第四十任美國總統）上任時，這些人質終於獲得釋放。

為了準備將激進分子從禁寺驅離，哈立德國王與我國宗教組織密切協商。經過兩個星期頻繁、激烈的戰鬥後，剩餘的激進分子終於投降，雖然得以收復禁寺，但仍舊導致數百人死傷，包括人質、士兵和激進分子。禁寺攻擊事件和慘痛的人員死亡，讓世界各地的伊斯蘭教人士深感震驚。

沙國急趨保守，阿美公司成雇用女性先驅

因為這起事件，沙烏地阿拉伯文化急趨保守。不僅如此，對婦女的衣著和行為限制，也比以往更加嚴格。我很自豪的說，阿美公司的營運仍相當獨立，**即使有聲音呼籲，要我們限制雇用符合資歷要求的婦女，或管制升遷，但阿美公司對此予以拒絕**。然而，就全國而言，一九七九年實施的保守限制，近年來才逐漸解除。

一九八〇年代，沙烏地阿拉伯的勞動力不但更專業化，也鞏固沙烏地阿拉伯人對公司及其未來的控制。一九八〇年，我當選為阿美公司董事時，我的職涯發展又往前邁進一大步。在行使公司權力的會議桌上，擁有一個席次，可以說是一份榮耀。多年來，一直都有阿拉伯人擔任阿美公司董事，但他們都是政府部長，或其他高級政府官員。我是第一個以公司營運主管的身分，擔任董事的沙烏地阿拉伯人，我認為這是一個徵兆，表示政府承認我們的經營能力非常專業，而且越來越多的沙烏地阿拉伯幹部領導得有聲有色，相較國外企業，我們毫不遜色。

另外，一九七九年，沙烏地阿拉伯政府同意收購四大控股公司持有的剩餘股份，並於隔年**正式取得阿美公司百分之百的所有權**。就某種意義來看，這次的所有權轉讓早在意料之中。一九七三年，政府取得二五%的所有權，隔年提高持股到六〇%，所以國家取得排他性

占有，只是時間上的問題而已。

這次所有權轉讓沒有讓外資企業在一夜之間收歸國有，雖然好幾個石油生產國都曾發生這種情況。這證明了我國和公司上下不但有良好的判斷，還曾多次進行善意磋商。在過去，雙方的合作關係偶爾會較為緊張，但多年來，沙烏地阿拉伯人和美國人學會攜手合作，一起解決歧見，而這些努力在所有權轉讓時，孕育出美好的成果。

雙方緊密的合作關係，偶爾也有輕鬆的時刻。當時美國駐沙烏地阿拉伯外交官布魯克．瑞帕米爾（Brooks Wrampelmeier），在訪談時回憶道：

一九八〇年某天，沙烏地阿拉伯支付了最後一筆款項。約翰．凱貝勒曾告訴我後續狀況：「我打電話給石油部長阿瑪德．扎基．雅曼尼，說我們收到了最後一張支票，他現在擁有一家石油公司了。他希望我怎麼移交？」凱貝勒說，電話那頭安靜了好長一段時間。最後雅曼尼說：「你們繼續維持現有營運怎麼樣？」這造成非常匪夷所思的安排——**沙烏地阿拉伯人是阿美公司的法定所有人，但經營團隊依照德拉瓦州（State of Delaware）發布的特許權，繼續經營這家公司。**

從沙烏地阿拉伯的角度來看，這種安排沒有什麼好「匪夷所思」的，而且這種安排一直持續到一九八八年，完整營運控制權移交給沙烏地阿拉伯政府為止。雅曼尼和其他人再次了解到，其他石油生產國在將國外資產收歸國有時，犯了什麼錯誤，所以他們希望與原來的美國控股公司保持密切工作關係，同時繼續善用外資的專業知識。到目前為止，外籍員工仍約占沙特阿美公司勞動力的一五%——有些年份更高，有些更低——部分是為了確保公司能持續創新和獲得最新技術專業。

在我們與海外石油公司磋商所有權轉讓的同時，也加強並提升國內技術設施和能力。我們清空了位於德蘭工作站附近的老舊辦公大樓，然後打造一棟能與全球頂尖石油研究分析設施媲美的世界級技術中心，和世界級石油公司龍頭相較也毫不遜色。我們的探油和石油工程中心（The Exploration and Petroleum Engineering Center，簡稱ＥＸＰＥＣ），及相鄰的計算中心和工程大樓，都被當作沙特阿美公司進步的重要里程碑。

設立探油和石油工程中心，並將相關研究和資訊作業移轉到達蘭，產生了意料之外的收穫。以前這些工作是由世界各地的顧問擔任，但由於新設施於一九八二年啟用，阿美公司突然可以提供更多職位，給受過良好訓練的女性。由於文化和其他原因，許多現場作業的工作不開放給女性，但是辦公室和實驗室的工作卻可以由女性擔任。而且隨著一九八〇年代一年一年過去，探油和石油工程中心的職位，對吸引並雇用沙烏地阿拉伯女性大有幫助。

在一九八〇年代初期加入阿美公司的幾位女性員工，至今也持續擔任高階領導職位。

我們的第一位女性石油工程師娜拉．毛絲莉（Nailah Mousli），在公司步步高升，是阿美公司的頂尖女性員工。由於女性石油工程師在一九八〇年代非常少見（其實現在也是如此），幾乎在所有國家，她的成就都令人感到極度讚賞。在我國傳統社會中，她能在事業上屢有斬獲，就是本身具備專業技能和決心的鐵證。

娜拉．毛絲莉不是唯一一位事業有成的女性。一九八一年，胡塔．高珊（Huda M. Al-Ghosan）加入公司，並於二〇〇七年，成為子公司維拉國際海運公司（Vela International Marine Ltd.）的第一位女性董事，而後又被任命為沙特阿美公司人力關係執行董事。娜比菈．奧圖妮希（Nailah M. Altunisi），是俄勒岡州立大學電氣工程碩士。一九八二年底，她加入阿美公司後，馬上就在探油和石油工程中心為ＩＢＭ的大型電腦編寫程式。二〇〇五年，她升為專案支援及控制部經理，管理三百八十位員工。

法緹娜．雅瓦蜜（Fatema J. Al-Awami）獲得南加大（University of South California）石油工程學位後，一九八四年回到阿美公司，在探油和石油工程中心，負責油氣層模擬。後來擔任油藏測試分析和模擬部的主管，協助訂定阿美公司「事件管理」方案，以解決儲油管等問題。

國王欽點，首位沙烏地藉執行長

探油和石油工程中心，預定在一九八三年五月十六日正式啟用。那天也是正式簽署石油開採權合約，授權加利福尼亞標準石油，持有沙烏地阿拉伯東部大部分區域探油權的五十週年紀念日。很遺憾的是，哈立德國王在前一年已經去世，所以他的弟弟法赫德國王，在許多沙烏地阿拉伯顯貴陪同下，參與這項活動。國王特別表揚，盡心竭力成就今日阿美公司的所有沙烏地阿拉伯人，和非沙烏地阿拉伯人。

和我們所預料的一樣，雅曼尼部長也在活動中發言，但我和大多數的觀眾都被他的言論嚇了一跳。他說：「阿美公司，現在是說著沙烏地阿拉伯語的沙烏地阿拉伯公司了。我們希望除非有沙烏地阿拉伯人成為這家公司的總裁，否則太陽今年都不要下山。」當場所有觀眾都覺得，**要是沒有國王事先許可，部長不會發表這番言論**。

阿美公司董事長兼執行長約翰．凱貝勒，和我都是阿美公司的董事。我們已經計畫當天一起搭飛機赴美，出席下一場排定好的董事會議。我們搭上灣流航太（Gilfstream）公務飛機，準備前往第一站倫敦，凱貝勒看著我，笑著問：「你怎麼看，阿里？」但我想他應該不是在開玩笑。

一九八二年，我被拔擢為執行副總裁。這是新設立的職位，工作內容和我以前沒什麼兩樣，但是包括我在內的其他人，都認定我實際的職銜是儲備總裁。下一次升遷的時間還不一定，但是我聽到雅曼尼部長的話時，我心想（也希望）他指的就是我。我轉頭對凱貝勒說：「約翰，別擔心，我想需要擔心的人是修．格納。」

雅曼尼部長也是董事。他在董事會議結束後，把我拉到一旁說：「國王已經決定，由你擔任公司總裁。」一九八三年十一月，公司董事會選我當總裁，隔年一月就職。雖然沙烏地阿拉伯政府一〇〇%持有公司股權，但因阿美公司在德拉瓦註冊，擁有我們的營運權，所以董事會仍需投票，才能正式批准我的任命。雅曼尼部長在宣布我當選阿美公司第一位沙烏地阿拉伯總裁時，特別強調我是全憑功勞才得到這份職位，不是被拿來當作沙烏地阿拉伯的門面，也不是因為他是能滿足國家情感的沙烏地阿拉伯人，而是「因為他努力揮汗耕耘，才得到這份職位，是他努力提升自己，也提攜後進」。我因為被肯定而感到自豪，但也害怕自己難當大任。

前任阿美公司董事長兼執行長湯瑪士．巴吉爾，傳來一份讓我非常感動的賀電。雖然他當時身患帕金森氏症末期，正和病魔搏鬥，並在兩年後病逝，但他依然撥出寶貴的時間，恭喜我升遷。他表示，他在二十年前推動阿美公司沙烏地阿拉伯化，在這條漫漫長路上，我的升遷是一個重大的里程碑。我回覆的電報如下：

> 感謝您令人備感溫馨的越洋賀電。許多沙烏地阿拉伯年輕人事業有成，都仰賴您的遠見，我為此深感驕傲與榮幸。在所有阿美公司的領導人中，您最有遠見，在早期就大力支持沙烏地阿拉伯員工訓練計畫。這份極具前瞻性的貢獻，現在結出了美好果實。沙烏地阿拉伯人因這項計畫，能擔任許多高階職位。我再次向您表達誠摯感激之意，同時願主賜福您，減輕您疾病纏身的苦痛。

一九六〇年代末期，我當時的主管名叫赫爾．史翠克（Hal Streaker），他人很好，但是他的想法，和許多資深的美籍阿美公司的人一樣，很難想像沙烏地阿拉伯人能成為掌管公司的舵手。有一天，他把我的十五年生涯規畫拿給我看，並指出我在十五年之後會當上經理！當時我很高興聽到這樣的看法，但我在兩年之後就成為經理了。

被任命為總裁不久後，我把史翠克叫到我的辦公室，對他說，**已經十五年了，現在我成了他的老闆，他覺得我事業發展得如何？**我們大笑。然後各自繼續工作。

1984~1989

第十章

第二次石油危機，沙國痛失油市領導權

一九八〇年代中期是我的工作生涯當中，最艱困的日子。到了一九八四年一月，我遷入總裁辦公室時，油價已經持續走跌超過兩年。到了一九八六年，更是完全崩盤。我們大量降低石油生產量，營收當然因此下跌，導致阿美公司對我國的稅收貢獻度暴跌。

接下來五年內，我們拚命應付國內外的挑戰，全公司上下齊心合力、盡心盡力的支撐營運。整個過程中，他們的能力一次又一次的讓我感到驚訝。在一九八〇年代，我們更加了解競爭者、顧客和自己，三十年後，身為沙烏地阿拉伯石油部長，我依舊把當時學到的東西，加以應用在諸多挑戰上。

商品市場常常變化無端，難以預測，因此難以精準預見最後的變化。一九八一年十月，沙烏地阿拉伯不但將每桶石油價格，由三十二美元提高到三十四美元，還將日產量下修至八百五十萬桶，這是伊朗革命前的產量水準，革命後伊朗突然減產迫使我國增產。其他石油輸出國組織會員國將他們的價格，由三十六美元降價到三十四美元，好配合我們的油價，但是石油貿易商提供的現貨市場價格仍然超過四十美元。

到了一九七〇年代末期，就像世界各大石油企業一樣，阿美公司預測全球石油需求會持續走強，並依此制定策略和行動，如積極招募人才及培訓目標等，都是因應未來成長所需的必要策略。但是**預測的需求水準從來沒有成真過**，而且就像雅曼尼部長所言，一九七三年的石油禁運，引發許多變化。**儘管禁運的後續效應在好幾年後才顯現，卻大幅影響油價**。實際上，沒有人成功百分之百預測這些變化的影響。

一九七五年，美國國會立法通過，規定美國道路上的汽車，平均燃料效率必須提高一倍。在此期間，各個企業也透過改善建築物隔熱度、採用效率更高的製造流程，及改用替代燃料等措施，大大減少石油消耗量。到了一九八〇年代中期，由於這些措施和相關的努力，美國的**能源使用效率，估計比一九七三年禁運之前高出二五%**，在日本和一些歐洲國家，節能效應更明顯。

儘管在一九八〇年代初期，消費者和企業的節能意識持續高漲，許多已開發經濟體都面臨到，自一九三〇年代的經濟大恐慌以來，最為嚴重的經濟衰退。在伊朗危機造成油價飆漲前，通貨膨脹已經開始加快。美國總統雷根入主白宮後，決心要解決這個問題，即使會犧牲短期經濟成長，也在所不惜。英國首相柴契爾夫人（Prime Minister Margaret Thatcher）在英國也採取類似政策。當時美國利率突破二〇%，失業率也飆高。到了一九八〇年，美國經濟面臨到懲罰性衰退，一九八二年再受重創，**導致石油需求降低。**

新玩家進場，會員國獨占優勢不再

全球石油業在前十年發生的變化，開始衝擊全球供給。在一九七〇年代，石油價格上漲了逾兩倍，促使許多地區展開石油勘探和生產，通常油價在每桶十幾美元時，沒人會考慮這種做法。因此，**非石油輸出國家組織的石油生產量飆升**。阿拉斯加北坡、北海以及墨西哥，產油量超過數百萬桶，這意味著到了一九八二年，**自石油輸出國家組織成立以來，非石油輸出國家組織的產量，首次超過石油輸出國家組織**。

一九八三年初，雅曼尼部長公開表示，由於全球需求趨緩，所以導致我們的油價過高。**一九八三年三月三十日，原油期貨合約**（這裡指的是西德州中級原油〔West Texas Intermediate crude〕）開始在紐約商品期貨交易所（New York Mercantile Exchange）交易。石油輸出國家組織的定價結構，因此承受更多壓力，而期貨合約則**為全球定價提供了另一項基準**。

一九八三年五月，石油輸出國家組織將油價從每桶三十四美元降價至二十九美元，而會員國也同意降低生產配額。這次會議中首次決定產量，同時也發布聲明，確定**沙烏地阿拉伯是石油輸出國家組織的產量調節國**。**這表示我國將視需要增減產量，以維持目標價格**。這個做法顯然意義重大，但從許多角度來看，這卻是個**失敗的決策**。

一直以來，我國石油部長都會與國王和顧問，密切磋商以訂定政策，而阿美公司管理階層的任務，就是代表我國執行這項政策。在我看來，在一九七〇年代，雅曼尼部長規畫我國與阿美公司的四家控股公司，簽訂持股所有權合約時，那正是他的黃金時期。他使出身為律師的渾身解術，讓所有權公平及和平的移轉。我國和阿美公司之所以成功，以及全球石油業得以穩定發展，這件事至關緊要。

令人感到驚訝的是，雅曼尼部長不是石油業務專家，他不曾在這個行業工作，也沒有在大學修過這門課。一九八〇年代中期，政府同意**沙烏地阿拉伯成為石油輸出國家組織的生產調節國，並降低產油量以支持油價，這項政策讓我國痛失迫切需要的收入和市占率**。雖然我們之後重新提高產量，好搶回更高的市占率，但全球油價卻崩盤，而我國也因此付出了沉重的代價。最終，部長也因此丟了官。

身為產油調節國，沙烏地痛失市占率

艱困的時代逼人不得不做出艱難的決定。多年來，我一直努力栽培員工，無論是訓練我們雇用的高中見習生，或培養高階領導團隊。但是，在我當上總裁之前，我就不得不進行生涯中最艱難的任務：大幅裁員，降低成本。

我們的營收急遽下降，但在一九八〇年代初期，我們仍然在招募和培訓人員，好像油價永遠都會維持在四十美元的區間。事實上，進入一九八〇年代時，我們估計在一九八五年前，公司會需要高達七萬五千名員工，但是到了一九八三年，這個數字顯然估得太高了。為了將營收衰退現狀反映在員工人數上，但又不會嚴重損及未來的成長力，我們決定大幅裁員。員工人數從一九八二年，六萬一千兩百二十七人的高峰，降到一九八七年的低點，大約只剩四萬三千五百名。

裁員當然勢在必行，但執行起來卻困難重重。我在公司裡成長，當然認識被辭退的人，雖然來自不同國家，但他們都是我的好友。僅管如此，阿美公司危在旦夕。

沙烏地阿拉伯政策起源於最初簽訂的採油權合約，這項政策提供了我們一個方向，最後，裁員的進度也因此加快，有些外籍員工也提前退休。在一九八〇年代中期所裁掉的工作中，有一萬四千個職位，先前都由非沙烏地阿拉伯人擔任，儘管我們也裁掉了數萬名沙烏地阿拉伯人，但因為當時離開阿美公司的外籍人士眾多，所以沙烏地阿拉伯人擔任主管和員工的比例上升到三分之二，有些外籍員工難免心生不滿。僅管如此，當初外籍員工加入公司時，心裡也很清楚，自己終究會被自己培植和拔擢的沙烏地阿拉伯人取代，只是一九八〇年代的油價崩盤，加速了這個流程，許多外籍員工被迫提早離開公司。但是，當時許多外籍員工，持續響應阿美公司在美國和世界各地的退休活動，就證明了他們在我國度過的歲月，曾帶給他們美好的回憶。

石油需要疲軟，改賣天然氣

降低勞動成本不是我們唯一的難題。調降石油產量同時也**減少了伴產氣的產量**。當初氣體治理系統預設的是，每日產油量為一千兩百至一千五百萬桶，伴產氣產量也隨之提高，但沒多久，我們就發現自己太高估了這些數字。天然氣是推動我國經濟的動力，現在我們必須正視天然氣不足的可能性。

問題的答案就在我們腳下。早在一九四〇年代末期，東部省阿拉伯區岩層，有座油田富含石油，阿美公司在這座油田下方六百五十公尺處，發現一處大型天然氣田。當時我們用不到在卡夫岩層（Kuff）中的伴產氣或游離氣。事實上，這些氣體含有硫化氫等有害化合物，所以被視為有害物質。

我們有一位副總裁艾德．普萊斯，他帶領的團隊努力不懈的想解決這個問題。十年前，我就在德州見過艾德，他非常敬業，當時仍在我們其中一家母公司雪佛龍工作。他的團隊擬定了一個草案，如果現有的油井所在地，有可能找到卡夫岩層氣，他們就計畫擴大這些油井。但是由於當時公司正在極力刪減成本，這個團隊發現，短時間內新企畫案無法取得資金，所以他們決定申請不同的鑽油深度，將其納入現行岩層劃分計畫。我們透過岩層劃分計畫，持續收集鑽鑿中的每個油井所在岩層的相關資訊。

氣體鑽鑿計畫成效輝煌。到了一九八五年，每天可以生產十億標準立方尺的伴產氣，然後加以處理後，再運輸到我國的氣體治理系統。這樣的產量和當初設計系統時的預估值，簡直是天差地別，卻足以讓系統撐過產油量低的那些年。

這項氣體計畫也證明我們的員工，不但能面對高度工作壓力，還找到了創新的問題解決方案。如果這個問題沒有解決，可能會讓我們的社會脫序好幾年。

擔任阿美公司總裁第一年時，我想到的阿拉伯古諺正是「駱駝屈膝時，眾人亮刀時」。在一九八〇年代中期，那隻駱駝就是阿美公司，而沙烏地阿拉伯的既得利益者就是那些刀子，他們把我們視為外國勢力和殖民主義時期的代表。

即使自一九八〇年，阿美公司就是我國足資持有的公司，有些在利雅德的人還是認為，我們被前任控股公司帶壞了。在他們心中，阿美公司身陷危難之際，就是把我國石油資源安全交到沙烏地阿拉伯人（其實是他們少數人）手中的天賜良機，即使實際上這些資源早已經握在我們手中。我認為抱持這種態度的人，是因為他們感覺受到威脅。阿美公司的成就來自菁英領導，繼任的諸多國王都支持且贊同這家公司，透過勤奮和能力，**有才能的沙烏地人，就能在組織內高升，而不是靠著家族和部族人脈**，這種陳腐的文化在波灣地區的企業中仍屢見不鮮。

就像二〇〇八年，歷史學者史蒂芬・赫爾托格博士（Dr Steffen Hertog），針對這個主題，發表的報告中提到的：

提到公平管理，雖然大多數觀察家不會立即聯想到沙烏地阿拉伯，但阿美公司無疑是沙國規模最大的現代化機構。所有沙烏地阿拉伯人和外國人都知道，阿美公司能成就今天的規模，是因為當初採取不同決策。也就是說，如果他們採用許多競爭者可能會採取的決策，阿美公司一定會深深受創。**沙烏地阿拉伯差一點就和許多其他石油輸出國一樣，學到慘痛的一課：把上游石油資產，交付給一家不透明又泛政治化的本土機構**，還要它取代外國企業一手打造的阿美公司。

文中還提到的其他機構，是更道地的沙烏地阿拉伯機構，所以它們理當取代阿美公司，成為沙烏地自然資源的主要守護者和開發者。文內最常提到名為彼特明（Petromin）的國營企業，又稱為石油礦業總公司（General Organization of Petroleum）。這家公司的成立時間，可追溯至一九六二年，費瑟王儲的第一波沙國政府改革計畫。我國首任石油部長阿卜杜拉·塔里基，和繼任部長雅曼尼部長，都支持彼特明，而且它的營業區域，是阿美公司不具採油權的區域，所以彼特明可說是和阿美公司相輔相成。

起初彼特明取得授權可以在我國開發石化及重工業。長期下來，它在這些領域的成效，最多只能說是有好有壞。該公司促使政府在一九七六年，創立沙烏地阿拉伯基礎工業公司，協助推動這些產業的發展，並聰明的採用類似阿美公司的管理架構。該公司後來對外售出三〇％的股份。

不像沙基工業（Saudi Arabia Basic Industries Corporation，簡稱ＳＡＢＩＣ），彼特明最知名的就是，公司內部的經理人都沒有產業相關的營運經驗，所以它就像一九七〇和一九八〇年代，在本地創立的其他國營石油公司一樣，全都陷在營運無效率的問題中。不知道究竟是什麼原因，阿美公司營收持續下滑時，這些績效問題仍沒澆熄某些人想公開收購彼特明的熱情，而且雅曼尼部長顯然喜歡這個辦法。

但是我要全心全意為阿美公司奮戰到底，這是我過去拚命協助發展的公司。很快的，情勢就發展到緊要關頭。

一九八四年，阿美公司接管東西管線。這是彼特明早期經營成功的業務之一，在一九七〇年代由彼特明的子公司，石油管道公司（Petroline）和美孚石油建立。這條長一千兩百公里的管線，每天由東部省運送一百八十五萬桶原油，經過我國西部山區到紅海的延布港。阿美公司開始迅速擴建這套系統，建立一條合併現行泵站的平行管線，將產能提高到每天三百二十萬桶。一九九〇年代初期，又再次擴建，所以這套管線系統的產能增加到每天五百萬桶。

一九八〇年代初期，**阿美公司腹背受敵，既要對抗惡意併購的攻擊，又要掙扎著做出許多痛苦的決定**，還要在全球石油市場前所未有的混亂當中，穩定公司財務，不讓公司受到衝擊。也許就像古諺中的駱駝，阿美公司已經屈了膝，但絕對還沒中刀。在少數情況中，我們不得不擱置重大專案，但仍決心要推動其他計畫。

在一九八〇年代初期，公司開始在蓋希母（Qasim）這個古省分附近，興建世界級煉油廠。新的煉油廠在各方面都非常先進，即使當時還在興建中，阿美公司全公司上下就已經引以為傲。

但是因為石油營收少得可憐，所以位於利雅德的政府決定下重手。我後來才知道當初開了一場氣氛火爆的內閣會議。會後，即使煉油廠已接近完工，工程還是在一九八四年嘎然中止，當時已投入的九億美元幾乎血本無歸。這對阿美公司是沉痛的經驗，但我們也很快就從中學到教訓。

在這段時期，即使忍受吼叫不是我的作風，但我的高階管理團隊，也感受到會議的氣氛劍拔弩張。阿卜杜拉・薩義夫（Abdullah Saif）是當時的營運主管，也是一位能力很強的資深副總裁。在一場內部會議中，**他抱怨自己的部屬什麼都要做，但又什麼錢都要省**。他講到最後，還砰的一聲拍了桌子。**我從筆記中抬起目光看著他，問道：「所以，你在對我說你做不好你的工作嗎？」**他聽懂了我的暗示，其他成員也明白，我們的責任就是把工作完成。

我了解為什麼情況會如此會劍拔弩張。我們不能像放棄蓋希母煉油廠一樣，也放棄其他設施，這會嚴重削弱我們未來的產油能力，也會瓦解公司的士氣。一定有更好的辦法。阿美公司一直都有苦幹實幹及逆勢翻身的傳統，所以我們發現了另一個辦法：**封存**。

封存意味著關閉，但不放棄設施。面對需求持續衰退，這是一項效果顯著的策略。當時北美營運副總是薩達德．胡塞尼（Sadad Al-Husseini），在他底下做事的一位同僚和公司的一位明日之星，讀到美軍在二次世界大戰後將軍艦除役，才想到了這個法子。當時大規模執行這項策略可謂空前（或絕後），但沒過幾年，國內爆發了另一場戰爭，有效維持備用產能的構想，因此大受歡迎。

首先要封存的是馬占（Marjan）、祖魯夫（Zuluf）和撒法尼亞（Safaniyah）油田的大型離岸設施。這個流程包含全面清潔以抗腐蝕，還有基礎保養，以便在必要時盡快重新啟用廠房。為了移除帶硫磺和其他雜質的腐蝕性「高硫分」原油，我們透過油管將柴油燃料抽吸出來。另外，為了避免氧氣腐蝕閒置的儀器面板，還必須從這些系統中吸出惰氮氣體。

石油營運部中，幾乎每個區域或領域都需要封存，包括哈維耶（Hawiyah）、哈拉德（Haradh）和奧斯曼尼耶（Uthmaniyah）的油氣分離站。胡賴斯（Khurais）、阿布薩法（Abu Safah）、哈瑪利亞（Harmaliyah）及馬薩利加（Mzalij）的設備，也被封存起來。甚至從古賴耶海水處理廠，到加瓦爾油田的超大型海水管也被封存。我們已經為一些負責這些設備的員工，找到其他工作，但是**很多職位都在封存流程中被裁撤**。令人難過的是，東部省各地的沙國家庭因此受苦，就像波斯灣或美國德州西部工廠區的產業衰退，會影響無數家庭一樣。

有部分的封存，要親眼看見才能確認。許多設施使用的巨型轉片和渦輪，都是現代化工程的驚人成果，看起來好像無堅不摧，但是研究這個問題的工程師警告我們，如果保持橫向位置太久，事實上這些猶如龐然巨獸的機床，會因本身的重量而變形。這表示大型起重機必須把這些機床抬離停放點，再把它們像保齡球瓶一樣豎著放，直到重新啟用為止。

石油輸出國內鬨，競相增產拋售當然崩盤

一九八〇年代的石油危機在一九八五年出現轉捩點。兩年來，產油量大幅降低好支撐油價；同時，看著其他石油輸出國家組織會員國，作弊抽取超過協議油量的行為，也越來越令人難以忍受。一九八五年，我國的產油量一度掉到每日兩百二十萬桶的低點。相較之下，在伊朗危機時，每日產油量為一億五百萬桶。一九八五年六月，法赫德國王罕見的公開指責，其他石油輸出國家組織產油國，警告他們：「**如果會員國覺得有權擅自行動，那大家就來玩**。沙烏地阿拉伯絕對會保障自身權益。」

國王會憤怒是有原因的。在一九八〇年代中期，我國以產量調節國的身分，調節產量，卻因而壓垮了我國的成長。在一九八一年，沙國石油業收益達到一兆一百九十億美元的高峰，卻在一九八四年，收益暴跌三分之二，掉到三百六十億美元。一九八五年又下滑一百億美元，到兩百六十億美元。

除了阿美公司的新煉油廠，全國各地許多開發案都遭到延期或刪減預算。除此之外，我國開始面臨龐大的預算赤字，我們的債務暴漲，超過了國內生產毛額的百分之百。沙烏地阿拉伯貨幣局前任局長哈瑪德・薩亞里（Hamad Sayari）說：「問題就是，大家習慣了經濟持續成長的好日子。突然，懸崖出現了。」

為了扭轉厄運，**我國放棄擔任產量調節國**。在雅曼尼部長的領導之下，我國的**新策略是搶回市占率，這表示我們必須抽取更多石油**，但這也讓雅曼尼部長官位不保。其中一個策略，就是和石油買家訂定「倒算淨價」（net back）合約，也就是說阿美公司依照提煉後的產品價值，減掉提煉成本、利潤和運費後，再設定油價，而非一開始就以標準報價。

這麼做的不只沙烏地阿拉伯。卡達（Qatar）副首相阿卜杜拉・阿提亞（Abdullah Al-Attiya）回憶道：

> 會議結束時，各國部長決定在市場拋售產品、拉低售價，再等著看阿拉斯加和北海產油

商，向石油輸出國家組織乞求。有一位部長還說：「我們等著看他們淚眼汪汪的來求我們就好。」然而這些產油商根本沒出現。嗯……幾個月之後，淚海一片的人是我們。

事實上在一九八五年底，油價一度上揚，但市場崩盤隨之而來。同年十一月底，在紐約商品期貨交易所，西德州中級原油每桶價格攀上三十一．七五美元的高峰。隔年，一九八六年春天時的報價為每桶十美元，調整通膨後，現在相當於二十美元，而**波斯灣每桶石油現貨報價，更低到個位數**，這是一九七三年以來從未見過的數字。

前任阿美公司業務行銷副總裁，伊山．特拉布西（Esam Trabulsi）回憶道：「我記得當時，有一批兩百萬桶的現貨，以每桶三．二五美元的價格，賣給巴西石油公司（Petrobras），這是一九七〇年代以來，由沙烏地阿拉伯出貨的現貨中，最低價的一批。」

我國和其他石油生產國公開搶奪市占率，因此引發恐慌式定價，卻沒有反映市場現實。事實上，就如歷史學家兼石油業顧問丹尼爾．尤金（Daniel Yergin）在他榮獲普立茲獎的《獎賞：石油、金錢與權力全球大博弈》（*The Prize: The Epic Quest for Oil, Money and Power*）中提到，雖然一九八六年初，石油輸出國家組織將產量提高不到一〇%，但這確實已經造成損害，而且要花上好幾年才能復原。

至於全球消費者，便宜的油價大大帶動了美國休旅車和貨卡車、經濟汽車市場蓬勃發展。廣義來看，便宜的油價當然有助於，一九八〇年代美國及歐洲絕大部分地區的經濟繁榮。同時，低油價也急遽削弱太陽能及風力發電等替代性能源的發展，工業化國家的政府，也因此終止資助替代性能源研究。一九七三年石油禁運引發了節能及開發替代性能源的危機感，一九七九年伊朗危機，又重新點燃這種危機意識，但到了一九八〇年代，這種感覺早已消失無蹤。

一九八〇年代中期，西方世界對低廉的零售價做出回應，在某方面也算是呼應了雅曼尼部長，針對一九七三年禁運事件後的高油價警告。替代性能源方案缺乏吸引力，加上消費持續成長，使對石油輸出國家組織的產品需求，得以持續穩定成長。雅曼尼部長可能覺得自己沉冤得雪，但他卻沒能任職到這個時候，好大肆慶祝。

情勢發展到緊要關頭。在沙烏地阿拉伯，彼特明想併吞阿美公司的野心，獲得越來越多的支持，阿美公司內部因此瀰漫著不安的氣氛。一九八六年初，我召集了領導團隊達成共識，一致認為絕不讓這件事發生，要攜手對抗這個思慮不周的行動。我去利雅德會見部長，當我走進他在石油部那間寬敞的辦公室時，他問：「你想做什麼，阿里？」

「我們不認為彼特明的人，像是陪你去參加阿美公司執行委員會議的那些人，有什麼能力可以管理我們。」我的直言不諱顯然嚇到他了。**我把密封好的信封，放在辦公室中央的桌子上，裡面裝著我和整個管理團隊的辭職信**，彼特明併吞阿美公司後立即生效。我讓他自己

▲法赫德國王（中）、我（左）和希沙姆．納瑟（右）合影。納瑟在 1986 年成為石油部長，並且著手制定國內改革議程。

做決定。

一九八六年七月和八月，石油輸出國家組織會員國，在日內瓦召開會議，希望能恢復配額制，以支撐油價。同年十月又開了一次會，希望能完成這項任務。國王想維持產油配額，並將石油輸出國家組織的油價訂在每桶十八美元。有些人覺得雅曼尼部長沒有依照利雅德政府所望，力挺我國立場。

部長失寵早有徵兆。一九八六年初，法赫德國王為拉斯坦努拉煉油廠擴建，動工剪綵。一如預期，國王感謝與會的阿美公司及政府高層。希沙姆．納瑟（Hisham Nazer）先前是雅曼尼部長的副手，之後又擔任內閣規畫職務，國王卻稱他為石油部長。前任阿美公司資深副總裁薩德．艾沙凡（Sa'ad Al-Shaifan）回憶道：「我們都認為他犯了錯，而且代價很龐大。」

那年十月，阿瑪德．扎基．雅曼尼在利雅德從晚間新聞才聽到，在服務了二十四年之後，他再也不是我國的石油部長了。官方並未解釋為什麼是由希沙姆．納瑟暫代。那年十二月，納瑟真的成為部長，而且新人新氣象，彼特明併吞阿美公司事件就此結束。阿美公司營運照舊。

兩招讓沙國重回油市龍頭

新部長上任後，我們仍在低油價的環境掙扎，再加上全球最受矚目的石油部長下臺，這當然都讓許多先進國家拍手叫好。這些經濟體重度依賴石油，以促進經濟成長，但是其他國家明白，如果沙烏地阿拉伯能合理的繼續投資能源產業，同時穩定供應石油給全世界，才最能造福全球經濟。美國政府就是極度關切這件事的國家之一。

一九八六年，美國副總統喬治．布希（George Bush），赴東部省拜訪王儲阿卜杜拉（Crown Prince Abdullah），目的是傳達**雷根政府的信念：穩定的油價對美、沙兩國都有利**。美國明白阿美公司和我國是可以信賴的長期夥伴，當然有一部分是因為美國石油企業在阿美公司留下的成就。在美國副總統參訪期間，我帶他在達蘭四處遊歷。布希副總統給我的印象是他很體貼，而且他早期在西德州是獨立石油開發商，所以很了解我們的業務。

一位曾派駐利雅德的美國職業外交官，比爾・拉姆齊（Bill Ramsay）曾說：「我們得到的結論是，穩定的油價市場對我們都有利。所謂的穩定在價格上代表什麼意思，雙方從未就此達成協議。他們希望價格高一點，我們想要價格低一點。但因沙烏地阿拉伯的眼光比誰看得都要遠，所以像這樣尋找公道價時，我們永遠有沙烏地阿拉伯這個可靠的靠山。」

一九八六年，美國也是阿美公司討論的議題。當時我獲得約翰・凱貝勒的支持，開始對利雅德會聽我說話的人說，阿美公司必須變成整合性更高的石油公司，才能提高和分散營收來源。這表示我們需要**擴張石油提煉及行銷業務，也就是發展所謂的下游產業，好搭配上游的探油及生產業務**。一九八〇年代後期，美國經濟強勢反彈，這顯然就是擴張計畫的絕佳時間點。

第一招：生產銷售一條龍

我把一份企畫案送到石油部，他們再轉呈給國王。他同意此案並讓阿美公司負責執行，於是我們前往美國尋求合資對象。雖然凱貝勒正與病魔奮戰，依然非常積極的與多家國際石油公司協商。

一九八八年，阿美公司的子公司和德士古（Texaco）成立合資企業，名為明星石油公司

（Star Enterprise），靈感來自德士古商標中的星星。這家新公司的營運規模，一點也不像新公司。一九八九年一月一日，明星石油公司開始營運時，資產包括在德州的亞瑟港（Port Author，位於墨西哥灣）、路易西安納州康文特鎮（Convent, Louisiana），和德拉瓦州德拉瓦市（Delware City, Delware）的煉油廠，以及四十八家產品分流廠。此外，明星石油有將近四千名員工，在德士古品牌下營運的加油站更多達一萬一千家，再加上四個行銷部門。

煉油廠除了能提高阿美公司的營收之外，也帶來更多顧客。不僅如此，合資企業的煉油廠簽訂的**長期採購合約，可稍稍減輕短期油價的劇烈波動對阿美公司的衝擊**。這都讓我們更有信心的投資以提升產能，並滿足未來的全球需求。

下游業務的重要性與日俱增。一九九八年，明星石油公司和殼牌石油（Shell Oil）的部分資產合併，成立莫蒂瓦公司（Motiva Enterprise LLC）。莫蒂瓦旗下的煉油廠持續擴廠，尤其是在亞瑟港地區。一九〇二年，德士古成立的前身公司，及德州東部紡錘頂（Spindletop）發現石油等重大事件，成就了亞瑟港。最近擴張及升級後，亞瑟港煉油廠，成為全美最大的原油煉油廠，在全世界也名列前茅。

第二招：新機制取代一籃子訂價

到了一九八七年，各大工業化經濟體的景氣，顯然都在好轉當中。全球市場的油價也從一九八六年低於十美元的低價，回升到十八美元的價位。**石油輸出國家組織嘗試依原油等級比率，來訂定一籃子油價**，如把阿拉伯輕質原油訂為每桶十七．五二美元，**但有些會員國提高產能，所以要以官方籃子價格找到買家，幾乎是天方夜譚**。

資深經濟學家威廉．利陶強（William Laney Littlejohn），為阿美公司的訂價找出了解決方案，他**將我們的原油價格與區域市場的原油價格連動，再依據各種不同因素調整，例如依照與我國的距離**來計算運輸成本。美國原先採用北坡作為定價基礎，後來由西德州中質原油取代；歐洲及杜拜則是北海布蘭特原油；遠東的報價基礎則是阿曼。一九八八年，我們的原油產量回升至每天產出四百九十三萬桶，創下一九八二年來的新高，反映出這套新訂價系統的成功，及全球經濟正在反彈當中。

約翰．凱貝勒擔任阿美公司董事長及執行長十年後，於一九八八年四月退休。他數次帶領公司浴火重生，我永遠把他視為心靈導師和朋友，所有阿美公司的沙烏地員工都該感謝他。他在任職的最後那幾年，久病纏身，動了好幾次手術，卻持續帶領我們，直到確認公司已扭轉頹勢為止，這就是他堅忍不拔的最佳證明。之後，約翰繼續擔任副董事長一段時間。

令我難過的是，他在一九九一年逝世。

證明自己沒讓他看走眼，就是對他致上最崇高敬意的好方式。那年夏天，我接替他成為執行長，但我之前就已經得到他的全力支持，承擔這個職位的多項職務。然而，公司當時還註冊在德拉瓦，而且還要遵守公司治理的相關法令，身為執行長卻不是董事長，所以我無法處理約翰所有的職務。納瑟部長被任命為阿美公司董事長後，我們也成為阿美公司最高階職位的兩位沙烏地阿拉伯人。

部長和我私底下走得並不近，但是工作上合作得很愉快。我們頻頻交換意見，確保石油部的需求，和阿美公司的成效契合。儘管如此，對於阿美公司，董事長能做的事不多，他感到非常驚訝。

他問我他是不是應該要為阿美公司的合約簽名，畢竟他是董事長。我告訴他：「不必，董事長和執行長都不用簽名。公司已經有既定流程。」他又問是不是需要簽支票，我又說：「不必，全都透過在美國的銀行，電子化辦理了。」他又問：「那董事長除了治理公司外，還要做什麼？」我說：「不對，治理公司的人是我，你只要確定安排好董事會議，還得在會議紀錄最下方簽名就好。」**對此，他不是很開心**。

一九八八年十一月，在納瑟部長的指示下，部長理事會同意設立一家新的沙烏地阿拉伯企業，名為沙烏地阿拉伯國家石油公司（Saudi Arabian Oil Company），或稱沙特阿美

（Saudi Aramco），並接手阿美公司先前的所有任務。有些部長不太了解這個公司名稱代表什麼意思。如果阿美這兩個字，代表原先的阿拉伯美國石油公司，那現在美國已經沒有持股，為什麼要留著這個名字？納瑟部長成功說服大家，說繼續保留這個名字，是公司未來成功的關鍵，所以公司名字就決定是沙特阿美了。

沙特阿美氣象一新，樂觀的迎接一九九〇年代。我們現在是掌握自己命運的沙烏地阿拉伯公司了。全球各經濟體的油價都在上漲，成長速度也在加快。再加上前幾年，我們的探油團隊在國內發現了幾處新油田，現在開發這些油田，應該很合乎經濟效益。

還有另一件事讓我們的未來更充滿希望。一九八八年八月，浴血奮戰八年後，這個年代中最讓人惶惶不安的區域衝突——兩伊戰爭終於落幕。在聯合國居中牽線下，兩國簽署和平協議，放下武器，不論輸贏。但看看這麼多武裝部隊和人民傷亡，輸家也許有數百萬人。不過，波斯灣運輸業不時會受干擾的問題終於解決了。情勢終於恢復穩定，這個區域的人，以及石油生產國，大多對未來感到樂觀。當然，我們也滿懷著希望。然而我們真是錯得離譜。

1990~1993

第十一章

波斯灣戰爭，沙烏地石油霸權更穩

我與沙特阿美的領導團隊，探索應對一九八〇年代變化莫測市場的策略，以迎接一九九〇年代。我深信公司已準備就緒，在未來十年會蒸蒸日上。但一九九〇年夏天卻證明了，**對於地緣政治學，我還嫩得很。**

那年八月，我在洛磯山脈環繞的科羅拉多州，出席亞斯本研究院（Aspen Institute）的專題研討會。在此機構四十週年慶的一場慶祝活動中，我身為討論會成員，被問到對於伊拉克獨裁者海珊的想法。不管是言語或行動，海珊對科威特越來越不友善，甚至調派數萬士兵到伊拉克北境，讓全球緊盯他的一舉一動。**海珊更大膽宣稱科威特不是獨立國家，他讀了鄂圖曼帝國（Ottoman Empire）時代的區域歷史，當時科威特不過是伊拉克的一省**。所以在他的心裡，這表示科威特的石油自然是他的。對沙烏地阿拉伯人來說，**我們覺得他又在搞他的招牌小動作。**

我在日內瓦，剛開完石油輸出國家組織的會議時，看到伊拉克、科威特和其他波斯灣國家的代表大放不平之鳴，就算有點大聲，也還算平和，沒有發生暴力威脅。所以我在亞斯本時，就我所見對大家說別擔心：「這真的只是夏天的暴風雲，來得快，去得也快。」幾個小時後，一位也有出席會議的朋友，敲我的旅館房門：「你最好看一下CNN。」

電視臺不斷重複播放，八月二日伊拉克坦克長驅直入科威特的影片（當年七月二十二日，臺灣和沙國斷交）。在另一端，科威特南面與沙烏地阿拉伯毗鄰，而且雖然它是個相當小的國家，我和世界各地的沙烏地人，都非常關注這件事，更別提在沙特阿美各個工廠工作的數萬名外籍員工，因為有些工廠離科威特非常近。我和大部分沙烏地人一樣，沒有預料到海珊會將威脅付諸行動。

隔天，我有幸得知後續發展。回國前，我在機構園區附近散步。說來也怪，我和英國首相柴契爾夫人不期而遇。她預定當天稍晚，要在機構與美國總統布希聯合發表聲明。柴契爾夫人和我一樣，早上出門獨自散步，我們並肩走著，她向我問好，問我來自哪裡。我告訴她，我來自沙烏地阿拉伯，是沙特阿美的執行長。她向我明確保證：「別擔心，侵略行動不會一直持續下去。」之後，她站在布希總統身旁，布希總統也做出同樣的承諾。從那時起，我就一直很欣賞柴契爾夫人的膽識和決心，她給了布希必要的支援。

海珊的下一個目標：我們！

這是二次世界大戰以來，我們的油田和產油設施，以及沙烏地阿拉伯的部分地區，頭一次面臨到迫切的危機，**敵對的外國勢力可能蹂躪或毀滅我國，這表示大量的全球石油供應也將受到威脅**。如果海珊成功占領科威特，同時把大量的儲油視為己有，我們就會是他的下一個目標。

聯合國幾天後譴責這項入侵行動，並將一九九一年一月十五日，訂為海珊由科威特撤軍的期限。同時，在沙特阿美總部及住宅區附近的達蘭空軍基地，成為全天候的活動中心。在到撤退期限前的數個月中，多國部隊開始集結，也開始囤積軍需品。空軍基地以及我們工廠和家園，都離科威特不到三百二十公里，所以我們都知道**自己極可能成為目標**。

美國帶領全球回擊海珊的侵略行動，並由沙烏地阿拉伯及其他三十多國家，組成「自願聯盟」（Coalition of the willing）。但是第一位在亞斯本演講中，明白呼籲展開國際行動的是柴契爾夫人：「伊拉克入侵科威特，是公然蔑視聯合國的所有原則。如果我們讓它成功入侵，沒有一個小國家會覺得安全。弱肉強食的法則會打敗法律制度。」幾天之內，布希總統便公開呼應柴契爾夫人的反對態度，柴契爾夫人私底下也懇請布希，堅定面對這項違反國際法的行動，同時要立場堅定，不要搖擺不定。

伊拉克石油遭禁，油價直線飆漲

在我國政府統籌防禦行動時，沙特阿美自己也發布動員令。伊拉克入侵科威特後，**各大工業化國家同意抵制伊拉克出產，或科威特被占領時所出產的石油**。這項禁令讓每天多達四百八十萬桶石油，消失在全球市場上，**每桶油價也因此在幾個月內，從十六美元飆漲到**

三十五美元。我們的任務就是，盡速補上消失的石油供應量。除了負責穩定全球石油供應外，我們也被分派任務，要提供聯軍所需的飛機及柴油燃料。

我不在公司時，暫時由執行副總納賽爾・阿吉米掌管沙特阿美。他和我們的領導團隊，也沒料到伊拉克入侵的時機。這當然不是因為無知或疏忽，而是常識。在那個關鍵時刻，各個波斯灣國家代表，都在鄰近紅海的吉達會面。阿吉米說：「我在四點接到哈利・奧德（Harry Alter），從利雅德打來的電話，說海珊已經入侵科威特。**當時伊拉克代表團也在吉達會談**，所以我們想都沒想到會發生這件事。」

伊拉克入侵後的第四天，在從美國回國的路上，我和達蘭的領導團隊以及利雅德的納瑟部長，幾乎沒有中斷聯繫過。八月六日，我回到達蘭，而我的第一項任務就是直奔醫院，去看我太太和我女兒，和看看我第一個孫兒。迎接家族的下一世代來到世上，讓我能更理解我們面臨的衝突，不僅僅是為了保衛石油而已，重點是捍衛選擇生活方式的自由。我親吻、擁抱每個人，接著去上班。

沙特阿美總部大樓和住宅營地中，每個人都感到很震驚，謠言滿天飛，所以很難取得海珊侵略的真正意圖，以及我國和盟軍的作戰計畫等相關資訊，而且大家自然都往最壞的情況想。就好像阿吉米說的一樣：「我們不認為他們會在科威特止步。」

此時，身為領導者，最重要的任務就是當一個好榜樣。我很關心，但我不害怕，我也知道針對被分派的任務，我們的團隊已做好萬全準備：治理好公司以及盡量大幅提高產油量。其他已經受過精良作戰訓練的戰士，會保護我們和沙國人。而且，如果海珊拒絕自行撤軍，他們一定會逼他離開。

對於從沒有在危機中擔任領導職務的人，也許很難想像，但我們的目標非常清楚，所以我內心非常鎮定，其他人也了解我的作風。當時的資深副總裁阿卜杜拉．舒馬赫在緊要關頭，也展現出領導風範。他之後對我說，他很欣賞我在壓力下，依舊表現出沉著冷靜的一面，這對團隊幫助很大，讓所有人能一起承擔。

我們必須讓外界看到，一切都在掌握中。儘管舒馬赫負責對外發言，我仍堅持親自接待，造訪達蘭的所有外交官或其他高官代表。對我這份努力，前任英國駐沙烏地阿拉伯大使艾倫．蒙羅（Alan Munro），也讚譽有加：「我目睹阿爾納米在波灣戰爭時的冷靜，他掌控情勢，深刻了解他自己和沙烏地人的影響力。他讓你有信心，完全不見猶豫退縮。」

針對解決危機及對人員和設施帶來的威脅，同時提升產油量，我建立了一套領導架構。我們善用現行的營運控制中心，由公司資深主管隨時掌管該控制中心，並監視所有設施及關鍵通訊。我值早上七點到晚上七點的日班，我覺得一定要讓大家感覺到我在場坐鎮，以及感受到領導團隊負責掌控一切。

我也召開員工大會，轉達公司的計畫，大約有三千位外籍員工，感到特別擔憂。為此我們也同意如果他們認為有必要，**公司會出錢讓他們的眷屬無限期撤離**，而且因為時值八月，許多外籍員工出國旅遊，公司也同意讓他們延長假期，而不是叫員工立即回到沙烏地阿拉伯，或回來可能變成戰區的地區上班。

沙國補足全球油荒，戰爭最大受益國？

但是，還有些任務比公司事務更要緊。全世界都在緊盯著沙烏地阿拉伯和沙特阿美。如果要**在沙地上畫一條止戰線，阻止海珊前進，那這條線就會在科威特邊境的沙烏地阿拉伯**領地上。如果海珊不甩聯合國的要求，那麼被派去科威特驅離伊拉克的盟軍，就會集結在我國達蘭空軍基地，以及靠近科威特的臨時基地。同時，因為沙特阿美的永續產能全球最高，所以沙特阿美必須支援對抗伊拉克的行動，還必須滿足全球其他能源需求。

我盡量冷靜的詳細告知外籍員工，其中可能牽涉到的風險。我們了解他們的狀況，所以**我不會阻止任何人離開。但是如果攸關執行任務的職員真的離開了，公司不能保證如果他們在衝突停止後想回來，還有相同的工作前景及福利**。難免有些人會認為這是威脅，但在我看來，這是現實。沙烏地阿拉伯人堅守崗位。沒錯，這是我們的國家，但這不代表萬一我們受到攻擊，本國人面臨到的風險就比較低。

我讓舒馬赫負責對外溝通。他是溝通專家，所以最適合這項任務，表現也無懈可擊。在危機期間，他對《紐約時報》資深戰地記者，菲利普・謝農（Philip Shenon）解釋我們的立場：「我們沒有勉強任何人。我們只對員工說，你看，你在這裡是因為我們需要你。而我們現在正需要你，所以如果你離開，就必須放棄原本的福利。」

儘管少數外籍員工的確離開了，媒體也因此高度關注，但是絕大多數的人還是留下來，和沙烏地阿拉伯同事共同作戰，幫助公司完成任務。**很多人都是「袋了就走」**（grab bag），**行李就放在門口，裡面塞了地圖、錢、重要的報告和衣物**。萬一需要緊急撤離時，這個袋子就會用得上。當然很多人在歐美的親戚都對他們說，他們一定瘋了才會留下來，但所有沙烏地阿拉伯人都該向他們表示感激之意。

我回達蘭後的二十四小時內，部隊便開始集結。美國派來的先遣部隊在八月七日，陸續抵達達蘭空軍基地。很多人都享受到沙烏地阿拉伯工人熱情招待的咖啡和甜甜圈，達蘭的西方員工與部隊為期數個月的關係，就此展開序幕。當然，我們公司領導階層，允許但幾乎不加干涉，外籍員工可以在自家招待軍隊士兵，讓他們在前線基地對抗嚴酷的沙漠氣候後，可以安心的休息。士兵們還可以享用家常菜，有機會和同胞交流，而且在那個沒有網路的時代，還可以打電話給家中的親友。

此次軍隊集結規模非常龐大。八月六日，美國副總統迪克・錢尼（Dick Cheney，第四十六任美國副總統），在利雅德會晤法赫德國王、阿卜杜拉王儲、我國駐美大使班達王子（Prince Bandar）及其他人員。所有人都同意事態重大，也確信如果沙烏地阿拉伯要防衛，就不該坐等海珊的下一步。國王深信非常時期，需要採取非常手段。他表示，盟軍不但能利用現有的達蘭空軍基地，以及我國其他基地，更可以在沙國領土建立臨時基地，以支援盟軍集結。

錢尼如此形容他和法赫德國王的關鍵會議：

> 國王既專業又直言不諱，絕不廢話。做完簡報後，我主導對話，再讓史瓦茲柯夫將軍（Herbert Norman Schwarzkopf，盟軍指揮官）報告我們準備派駐的軍力類型。就在這個時候，班達王子請翻譯暫停，國王轉頭以阿拉伯語和同僚交談。王儲阿卜杜拉當然是談話中的關鍵人物。之後，我的一個組員重述那段以阿拉伯語的對話。當時，有些人支持採取行動，有些人建議國王等待，國王回應說：「**科威特人決定要等，所以現在他們住在我國的旅館裡。**」接著他轉頭對我說：「好。」就此決定出擊。

不過是短短月餘的時間，盟軍已經將約二十萬大軍，派駐在科威特境內伊拉克軍隊的攻擊範圍內，而且每天抵達的軍隊越來越多。一九九一年初，盟軍集結的人數總計約為一百零七萬人，其中有五十四萬人來自美國，將近十萬人來自沙烏地阿拉伯，其他約有四十三萬人來自英國，是出兵人數最多的歐洲國家。他們要一起面對約六十萬名伊拉克士兵。

有了舒馬赫擔任發言人，我就能空出手邊任務，大幅提升產能。九月，納瑟部長和一群達官顯要造訪達蘭，以示他們的支持。事實上，部長私底下是想確認，公司是否能實現我們（還有他）對國王的承諾，履行我們對國家的職責。我們派石油工程副總裁穆罕默德·育瑟·拉斐（Mohammad Yusof Rafie）掌管委員會，負責將五年之前停役的大型設施全部都「解封」。

這項規模龐大又錯綜複雜的專案，因人力不足受到拖累。雖然關鍵少數員工仍然和我們並肩作戰，但很多訓練精良的技術人員、分析師及診斷師，都是解封專案中不可或缺的人，卻都離開了，這讓我非常煩心。

為了要達成我們的短期需求，我認為要代替這些人最好的辦法，就是向以前的四大控股公司借將，直到能重新啟用封存的設備為止。我飛到美國，輪流與四家公司的高層會面，每家公司都非常貼心的說，他們希望自己幫得上忙，但連他們都缺人手了，所以沒有多餘的技術人員可幫忙。

我記得行程已近尾聲時，我坐在洛杉磯的飯店房間裡，從入侵行動開始，從沒覺得這麼低落過。接著，我床鋪旁邊的電話響起，是解封計畫負責人拉斐打來的，他興奮的報上好消息：「阿布拉米（拉米的老爸），你可以回來了。我們的問題解決了！」我問怎麼解決的，他說：「我們用在公司高階維修訓練學院，上過三、四年課的人，派他們去做。」

此時我為同胞感到萬分光榮。這數百名沙烏地學生展現出自己受過良好的訓練，也能在工作中繼續學習。我們把他們和現有人員編組，盡力把重要設備恢復到功能完全正常的狀態。好在自一九八〇年代以來，資深沙烏地阿拉伯技術人員的流動率一直都很低。因此實際上，很多現有工人在一九八〇年代都曾參與設備、油廠封存，讓我們能加速解封流程。

該年底，這些工作團隊得以再度投入我們在哈瑪利亞、胡賴斯以及加瓦爾油田中，多達一百四十六處的油井，及許多油氣分離廠和鹽水處理管。七月，我們的平均日產量是五百四十萬桶，到了十二月已達八百五十萬桶。**全球根本沒有其他國家，能在如此急迫的時間內，將產油量提升這麼多**，當時委內瑞拉和其他許多國家也增加產能，但產量比我國少多了。當初我們在九月向納瑟部長保證，能解封所有工廠和油井時，我以為會花上至少兩倍的時間。

阿吉米後來自豪的說，我們能夠在三個月內將產油設施解封，還將產量從五百四十萬桶提高到八百五十萬桶，這象徵了沙烏地阿拉伯的重大進步。

波斯灣戰爭正式開打

我們及時完成任務。隨著聯合國訂的伊拉克撤離科威特最後期限逼近，海珊卻沒有要打退堂鼓的跡象。一九九〇年十一月二十九日，聯合國安理會授權使用「所有必要手段，迫使伊拉克部隊撤出科威特」。隨後，在一月十二日，美國國會在延長辯論後，勉強批准在該地區使用武力，美國國會這次投票票數，比我們希望的更接近。我想在沙烏地阿拉伯的所有人，都空前絕後的盯著 C-SPAN 有線電視頻道上的美國國會轉播。

一月十五日的最後期限過了，等於是符合第一階段戰爭開打的條件。當地時間一月十七日凌晨，盟軍對伊拉克基地展開空襲。幾個小時內，伊拉克軍隊開始回擊，對沙烏地阿拉伯和以色列發射飛毛腿飛彈，我們在達蘭的設施似乎是他們的主要目標。

針對這種攻擊，我們已經準備數個月之久。由於美國和沙烏地阿拉伯當局，都不知道伊拉克是否已使用或打算使用化學武器，所以**我們還發放防毒面具給關鍵人員**。有些員工正在領防毒面具的消息傳開後，每個人自然都想拿到，包括女服務生和工友，所以公司下了防毒面具緊急訂購單，能買多少就買多少。

一聽到空襲警報，我們就得就跑去家中或工作場所的安全室，窗戶和所有其他通風孔都必須密封，而且沙特阿美有線電視頻道，會以阿拉伯語及英語轉播空擊警報。在家裡，我們把車庫作為安全室。

在剛開始的一次攻擊中，警報聲嗡嗡響起，當時我正坐在屋外的露臺，家裡的女僕蕎希（Josie）跑過來找：「老闆，你聽聽警報聲，快戴上防毒面具。」我叫她自己先戴上，去安全室，我隨後就到。說實話，我從不相信會有化武攻擊，所以也從不戴防毒面具，但我一定要讓他人看到我公開攜帶防毒面具。**蕎希後來指著露臺上一隻死掉的鳥，說那可能是化武攻擊的證據，我向她指出，每天都有鳥自然死亡，搞不好是撞上露臺門才死的。**

另外還有一次，有一枚飛毛腿飛彈，可能被該區防砲兵發射的愛國者飛彈攔截，而飛彈的一部分掉到我們的老家附近。我聽到時笑了出來，對我兒子拉米說：「海珊鐵定不知道我不住那裡了。」

幾天後，飛毛腿飛彈的碎片，或是愛國者攔截彈的碎片，掉在公司園區加油站附近。儘管住宅區發生了諸多事件，好在都沒人受傷。拉米拾起一片導彈殘骸，興奮的告訴我他撿到碎片。我告訴他：「把它扔掉，把它留在原地，讓安全人員來撿。」因為儘管我不認為會有化武攻擊，但仍然不能確定導彈殘骸上，會有什麼揮發性燃料或其他化合物。

同時，許多居民聚在一起，觀看一枚擊中阿喀巴街（Al-Kobar）的導彈殘骸，而且此處附近一家飯店，有許多外國媒體記者入住。飯店大廳展示著一枚愛國者導彈的殘骸，迅速成為東部省著名的拍攝景點。

我認為我的任務是在戰爭期間，讓大家繼續專注在工作上，包括我的家人和公司員工。正如我兒子拉米，後來在一次家庭聚會上回憶：「我記得清晨達蘭發生攻擊，把我吵醒，當時是淩晨四點，我爸在吃早餐。我問他：『今天是什麼狀況？』他說：『我不知道，但我得去上班。』」

我不是要盡量淡化攻擊對公司員工、沙烏地阿拉伯人，及外籍員工的影響。對於許多人來說，這次的經驗很駭人，對公司領導團隊而言，也是如此。**有一位資深副總裁緊張得要死，我叫他帶家人出國度假幾週，因為他惴惴不安的模樣，對公司毫無用處**，我甚至不讓他在控制室工作。還有一個傢伙整晚繞著大樓走來走去，只在白天睡覺。公司的確瀰漫著緊張氣氛。

許多在陸上和海上設施工作的工人，離前線近得多。一月二十九日，伊拉克部隊攻擊科威特與沙烏地阿拉伯邊界的哈夫吉（Khafji），交火了兩天，才將他們擊退。薩法尼亞陸上工廠（onshore Safaniyah plant）的工人，離科威特南端邊界僅九十六公里，和再往南二十四公里的泰納吉卜海水淡化廠（Tanajib desalination plant），自然感到萬分焦慮。我們在附近的海上工廠也是如此，從十二月下旬開始，伊拉克人發射的三個浮動水雷，在公司的幾個海上平臺下方爆炸。謝天謝地，沒有人受傷，但這些爆炸還是讓我們損失了將近七十萬美元。

儘管戰爭打得如火如荼，公司經營者和廠長心中的使命感，卻油然而生。在薩法尼亞廠，操作員已輪班工作了十四天，休假七天。即使空襲開始，每個操作員、沙烏地阿拉伯人，和外籍專業人員都會來上班。當週按班休假的人，也會按班表返回工作崗位。在危機期間，幾乎所有工廠的表現和使命，都不受影響。

首波攻擊後的那週，住宅區瀰漫著一股憂鬱灰暗的氣氛。一枚飛毛腿飛彈降落在利雅德，造成一個沙烏地阿拉伯人死亡，二十三人受傷。二月二十五日，對在德蘭地區的各國人來說，都是最最黑暗的時刻。當時一枚飛毛腿飛彈，直接擊中位於阿喀巴的美軍兵營，二十八名美國士兵因此喪生，九十九人受傷。這是一記警鐘，提醒我們在對抗海珊的戰爭中，盟軍部隊做出多少犧牲。

美籍戰鬥機飛行員詹姆斯．史密斯（James B. Smith），回憶達蘭遭受到的攻擊，和盟軍的持續空襲：「我們進行二十四小時作戰，睡在地下防空洞，共有三十二人住在這個房間裡。因為一定有一半的人在飛，一半的人在睡覺，所以這裡三個月都沒有開燈。**我們醒來時，都會先看看誰還在！**」十九年後，史密斯回到沙烏地阿拉伯，擔任駐沙烏地阿拉伯美國大使。

戰爭進入最後倒數階段沒多久，阿喀巴兵營遭到直接攻擊。在盟軍連續轟炸超過一個月後，海珊仍然堅拒撤軍。

二月二十四日，盟軍開始展開地面攻擊。儘管有些小挫敗，但沙烏地阿拉伯坦克部隊和其他部隊，開始從科威特邊境到巴格達市中心，迅速干擾海珊的攻擊策略，最後重挫其防禦部隊。四天後，停火協議於二月二十八日上午八點正式生效。

唯一的大規模毀武器：石油

海珊入侵科威特的主因——石油，成為他攻擊盟國的利器。沒有人知道究竟是從什麼時候開始的，但伊拉克人故意在空戰開始的幾天內，**將科威特原油大量排放到波斯灣**，部分可能是為了防止或拖慢盟軍以兩棲作戰攻擊科威特。

大部分石油來自科威特距港口三十三公里的阿馬迪島卸油站（Al-Ahamdi Sea Island）。阿杜拉．扎伊努丁（Abdullah Zaindin），日後成為沙特阿美全球油溢協調員，在一月二十五日凌晨，接到安全主管打來的電話說：「科威特到哈夫吉一帶的海面上，漂著大量石油。」我們研究盛行風和盛行海流後，得出一個恐怖的結論：**石油正朝我們漂過來！**

石油外溢本身就是環保災難，也嚴重威脅國民安全和整體作戰行動。我們很可能必須關閉所有海上原油生產作業，也可能不得不關閉民用和軍用海水淡化廠，和海水冷卻電廠。只要水中摻入不到百萬分之一的原油，我們就得關廠。泰納吉卜的海水淡化廠尤其重要，因為它每天提供四十萬加侖的水給盟軍，也是沙特阿美員工的主要飲用水來源。

溢油委員會主席達費樂・烏泰比（Dhaifallah Al-Utaibi），對這種戰術並不意外。正如一九九一年他對《沙特阿美世界》（*Saudi Aramco World*）雜誌說的：「我們知道伊拉克政府持續威脅『要把波斯灣變成一片火海』。他們**計畫排放石油再點火**，來阻止所有兩棲登陸行動。我們曾遭遇這種威脅，所以針對這種手段，早已準備就緒。」

我指定另一位高階副總裁，阿德拉奇・歐凱爾（Abdelaziz M. Al-Hokail），作為公司攔油暨清理專案發言人。由於多數外國媒體，都住在達蘭國際酒店（Dhahran International Hotel），所以一月二十七日，我們在這裡召開記者會，向外界發布不管局勢怎麼演變，都在我們掌握之中。

歐凱爾在記者會上表示：「我們相信自己有能力從這個泥淖中脫身，完全不會影響本公司產油、加工或出口。」但是歐凱爾沒有低估，會有「嚴重」衝擊環境的可能性。儘管如此，他向在場媒體保證：「運用於冷卻或淡化海水的關鍵工業設備，持續受到完善防護，不會有影響。」

說永遠比做簡單。面對瞬息萬變的風勢和天氣，除了我們的團隊拚命工作，另外還有其他人也加入溢油作戰隊的行列。有兩家國際溢油合作社，提供了七十噸的護型攔油索和汲油器，來協助清理外溢的石油。這兩家合作社分別由波斯灣石油生產國組成，和總部位於英格蘭南安普敦（Southampton, England）的全球性團體。搶救行動在二月達到高峰，逾四百五十

▲ 1991 年，撤軍的伊拉克部隊，蓄意在波斯灣排放大量浮油，汙染了海岸，也威脅到沙烏地阿拉伯的海水淡化廠。我們不僅阻止了浮油，更巧妙的回收和提煉了近 100 萬桶石油。照片中的我指著災害區域，同時正在視察。

名男男女女，盡力執行攔油任務。我們也收到國外援助的相關設備，包括日本、德國、紐西蘭、法國、英國、加拿大、美國和荷蘭等國。甚至俄羅斯也提供援助。俄羅斯的一架大型安東諾夫一二四貨機，加上其他數個國家的貨機，將關鍵的攔油索，及和其他攔油設備直送達蘭。

處理殘油時，**變幻莫測的海相不是唯一的風險，處理小組還一度受到伊拉克的攻擊。**溢油處理小組成員麥克·艾斯帕瑪（Mike Erspamer），告訴《沙特阿美世界》：「我記得我們在星期四早上外出，要在薩法尼亞碼頭外裝設攔油索。**三枚火箭從我們頭上飛過，在碼頭三百公尺外的水中爆炸。**這引起每個人的注意。」謝天謝地，這僅是單一事件，而且也沒有拖累攔油的進度。

有一次，我記得納瑟部長要我派人，向盟軍總司令史瓦茲科夫將軍通報，說他的空軍可以在哪裡炸毀造成汙染並堵塞溢油的煉油廠。當來自沙特阿美的兩個沙烏地阿拉伯矮子穿著索布袍出現時，對我們的建議，將軍看起來沒什麼好感。但是，研究地圖、運用相關知識後，我們建議鎖定一般目標，而攻擊確實達成預期效果。

老天保佑，沙烏地阿拉伯在波斯灣沿岸、靠泰納吉卜以南處，有兩個天然特性，讓我們的工作輕鬆多了。瑪尼法灣（Manifa Bay）和達瓦艾達非（Daehat Al-Daft），是幅員廣闊的淺灣，可作為天然攔油池。如果把外溢的石油引導到這些海灣，並將油包圍在海灣中，以便處理和清除，就能大大降低石油對波斯灣海岸其他區域的環境衝擊。不僅如此，接下來數年中，沙特阿美和政府持續領導環境整治的大規模行動，也功不可沒。同樣的，科威特也亟需清理行動。二月下旬，伊拉克人撤退時，燃燒科威特數百處油井，造成的損失也需要加以控制及修復。

一九九一年五月初，**沙特阿美從波斯灣回收了超過九十萬桶石油。經過脫鹽和進一步清除雜質後，還能夠在公開市場上販售這些回收石油**，但是大約另有一百萬桶已經蒸發掉。沒有人知道伊拉克人在波斯灣總共傾倒了多少石油，國際團體後來估計，可能高達四百萬桶，大約相當於二〇一〇年墨西哥灣漏油事故（Deepwater Horizon oil spill，又稱英國石油漏油事故或深水地平線漏油事件，起因是英國石油公司所租用的一個名為深水地平線〔Deepwater

Horizon」的深海鑽油平臺發生井噴並爆炸，導致漏油事故）的漏油量。這使**伊拉克溢油事件，成為史上最嚴重的環境災難之一**。

國際合作是成功對抗海珊侵略的關鍵。我們對沙烏地阿拉伯和沙特阿美，在波斯灣戰爭中發揮關鍵作用感到自豪。就公司執行長的責任，我也學習到了寶貴經驗。我們站在全球已知最大的儲油地上，因此我帶領這家公司所做的一切，都會影響全世界。

我們重新在世界舞臺上粉墨登場，但和在一九七〇年代石油禁運期間不同，已開發國家這次把我們視為好人，站在歷史正確的一方。沙特阿美提供石油給全世界，而我國是主要行動基地，讓國際聯盟成功瓦解邪惡獨裁者的企圖，讓他無法奪取一個無法自衛的國家。針對西方盟國的國際合作與結盟，我的團隊和我都學到很多。早在波灣戰爭結束前，我們就準備好要迎接未來挑戰。著眼東方的時機到了。

1974~1995

第十二章

我打通了黑色絲路：進入亞洲

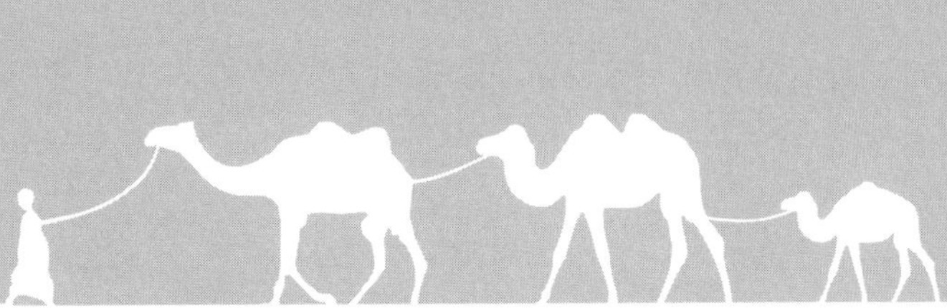

在波灣地區受到戰爭的衝擊時，我們開始在亞洲尋找長期商機。沙特阿美在日本、韓國、泰國、新加坡和菲律賓，皆有銷售原油的經驗，但是由於該地區潛在機會不多，所以銷售量也不大。亞洲顯然是未來十年及以後成長機會的代表。當我們詳細計畫如何抓住未來的成長機會時，我們看到了**中國，一個幾乎完全未開發的市場**。所以在一九八九年，我派了兩個人（我們的馬可．波羅），去探索這個可能性。

這位義大利探險家說的絲路人盡皆知，但我們團隊說的卻完全是另一回事。我們的團隊由一位美國人和一位沙烏地阿拉伯人組成，他們說在中國只有自行車車道這類的商機。根據他們的說法，這個國家到處都是腳踏車，成千上萬的腳踏車！數百萬人身上穿的，仍然是死氣沉沉的灰色和黑色套裝。他們的行動範圍，似乎僅限於騎自行車可以到達的地方，所以我們團隊，不認為汽車在那裡會有什麼發展，消費支出也沒什麼成長潛力。

平心而論，他們只是報告他們所看到的，但對我來說，我覺得似乎不太對勁。我很喜歡閱讀。每個月都有新書或雜誌文章預測，在一九八〇年代，中國經濟會迅速成長，而且未來還會成為主力市場，不僅是汽車，所有產品都是如此。二十一世紀將是中國的世紀，正如十九世紀屬於歐洲，而二十世紀屬於美國的一樣。商業和戰略顧問也這樣告訴我們。

我只好再派另一個團隊，不過這一次，我不借別人之手來探索商機。一九八九年至一九九〇年冷冽寒冬中，我陪同石油部長希沙姆．納瑟展開亞洲經貿之旅。我們遠赴印尼參加部長級官方訪問，然後再將韓國、日本和中國納入我們的行程中。各國貿易及能源部代表，都很熱烈的接待我們，不過在韓國，氣溫一度降到攝氏零下二十度。在印尼、韓國和日本，我們看到了巨大的潛在商機。就我看來，這些地方將成為沙特阿美擴展到亞洲時的重點區域。

到了中國時，似乎證實了第一個團隊的報告無誤。從北京機場到市區的雙線道上，塞滿了幾百輛的自行車和人力車，再加上所有的公營事業都靠燒煤（現在也一樣），造成可怕的霾害，冬季更是如此。誰要買我們的石油？

回到沙烏地阿拉伯後，接下來的幾個月裡，我微調了亞洲策略。最後，我決定不讓中國給人的第一印象過分影響決策。我們將在那裡尋求長期商機，但是目前就商業及文化因素來看，**我們偏重尋找最有能力，又最急著達成協議的亞洲國家**。

我知道過程中可能會有些挫折，但我堅信可以透過我們的專業知識和規模，達成目標。沙特阿美遲早要捍衛我們的長期石油市場，並在這片幅員廣闊又至關緊要的大陸上，成為主要能源供應商。如果我們要真正成為由世界公民經營的世界級公司，就必須擴展到亞洲。這似乎再明顯不過——好吧，至少我覺得很明顯。

我想在這裡說明，沙特阿美和我一樣，急著想在亞洲做生意，雖然最後我們辦到了，但起初卻遭遇到很多反彈。有些人認為，沙特阿美以前隸屬美國，所以在文化上最好堅持走美國路線。畢竟一九八八年，我們在美國成立明星石油公司（Star Enterprise）的合資計畫，也才開始不久，也看到了龐大的成長潛力。有幾十位在美國受過教育的公司高層，也送小孩赴美讀大學。

很多人對我說：「幹嘛要和亞洲打交道？我們比較喜歡和美國做生意。」**雖然現在不難看出亞洲的商業價值，但在一九九〇年代，很多人都認為亞洲國家未開發、貧窮又治理不善**。但我不這麼認為，我看到了潛力。

一九九〇年八月，海珊入侵科威特，更讓大家忽略掉亞洲，公司當然也以防禦為優先。當時世界其他國家共同抵制伊拉克，和被占領的科威特生產的大量原油，所以我們忙著重啟之前封閉的設施，以補足油量。而且作為自願聯盟的創始成員國，我國與歐美領導的盟國目標一致。

這件事顯然攸關沙特阿美的長期發展，所以我絕不會讓戰爭干擾我們的亞洲行，但這使我在轉進亞洲初期，成為「一人聯盟」。人們好奇的問：「中東陷入鏖戰，你的目光為何放在三千英里以外的亞洲？」這就叫「遠見」。

第一位亞洲夥伴：韓國，登山簽出合約

韓國顯然是我們尋找亞洲商業夥伴時的首選。從七〇代初以來，他們就持續向伊朗購買原油，而且韓國表示由於諸多因素，兩邊的業務關係已經惡化。這就是我在找的大好機會！在過去幾十年來，韓國勞工曾協助建造現代沙烏地阿拉伯的基礎設施，所以我們與韓國也算是有其他合作關係。

一九九〇年十一月二十六日，即使當時我們趕著完成重啟設施，依然宣布與韓國第三大煉油商雙龍煉油公司（Ssangyong Oil Refining Company）簽約，在韓國設立合資煉油廠。這家合資企業將使用雙龍公司的設施，每天提煉十七萬五千桶的沙烏地阿拉伯原油，然後銷往全亞洲。同時，在首都首爾以南三百多公里的蔚山廣域市（Ulsan），這家企業也擁有雙龍濱海煉油廠的所有權及經營權。

這項合資交易只是我們踏入亞洲的第一步，至少我認為如此。我們真正的目的是收購煉油公司本身的股權。一九九一年一月，與伊拉克的空戰一觸即發，我們開始與這些韓國人磋商，而我馬上覺得雙方的談判人員非常有默契。

但沙特阿美內部的默契就差了點，多數團隊成員不想交易。他們說，數量太少了，韓國對公司或沙烏地阿拉伯都不具策略利益，但我依舊照著直覺行事。我們在六個月內達成協

議，我發現韓國人的效率和專業度都很高。一九九一年八月，沙特阿美的關係企業買進雙龍煉油公司三五%的股份，後來更名為雙龍石油公司（S-Oil）。

除了愉快的經營環境，韓國的群山峻嶺滿足了我的健行嗜好，而且因為我們定期開會，所以我也能目睹韓國的四季更迭之美，這對在沙漠長大的人來說，更是特別高興的事。為了更了解新夥伴，我在第一次開會時問他們：「你在休閒時間都做什麼事？」他們說他們喜歡健行，於是我們成立了登山社。這個社團有助於了解韓國人及他們的想法、幹勁和真誠。

我們也因此克服了語言障礙。我不會說韓語，他們也不說阿拉伯語，所以我們都用英語做商務溝通。不過，**我們不需要說任何語言，就能一起細細欣賞韓國驚人的天然美景**，也不需任何言語，就能建立濃厚的情誼。

雙方每季都會預留一個星期五，召開執行委員會會議，然後在星期六一起登山。當時，相較於參與專案的多數沙烏地阿拉伯及韓國主管，董事長李博士（Dr S. W. Lee）和我的年紀，比他們大上十至十五歲。我們輪流帶領登山隊，而且當然也知道該怎麼領導他們，但我也認為我們的體能比多數成員好。李博士將健行遊覽視為團隊中「促進和諧」的手段，而我們的遠足之旅絕對有達成這個目標。

由於這些韓國人不清楚，沙烏地阿拉伯人能不能應付第一次出遊，也不想讓我們覺得尷尬，所以提議到在離首爾不遠的地方健行一個小時。一小時結束時，我眺望數個山脊，看到山頂上的登山客，我問：「我們繼續爬到山頂如何？」兩個小時後，我們到達山頂，享受他們放在背包中的茶點，然後再下山。從那時起，我們在各種天氣中健行，甚至穿上釘鞋，在寒冬中跋涉，行走於冰雪中。

星期六爬了一天的山，晚上就到了慶祝時間。韓國人喜歡聚會，我們也都會參與。儘管主人喜歡唱卡拉ＯＫ，但我不愛。我記得有一次他們堅持輪我唱歌，所以我點了法蘭克・辛納屈（**Frank Sinatra**，綽號瘦皮猴，著名美國男歌手和奧斯卡獎得獎演員。常被公認為二十世紀最優秀的美國流行男歌手之一）的〈奪標〉（*My Way*）。這是我第一次也是最後一次嘗試唱歌！

多年來，不管是商務或個人關係，我方與韓國都變得越來越緊密。我們是韓國最大的原油供應商，近年來，每天提供韓國超過八十二萬桶的沙烏地阿拉伯原油。其中，每天提供給雙龍石油化工超過五十萬桶原油。此外，溫山煉油廠的產能也提升了數倍，現在能每天生產逾六十五萬桶，幾乎是我們投資時產能的四倍。

二〇一三年，沙特阿美首爾分公司成立，以便貼近韓國商務客戶。二〇一四年，沙特阿美支付二十億美元，將公司在溫山煉油廠的持股，由三五％提高到六五％。我們公司在韓國的投資，至今依舊是最賺錢的煉油投資之一。

這幾年來，我與許多韓國官員會面，包括幾位韓國總統。有一次**總統李明博**（第十七任

▲ 2015 年，我（左）與聯合國祕書長潘基文（右），在巴黎第 21 屆聯合國締約方大會（COP21）中，討論氣候變化政策。

大韓民國總統）**還允許我們，可以直接在青瓦臺**（相當於美國白宮）**後面的山區爬山**，那裡通常管制進出。他甚至邀請我們的團隊，參加精心籌畫的午宴，這是一項罕見的殊榮。

在另一個場合，我遇見當時韓國外長潘基文，他後來擔任聯合國祕書長。他與韓國能源部長正式訪問沙烏地阿拉伯，我們首次在利雅德見面時，我得知他也喜歡爬山。之後我去韓國時，這位未來的聯合國領袖，也加入了我們的登山隊。自那時起，我們屢屢談及要再一起去登山。

二〇〇七年，他加入聯合國以來，我們近年來多次在曼哈頓聯合國總部相遇。在一場會議中，他指著摩天大樓林

▲當時的沙特阿美執行長哈立德．法力赫於 2015 年，在大韓民國蔚山市的溫山煉油廠，為阿爾納米路拉下絲帶。沙特阿美是 S-Oil 的主要股東。我很喜歡韓國和韓國人。他們人很好，和我們一樣很風趣。

立的中城，哀嘆的說：「我們在紐約市只能爬這些高樓大廈了。」雖然近年來，我們沒再一起爬山，但就我看來，**我們仍是另一種形式的夥伴，在全球氣候變遷的議題上結伴同行。**

李博士和我仍是摯友，經常在出差時招待彼此。他曾說：「即使他來自沙烏地阿拉伯，我們來自世界的這一邊，如果要我回想一位因為公事而結交的好友，我會說是他。」我同意。就像我喜歡對別人說，我在有業務往來的其他亞洲國家，有熟識的朋友，但在韓國，我有好朋友。為什麼？我們的行銷執行總監阿姆德．薩柏彥（Ahemd Subaey）說：「**韓國人是東方的貝都因人。**」順便說一句，這絕對是讚美。

韓國人除了頒給我首爾國立大學（Seoul National University）榮譽學位之外，最近又給了我一項殊榮。二〇一四年收購溫山煉油廠控股權後，我應韓國政府之邀，造訪這些工廠。蒸餾塔和冷凝機組高聳林立，其中我看到自己走在阿爾納米路（A. I. Naimi Road）上，真是意外的驚喜。在讓雙方國家團結方面，我為自己發揮的作用感到自豪。我相信，未來幾代的沙烏地阿拉伯人和韓國人，將繼續攜手建立其他成功的企業合作。

為了支援新的國際煉油和業務行銷關係，我們大幅擴張了公司的油輪船隊。一九八四年，成立了自己的船運公司維拉國際海運公司（Vela International Marine, Ltd.）。初期只有四艘二手油輪，由於當時油價低迷，而且兩伊戰爭還在繼續，所以最初幾年沒有挹注太多資金。雖然航運子公司的總部位於達蘭，但大部分任務由我國境外的外籍員工執行。隨著一九九〇年代的變遷，情勢產生劇烈的變化。

一九九二年，當時的執行副總納賽爾．阿吉米和我，請公司中最優秀的副總裁達費樂．烏泰比，擔任維拉國際海運公司總裁。烏泰比是公司供油及運輸業務的主管，所以任命他再合理也不過，但他也承認自己大吃一驚，他說：「我對航運業務一無所知。」而且，和同一代的許多沙烏地阿拉伯人一樣：「**我甚至不會游泳！**」

於是烏泰比接管了一家正在進行重大轉型的企業。當時，維拉國際海運有八艘超級油輪，其中四艘可以運載高達兩百萬桶石油，稱為巨型油輪（very large crude carries，簡稱ＶＬＣＣ）；另外四艘更可以運載超過兩百萬桶，稱為超巨型油輪（ultra-large crude carries，簡稱ＵＬＣＣ）。此外，我們還有四艘較小的成品油輪。

聽起來載貨容量好像很高，但當時我們才剛起步。之後的三年內，維拉國際海運在日本、韓國和丹麥造船廠，取得了另外十五艘巨型油輪。到了一九九〇年代中期，維拉國際的船隊規模，已站上全球數一數二。現在，維拉國際海運公司交由杜拜海灣的策略辦公室管理。在烏泰比的領導下，維拉國際的安全及效率，創下了傲視業界的紀錄。而且我知道沙特阿美具備首屈一指的營運模式，尤其在聘雇菲律賓水手方面更是如此。事實上，我們的條款和條件、培訓和對待員工的方式，全面影響了菲律賓的勞資關係。我們當然對自己能帶來這種正面影響而感到自豪。二〇一二年，維拉國際的所有權，移轉給沙烏地國家航運公司（Saudi National Shipping Company, Bahri），沙特阿美僅持有少數股權。這是為了建立國家級的航運龍頭，而且目前成效非常好。

日本人只一股腦兒的點頭微笑

日本與沙烏地阿拉伯在能源、商業和文化上的合作關係歷史悠久，可以追溯到六十年以前。在一九五〇年代末期，雙方開始建立能源合作關係。有一家日本公司在沙烏地阿拉伯和科威特之間的中立區，開發碳氫化合物資源。一九五七年，這家日籍的阿拉伯石油公司，與沙烏地政府簽訂特許權協議，又在一九五八年，與科威特簽署另一項特許權協議。在我當上石油部長前，因為特殊的原因終止了這些特許權。本書之後會作深入的說明。

一九九〇年，我們正與韓國礎商煉油合作計畫，同時也向日本石油公司提議，直接販售原油，而不是透過以前的美國控股公司經手。我們計畫仿效在韓國的成功投資經驗，在日本建立類似合作關係。由於日本在中立區已有幾十年的相關經驗，我們自然認為這次合作也會成功。

起初我們相談甚歡，或說我以為我們相談甚歡。我和日本重要官員會面，最後我問他們是否同意。所有人都微笑說：是的。我踏著輕快的步伐，去找日本能源部長報佳音，我告訴他：「大家都同意了。」他揚眉問：「有書面證明嗎？」我說：「呃，沒有。」但我告訴他，不用擔心，隔天就會拿到書面證明。第二天，我看到相同一批官員，要求他們依討論結果簽署協議，結果**他們只是一股腦兒的微笑和點頭，但沒人真的簽名**。雖然日本和韓國只距離大約兩百公里，但我對兩國迥異的談判風格所知甚少。至少在這個年代，我發現**日本的「是」意思是「我了解了」**。

有時候，我覺得部分原因是默契，雙方就是感覺不對。從我的角度來看，參與談判的日本官員，特別是首席談判代表，異常頑固。這可能是因為在一九八〇年代，日本的整體經濟及全球經濟版圖大幅擴張，也或者是煉油官員不認為，自己必須向沙烏地阿拉伯這樣單一產品的經濟體代表，退讓這麼多。無論什麼原因，我們的會議毫無進展。

我對開會結果越來越失望。下一場會議中，我帶了一位在日本念書的沙國學生。他的日語很好，但我叫他不要說話，只要坐在後面聽就好，而且不是聽坐在我對桌的人說什麼，而是要聽主談判者身後的人說什麼。雖然對方說「是」，但我們的學生卻聽到後面的人說「不可能」，這個內幕很妙。

這段時期，在東京與日本人召開的最後一場會議中，我們當時的執行副總裁阿卜杜拉．舒馬赫和我，在會議桌並排坐著。我們已經陸續談判了兩年，盡力收購日本石油（Nippon Oil）的新下松煉油廠（Shin Kudamatsu refinery）股權。最後，日本石油公司董事長兼執行長竹內康夫用力搥了桌子，說他絕不會把新下松的股份賣給我們。日本媒體大力抨擊他的態度，多數日本人都非常有禮又風度翩翩，相對之下，他的態度相當不友善。

經過兩年談判，最終仍徒勞無功，於是在一九九三年八月，我們離開日本。我後來收到竹內先生的一封信。信中他向我道歉，說他感覺好像日本石油公司悔婚，拋棄沙特阿美。還補充道：「**與其成為怨偶，不如逃婚來得好一點。**」

但是到了二〇〇〇年代，兩國成功建立了長久的合作關係。我們不但投資日本煉油廠，還與荷蘭皇家殼牌集團（Royal Duch Shell Group）成立合資企業，名為昭和殼牌石油

（Showa Shell），這使我們成為日本最大的原油供應商。與此同時，我們在沖繩擁有大規模策略性原油儲存設備，可以儲存約六百萬桶石油。在吉達北邊的紅海海岸，日本公司則參與開發我們的大型拉比格石油化工廠（Petro Rabigh petrochemicals），使得雙方的結盟關係更加緊密。

我們與日本的關係，並不是全然出於商業、能源或個人利益。二〇一一年日本東部發生大地震後，沙特阿美代表沙烏地阿拉伯，援助日本當局價值兩千萬美元的液化天然氣，解決他們迫切的需要。面對這場重大自然災害時，日本人民的堅韌和勇敢展露無遺。我很高興我們能發揮小小的功用，幫助我們的朋友。

和菲律賓合作愉快，但他們不愛登山

菲律賓最大的原油提煉商菲律賓石油公司（Petron Corp.），是我們在亞洲的另一個出口對象。菲律賓石油和沙特阿美一樣，它的前身也可以追溯到美國的石油公司，紐澤西標準石油（New Jersey of Standard Oil）和紐約的飛馬牌石油公司（Socony-Vacuum Oil Company of New York）。與日本的談判經驗一樣，我們又談判了將近兩年，但這次的過程不但非常競爭，還屬於菲律賓政府大幅民營化計畫的一部分。

前煉油、供應及分銷資深副總裁薩德・艾沙凡，主導我方的談判行動，他回憶說：「我們花了兩年，和菲律賓石油磋商這場交易，與另外兩家公司競爭。我的責任是提出最後報價。」我告訴他不要擔心，經過細心規畫後，我們才會報價，財務上也很合理。談判進展得很順利，也很有效率。我對他說：「得之，我命；不得，別憂慮。」結果，我們成功了。一九九四年初，我們買下菲律賓石油四〇%的股權。

因為我在韓國的登山經驗很棒，所以我建議我們的團隊，和菲律賓石油的高階主管們成立登山隊，拉近彼此的關係，但對此唯一感興趣的菲律賓人是財務副總裁，他身材很結實，其他人都拿天氣又熱又濕，當作不去爬山的藉口。我們搭了登山營地，只有財務副總裁加入我們的登山隊，其他人都留在營地大啖美食（我遇到的菲律賓人，都很愛享受各種美食）。

哈立德・法力赫（Khalid Al-Falih）後來成為菲律賓石油合資企業總裁。他想起了一首歌，可以解釋為什麼我的登山傳統，在該國不受大家歡迎。法力赫說：「走啊走，累啊累，停步吧。然後有人會開始唱菲律賓石油之歌，其中一句歌詞是：『哦，都是因為你呀，阿爾納米。』」

不是每一位沙特阿美的團隊成員，都像我一樣愛好登山。但另一方面，他們知道我絕不接受拒絕。沙特阿美前任執行董事哈立德・阿布沙特（Khalid Abubshait），曾擔任我的助理，承認有一次他正苦思，想找藉口不和我們一起去登山。他說自己忘了帶登山鞋，我卻直接叫他去買一雙新的。阿布沙特說：「天氣又熱又濕，我們出去攀登高山，而我卻穿著不合腳的新鞋。你覺得阿爾納米會延期嗎？不會。」他不是第一個抱怨我運動養生法的人，也不會是最後一個。

收購菲律賓石油的股份後不久，菲律賓石油公開發行股票。我們與菲律賓石油和菲律賓政府的關係很好，投資成果也不錯。但經過十幾年後，政府決定對外開放國內煉油市場。我們認為激烈的市場競爭，可能會壓縮菲律賓石油的獲利率。因此，我們之前一直考慮在該國投資更多煉油廠，但現在已經沒有意義了。二〇〇八年，我們以五千五百萬美元，將我們手中的四〇％菲律賓石油持股，賣給一家倫敦投資基金安石集團（Ashmore Group）。這項交易為沙特阿美帶來了合理的利潤。同時，我們繼續根據現有的長期合約，提供沙烏地阿拉伯的石油給菲律賓石油公司。

初登歐洲吃大虧，請提防送禮上門的希臘人

現在應該談談另一項海外計畫，因為發生時間相同，但它不在亞洲，而是在歐洲。一九九六年，我們在希臘看到了一線商機，這也是我們在歐洲的第一項煉油計畫。這項計畫比亞洲投資計畫更具爭議性，因為這家煉油公司，希臘機油公司（Motor Oil〔Hellas〕

Corinth Refineries, S. A）及其行銷分公司，都是由瓦迪諾雅尼斯家族（Vardinoyannis，family）私人投資及掌控。此外，沙特阿美內部有些人，尤其是企業規畫部資深經濟學家威廉・利陶強，以他的說法來說，他「強烈反對」。他的為人和看法，一直都很直截了當，他認為這項交易從經濟角度來看，毫無意義：「簡直是多此一舉。」

大體來說，**希臘富豪主要透過掌控油輪隊**，長期以來在全球石油業中扮演了重要角色，而其中最有名的富商，就是亞里斯多德・歐納西斯（Aristotle Onassis）。但是，委婉的說，他們的財務狀況和財務管理都不太透明。我們最後覺得，這項長期投資讓我們不是很放心，也不符合我們的企業價值，所以二〇〇六年，我們將持股賣回給合作夥伴。

我以前曾和希臘人做生意，所以當初談這筆交易時，就應該更加小心謹慎。我覺得「提防送禮上門的希臘人」（beware of Greeks bearing gifts）這句話說得真對。有一天我接到我國石油部長打來的電話，說希臘億萬大亨兼金融家約翰・拉齊斯（John Latsis）來拜訪我，說他想買一些原油。他在週五中午抵達，而週五算是我們的週末，然後他開始說自己和法赫德國王關係非常好。終於在四個小時後，我打斷他，問他想做什麼。他說**他想買兩百萬桶沙烏地阿拉伯原油**。我說：「好。不過你為什麼要找我談？你該和行銷人員談。」

拉齊斯明白表示，他和我談是因為**他希望執行長能給他折扣，所以他花了四個小時滔滔不絕的吹噓，自己和法赫德國王關係多密切**。他提議每桶約折十美元，這個折扣很扯，因為當時每桶油價約在十八美元到二十美元，所以這個折扣很划算。他話中有話，他以為我會幫他拿到打折扣，並要求酬佣。但是我告訴他，他能拿到的條件，和其他所有下單的客戶一樣，只不過其他客戶購買的數量是他買的零頭。當然，我沒有提到佣金。

他說：「那不談兩百萬桶了。」然後他用花俏的手勢掏出支票簿，說他會買一百萬桶，用他私人銀行支票立即支付。我輕聲提醒他，沙特阿美只透過四家大型全球銀行交易，我說：「如果我記得沒錯，你的銀行不在名單上。」我建議他向四大銀行的其中一家，申請信用額度。你幾乎可以看到他頭上氣得冒煙。

不收支票？好，他說。那他買十萬桶，付現！我說沒問題，沙特阿美將處理資金時間所孳生的利息退還給他。也許是想表現他鄙視我對待他的方式，他後來把利息支票退還給納瑟部長，部長再轉交給我的部門。沒錯，我們兌現了那張支票。

開發中國處女市場，從登長城開始

我們比較有所斬獲的地區還是亞洲，也因此我遍遊這塊大陸——除了中國，我只短期出差到中國幾次。一九八一年，有一次家庭旅遊到香港，有兩個原因讓我難以忘懷這個地方。第一，我記得我路經一家珠寶店，櫥窗擺著一條三萬五千美元的鑽石項鍊。銷售人員拖我進去。我們開始殺價。我不是真的想買，但殺價很好玩。雖然朋友有時會毫不留情的嘲笑我，不知為何被敲了竹槓，但我很會殺價。我說，如果是兩萬五千美元，我就考慮，他露出一副很驚愕的表情。最後他說他需要先和老闆談談，才能接受這麼低的價格。兩分鐘後，他回來說：「好的，兩萬五千美元就賣你。」就在這個時候，我說我改變主意了，但一萬五千美元我可能就買。他演得更誇張了，又打了一通電話給老闆，也許就是他太太。就這樣來來回回，最後他同意賣我五千美元，但我告訴他：「如果你打算用五千美元，賣掉價值三萬五千美元的鑽石項鍊，那這些就不是鑽石。謝謝，不必了。」接著我準備回飯店，但那個傢伙就是不死心。他開始在街上追著我跑，眼淚都要掉下來了，還說一天的第一位顧客若是不買就離開，他會霉運當頭。今天就算他倒楣吧。

香港讓我難忘的第二個原因是我的女兒娜塔。我們住在可以俯瞰維多利亞港（Victoria Harbour）的半島酒店（Peninsula Hotel）。十一歲的娜塔跑過來說，她剛剛看到偉大的美國拳擊手，穆罕默德．阿里（Muhammad Ali）。我們只想：「對，對……。」我們沒發現，娜塔後來找到了穆罕默德．阿里的房間，還敲了門，想要一張簽名照。我不確定他的保鑣怎麼看待這位活蹦亂跳的小妞，但他們禮貌的告訴娜塔，他在睡覺。第二天早上吃早餐時，我們看到穆罕默德．阿里，他還帶著一張要給娜塔的簽名照來我們的桌邊，和我握了握手：「你好，我是穆罕默德．阿里。」（對了，他身形好高大！）現在我的名字是阿里．埃布拉辛．阿爾納米。埃布拉辛這個字是我爸的名字。這就是我們沙烏地阿拉伯人的傳統。我的小兒子，當時大約三歲，因此被稱為穆罕默德．阿里．奈米。我向這位拳擊手說：「我的兒子也叫穆罕默德．阿里。」他笑了，抱起我兒子，親了他一下。

好，回到正事。從一九九〇年代初期開始，我們在亞洲的事業計畫有斬獲，偶爾也會失敗，但**我們始終沒有遺忘過中國**，一九九二年我們二次造訪中國時，我看到路上奔馳著更多汽車，而且還有更多跡象顯示各地經濟都在加速成長。那一年，我們與中國人簽署了第一份行銷協議。我們也透過在青島的合資企業，投資中國的煉油業，以確保能持續供應石油，到這塊重要的市場。我渾然不知，從此竟會持續供油十五年之久。好在我夠有耐力。

過去，中國人買的油不多，證明了他們很精明，是投機型買家。但現在他們表示，想大量購買高達每日一百萬桶的石油。

他們重新感興趣的原因很明顯：**中國的經濟正以令人瞠目結舌的速度加快成長**。一九九〇年代末期，中國的石油進口量成長了約兩百六十萬桶。也就是說這十年，亞洲的石油消耗成長量中，中國占了高達三七％，而亞洲同時也是世界石油消費量成長的主力。儘管我們很高興中國成為沙特阿美的客戶，但每天提供一百萬桶不是小數目，一直要到幾年前，我們的產量才達到這個水準。

在我看來，我們會花這麼久的時間，才終於在中國完成第一項煉油交易，是因為他們繁瑣的官僚體制。他們似乎不斷的在組織重整，如合併各個能源機關。我對哪一邊都沒有敵意，也覺得這只不過是當地的行事風格，而且我總覺得每一次看到的面孔都不一樣，人員流動率很高。

我又再次嘗試登山式管理。一九九二年，在北京舉行的第一場會議中，我說我想爬長城。一位中國團隊成員發表意見，翻譯後意思是，只有「好漢」才會去那裡爬山。我抗議說我的團隊肯定是好漢，也勇於迎接挑戰。於是他們換個方式表達，說登山會打亂行程。於是我們決定下午一點正式開始開會。因為來回車程各需要花上九十分鐘，所以他們真的覺得我們沒有時間登上長城再回來。我反駁說，如果上午七點就離開旅館，時間會很充裕。

於是，上午六時四十五分，我們穿著靴子、揹著背包準備出發，接待我們的人有點驚訝。由於有公安護送開道，不到一個小時，我們就到達步道。導遊說登長城的方式有兩種：遊客型或男子漢型，只要你爬到長城頂，就領到北京市長頒發的證書。故事已經說到這裡，如果我說我們一行人，決定走男子漢路線，應該一點也不奇怪吧。

有一位前一天見過面的**中國籍副總裁**也和我們同行，**他西裝筆挺、鞋子閃閃發亮，顯然沒料到我們要走精實路線。他幾乎每走一步，都差點滑倒**，在撐過約兩百公尺後，我建議他在那裡等我們就好。我們成功攻頂，也領到證書，還幫他帶了一張。和我們在韓國跋涉過的山路相比，這趟登山路線漫長，但不太難走。我們在上午十一點前回到旅館，有充分的時間可以梳洗，並在中午換上西裝去用午餐。

顯然，我們的東道主，對這群沙烏地阿拉伯人的印象已經改觀。那位鞋子很滑的經理對同事說，我們確實是好漢子，不費吹灰之力就走完艱險的步道。我覺得他應該沒說我們登山時，他大都坐在那裡等。

沙烏地阿拉伯代表團一行，共有五人參加會議，其中包括一名韓國合資企業的代表。中方共有三十人。我覺得和三十個人協商，又扯又不實際，所以提議首席談判代表和我一起到我的房間，然後再把結果提交給所有與會人員。中國談判代表幾乎是立即同意了合約條款，那一大群與會人員當然也跟著同意了。

最後那份合約卻沒有下文。我希望我們在步道和談判桌上的表現，可以讓中國人看到我們的耐力，而且也會盡力完成工作。一九九八年，我們又提高了持股。阿卜杜拉王儲率領沙烏地阿拉伯代表團訪問中國，行程包括為沙特阿美在北京的第一家行銷分公司開業剪綵，但中國人仍然寸步不讓。到了下一個年代初期，我已經造訪中國六次，但是煉油交易依然無法達成。

我們努力耕耘，終於在二〇〇七年有了收穫（花了十五年）。同年二月二十五日，在北京人民大會堂舉行的儀式中，沙特阿美子公司與中國合作夥伴中國石化公司、福建省政府和艾克森美孚公司，簽署了前導合約。我們啟動了第一項中外合作專案，全面整合提煉原油、石化生產及燃料和化學產品銷售等。福建煉油石化有限公司（Fujian Refining and Petrochemicals Co., Ltd.）在六月開始營運，行銷合資企業於下個月開業。

我們有兩條新絲路。近來，沙特阿美一直**在中國的西南部，尋求策略性投資機會**，以帶動該地區發展，並為我們在印度洋的石油碼頭拓展市場。二〇一五年，沙烏地阿拉伯境內，我們與中石化（Sinopec）合作，**在紅海上啟用世界上最先進、最環保的煉油廠**。近年中國企業在沙烏地阿拉伯總共獲得了價值兩百五十億美元的生意，未來還會有更多。

一九九〇年，我們基本上從零開始，**到現在約有七〇%的原油銷往亞洲。大部分的時間，我們是亞洲每個主要經濟體的最大進口商**。毫無疑問的，我們是深受亞洲信賴的原油供應商。老實說，在全球也深受信賴。

開拓絲路後，準備退休之際……

一九九三年，沙烏地銷售暨煉製公司（Saudi Arabian Marketing and Refining Company，簡稱薩馬里克〔Samarec〕）加入沙特阿美後，沙特阿美國內煉油產能大幅提升。薩馬里克成立於一九九八年，原是彼特明的國內煉油部門，後來皇家敕令命令薩馬里克併入沙特阿美。你或許會心想，監管我們煉油業務的，究竟是什麼樣的單位，一紙命令就併來併去，不過的確是如此，它也造就了我職涯中，下一個、也是幅度最大的升遷。

和彼特明與沙特阿美過去十年來的長期爭執一樣，包括納瑟部長在內的高階政府官員，持續主張，薩馬里克應該要獨立營運。事實上，他來找我這位沙特阿美執行長，強烈建議沙特阿美買進高達五%的薩馬里克股權，好注入一些活力到這家搖搖欲墜的公司。和彼特明早期一樣，我的團隊和我不太欣賞，薩馬里克領導階層的品質和他們的交易方式，所以我婉拒了。

一九九三年，後來我接到了由利雅德打來的電話。法赫德國王想見我，他想知道沙特阿美在工作場所，為員工提供的清真寺夠不夠，和清真寺本身的狀況。我猜一定有人申訴，所以我下令盡快徹查，隨後記錄我們每一間清真寺的地點（依照伊斯蘭教的傳統，我們絕不可離清真寺超過步行十分鐘的距離），並說明這些清真寺的狀況，甚至還放入照片。我認為我們做得比規定的還要好。

下午六點五十分，我將檔案塞在手臂下，進入國王在利雅德的王宮，會議預定七點開始。當我在候傳時，他們上了茶，又送上傳統阿拉伯式咖啡。兩個小時後，食物出現了，但會議仍沒有要開始的意思。大約在午夜，我看到亞西爾・阿拉法特（Yasser Arafat，巴勒斯坦解放運動領袖和領導人）走進王宮。我想：「好吧，如果國王今晚和巴勒斯坦領導人會晤，那肯定沒有時間見我。」雖然早就過了我上床的時間，但是沒有命令就任意離開王宮，實在不是好主意，所以我只好繼續等。

大約凌晨一點十五分，我被告知國王準備見我。我進了接見室，法赫德國王自在的坐在椅子上，沒有頭巾，沒有比斯特寬袍（bisht robe），一派輕鬆的樣子。我進去，依例親吻他的頭，並和他握手。他指著他旁邊的椅子，說：「阿里，坐。」

我事先依照他的開場白，演練怎麼應對關於清真寺和地點的問題。我真該把這些檔案留在辦公室，因為**國王想談談石油政策等相關問題**。

國王天生就是有決心和耐力的人。我們侃侃而談了三個小時，完全沒有談到清真寺。他明確表示，他因薩馬里克一事對納瑟部長很不滿。在話題開始轉開前，我都小心翼翼的不批評部長的表現，對石油輸出國家組織也未多加評論。我發現其實國王正在評估我，想看看我的反應。

我稟告他：「我在管理的是您的公司。我所有的心力都放在這個地方。」他說：「沒錯，我們知道你正在做一份偉大的工作。」凌晨四點離開了王宮後，我飛回達蘭，洗了個澡，然後去上班。

部長和我持續密切合作，並保持真摯的情誼。我們和這行的大多數人一樣，甚至還會討論接替他的人是誰，但我們倆想破頭也想不出適當人選。

我沒有把自己列入合格的候選人名單裡，因為早在一九九三年，我就下定決心要在六十歲退休。我在世界各地都有親朋好友，我想和他們共度更多時光，而且我覺得底下的資深主管團隊非常優秀，他們可以帶領我們公司邁向光明未來。

一九九三年，我寫信給納瑟部長，向他申請兩年後退休。他把信轉給法赫德國王，國王駁回了我的申請，沒有多做解釋，但這是他的權利。我只能想：「哦，好吧！繼續回去賣石油，至少再多賣個幾年。」我並不知道國王其實對我另有規畫。

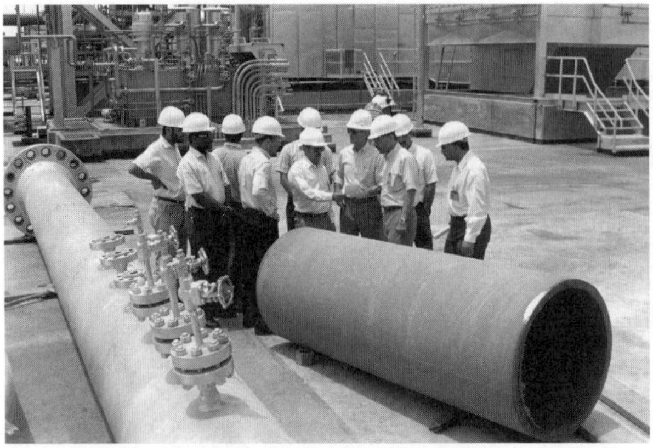
▲ 1993 年擔任執行長時。我正在做我最喜歡的事情：走出戶外和同仁見面。當時我已為沙特阿美工作了 46 年，滿心期待在 60 歲退休，但結果並非如此。

一九九五年六月，我又去了菲律賓，參加沙特阿美／菲律賓石油執行委員會會議。會後我立即飛往阿拉斯加，參加由貝泰公司（Bechtel Corp.）贊助的釣鮭之旅。貝泰公司是協助沙特阿美在波斯灣地區，進行大型工程專案的主要承包商之一。我滿心期待參與世界級的釣魚盛會，藉此紓壓。

但，我想得太美了。

第三部

他們稱我為「油王」，我的王在利雅德

1990's

第十三章

亞洲金融風暴：我主導OPEC，挾非會員國訂出油價

訪菲行程結束。當我正在收拾公事包，準備前往馬尼拉機場時，手機提醒我有一則新訊息。東部省省長穆罕默德．賓．法德王子（Prince Mohammed bin Fahd），同時也是國王的其中一個兒子，他請我打電話到他的辦公室。我猜想應該是和沙特阿美在該省的石油業務有關，因為納瑟部長和我的管理團隊知道我要休假一週，去阿拉斯加釣魚，所以我決定把這個問題丟給別人處理。

我飛到安哥拉治（Anchorage，美國阿拉斯加州最大城市），轉搭小飛機去西南方的帝王鮭鎮（King Salmon City），最後到阿留申群島（Aleutian Islands，位於白令海與北太平洋之間，屬於阿拉斯加半島上阿留申山脈的延伸）。正當我步行穿越這裡的小機場時，聽到廣播訊息：「阿里．阿爾納米先生，請您撥打這個號碼。」然後廣播還唸出一個吉達的電話號碼。又是工作的芝麻小事，絕對沒錯。

我忽略這則廣播呼叫，搭乘一架更小型的飛機，動身前往偏遠的釣魚小屋。這架飛機備有浮筒，以便我們在水上著陸。他們告訴我**那裡沒有電話**，讓我非常期待著徜徉在大自然中，享受些許安詳與靜謐。

這裡的景色非常壯觀，瀅瀅清波流洩在鋪滿碧綠芳草的河岸間，背景襯著阿拉斯加綿延崎嶇的群山峻嶺。時值夏至，我們縱情享受釣魚之樂，直到夜幕低垂。但這是一趟釣後放生之旅，因為一如我先前說的，我和大多貝都因人一樣不愛吃魚，所以我不介意直接放生。習慣了蚊子大軍之後，接下來只需要擔心熊就好。導遊們都沒有帶槍，但是他們對我們拍胸脯保證，除非我們擋在棕熊媽媽和熊寶寶之間，否則棕熊巨大卻無害。

第二天早上我正在吃早餐，有個男人進來找我，說有人要跟我說話，聽起來很緊急。我想，如果有人這麼想找我，甚至派信差到如此偏僻的地方，那一定是非常重要的事。所以，我跳進水上飛機，飛到最近的前哨站打電話回吉達，這是法赫德國王特別顧問，易卜拉欣．艾爾．安格里（Ibrahim Al-Angary）的電話。

「謝克．易卜拉欣，找我做什麼？我在阿拉斯加釣鮭魚。」他說：「**你被任命為石油及礦物資源部長。請在星期三回國**，當天會發布消息。」當時是星期一。我問這件事，是不是有其他選擇。他說沒有。所以聽到這則天大的消息後，我做了所有人在這個狀況下會做的事情：**去釣魚**。我回到小屋，又再次出門，等著沙特阿美的飛機，從美國休士頓的基地飛來載我到安哥拉治。陪同我的是哈羅．比爾．海恩斯（Harold 'Bill' Haynes），他當時是沙特阿美董事，以及雪佛龍公司前任執行長兼董事長。我需要好好想一想。

我真的感到無比震驚。這是我第二次因為晉升而大吃一驚（第一次是四十歲時，我被任命為副總裁的時候）。我原先想，在沙特阿美再工作個幾年就退休。現在，六十歲的我，即將開啟職業生涯的全新階段，而且完全不清楚自己需要，或想要做的任務內容。

當我佇立在河中央，努力把心思拉回四周的絕美自然景觀時，我突然看到一隻可怕的熊，就在我前方的河岸上站立。牠直直的盯著我，似乎不是很高興。我扔了釣魚竿，拔腿使勁往後退，但比爾就在我身後的河岸，若無其事的繼續拍照！結果，原來是熊餓了想吃魚，牠不吃貝都因人。

要是我相信神靈往北跑到阿拉斯加，我可能會把熊當作預兆，就像我年輕時的那匹沙漠狼。不管是不是預兆，我明白自己別無選擇，只能回到沙烏地阿拉伯。鮭魚和熊的歸宿是大自然，我也有我的歸宿。

我們搭乘公司飛機離開安哥拉治，往東飛越半個地球，回沙烏地阿拉伯。我沒多久就發現，自己是內閣改組計畫的一部分，好幾個部長都被換掉了。納瑟部長被免職，但不像雅曼尼遭到公開解職。我在我的辦公室稍作停留後，和其他新部長一起前往國王位於吉達的夏宮，於此宣誓效忠國王，這是我們國家的習俗。

油井到王宮，我的老闆是國王

我被任命為石油部長，代表**第一次由石油公司執行長出任公職，而非透過政治任命**。利比亞資深政治家阿卜杜拉．艾．巴德里（Abdalla el-Badri），他在二〇〇七年出任石油輸出國家組織祕書長，他同意這個看法：「阿爾納米是石油輸出國家組織中的罕見特例。沒有人由油井地質學家升到沙特阿美董事長。遺憾的是，沒有太多石油輸出國家組織的部長，有地質學方面的知識。」雪佛龍公司前董事長兼執行長，戴維．奧賴利（David J. O'Reilly）表示同意：「阿爾納米與全球許多其他石油部長，形成強烈對比，其他部長通常是不太懂石油專業的政務人員。」

在國內，哈立德．法力赫（Khalid Al-Falih），代表過去和現在的沙特阿美員工發言：「許多人可能從來沒有想過，這真的會發生。我們總把利雅德的政治人物，想像成異種生物。」另一方面，納賽爾．阿吉米認為，我出任部長，代表的不只是我個人的職涯而已：「阿爾納米擔任部長是一種肯定，不是肯定個人，而是肯定他代表的族群。政府看重的是能力，而非忠心。」

我在前言有說，大家問我成功之道時，我總是這樣告訴他們：**認真工作、好運還有讓老闆風光滿面**。當然，既然我的老大是國王，也就不用擔心第三點了。

在宣誓效忠後，我和國王私下會面。我還是沙特阿美執行長時常與他碰面，但擔任部長後卻是第一次。這不只意味著我與國王的關係更緊密，與整個皇室的關係也是。

擔任部長的第一項大考驗，就是任命接替我擔任沙特阿美執行長的人選。無可避免的，我的建議會讓一位主管開心，卻讓其他所有人傷心，但我勢必得做出決定。

行政副總裁阿吉米於一九九三年退休後，在接下來的一年內，我拔擢四名極有潛力的領導幹部，將他們升等到相同職級。我和董事會想在這四人當中，挑出接替我擔任執行長的人，而成為石油部長後，我則擔任董事長。

我知道這是一項艱難又極具爭議性的決定。當初我升為執行長時，只有我一位沙烏地阿拉伯候選人。現在多虧了多年來努力的將公司沙烏地阿拉伯化，公司內部的許多職級中，都有許多極具才幹的沙烏地阿拉伯主管，他們也都有機會晉升。但這四人中，只有一位會成為下一任的執行長。

可能榮升的四位執行副總裁，分別是財務部的納比．巴薩姆（Nabil Al-Bassam）、探油暨開發部的薩德．胡西尼（Sadad Al-Husseini）、產業關係部的阿德拉奇．歐凱爾（Abdelaziz Al-Hokail），和國際業務部的阿卜杜拉．舒馬赫。我認識他們每一個人，一直以來我都直接掌管他們的發展和升遷，更熟知他們的能力，如他們如何與他人合作和抗壓性。**我拿一張紙、坐了下來，將他們的特質、優勢寫在一面，把他們的弱點寫在另一面。**

要做出決定非常困難，權衡所有因素後，決定呼之欲出，但當我選定阿卜杜拉．舒馬赫時，包括他本人在內的許多人，都非常震驚。我知道有些人覺得這樣的決定，很匪夷所思，因為他並非工程師，也非地質學家，更不是物理學家。相反的，**他是政治學家、歷史學家兼文人**。提名一位有詩作的詩人來領導全球性的石油企業，我知道自己必須好好解釋一番。

我選他是因為他總能跳脫公司內部雜亂無章的部門例行公事，及公司內部規定，並綜觀大局。我相信他的高瞻遠矚，能讓他坐在公司高位，懷抱著為沙特阿美謀福利的心態，來制定決策。他也是天生就很「善解人意的人」，有辦法讓共事的員工或主管團隊，發揮最大潛力。過去幾年，我們一起前往亞洲或歐洲開會時，我不斷鼓勵他，盡量多了解石油營運，才能因應這樣的變化。

全球所有觀察沙特阿美的人員，都密切追蹤這場繼任人大賽。美國政策智庫戰略與國際研究中心（Center for Strategic and International Studies，簡稱CSIS）總裁兼執行長，約翰．哈姆雷（John Hamre）說：「由舒馬赫繼位，絕對讓沙特阿美某些人大吃一驚。我認為在那個階段，阿爾納米所做的決定就是在說：『我需要一個協助沙特阿美，提升員工素質的人。』」這話說得不錯。

▲我（左）與阿卜杜拉．舒馬赫（右）合影。1995年，我推薦他擔任沙特阿美執行長。這項決定不只令阿卜杜拉覺得詫異，但我知道他是正確的人選。他有智慧、衝勁、職業道德，也善於溝通。不論過去或現在，這些都是執行重大任務須具備的重要特質。

不論是對是錯，舒馬赫一開始先出任代理執行長，我不懂讓他延後上任的原因，但正面來看，我覺得他也因此有時間證明自己。內閣也有些人希望**我選出兩個人選，然後讓利雅德政府做出最後決定。我說，不，決定權在我**。因為我希望這個過程，不受政治干擾。這個決定或許對舒馬赫擔任代理執行長後，獲得升遷影響重大。

那年十二月，國王的批准下來了，舒馬赫成為執行長。我一聽到消息，就從公司飛機打電話給他，向他道賀，當時他正由開羅飛往達蘭。現在公司完全由他負責，但接下來的過渡期可不好過。因為各種原因，**許多人不認同這項任命**，所以我和他兩人都遭到中傷，但我絕不讓步。

身為內閣成員，我授權讓舒馬赫以他的方式治理公司。當我們需要拔擢資深管理人員時，他會找我商量，看我是否同意他的決定，但我從來沒有阻止過他。

舒馬赫有時的確會清楚表明誰才是執行長，我也尊重他。正如他這樣形容我：「當然，有時我們會開玩笑，當他要求我做某件事時，我會告訴他，當他是執行長時，收到這樣的指示絕對會勃然大怒，他不會喜歡這些指示。然後他會盯著我，微笑著說：『但我已經不是執行長了。』」

在剛開始開的一場會議中，法赫德國王指示，他會更積極關注我國的石油政策。其實在納瑟擔任部長時期，他就這麼做了，並暗示他希望繼續維持類似的合作關係。事實上，在我初任石油部長後的幾個月中，我已經準備好和法赫德國王一起，舉行第一次大型石油政策會議，但他不幸的嚴重中風、身體孱弱。我們始終未能討論相關政策。雖然他仍然是國王，但許多職責由他的半血緣兄弟，阿卜杜拉王儲履行。

多年來，阿卜杜拉王儲和我曾多次會面。我發現他為人細心又和藹、善良又有愛心。我擔任部長時，我們發展出緊密的夥伴關係，而且隨著時間流逝，這段關係越來越牢固。但是他和法赫德國王不同，不喜歡深入參與石油政策細節。儘管如此，我一定會把我這裡發生的事告訴他。

阿卜杜勒國王剛開始就告訴我一件事，至今我還忘不掉，他說：「阿里，別畏懼王子。畏懼神就好。」

一直以來，我都很盡力做對的事，不只是為了沙特阿美，也是為了沙烏地阿拉伯。我不是為了謀取私利，是為了發揮正面影響力，而且**我總是直截了當，應該也算很誠實。也許就是因為這樣，我才能在任這麼久**。另外，我從不爭奪權勢，也不戀棧這份職位，這也是我的優勢來源。

出任石油部長，也是我在一九六〇年代，未能融入農業部文化後，第一次回到政府擔任公職。但是**這一次，我可以影響辦公室和部門的文化**，像是職員知道部長像沙特阿美經理一樣準時上班，那麼他們最好別遲到。

亞洲金融危機重擊，重整OPEC勢在必行

相較於石油輸出國家組織，石油部看起來就像效率模範生。一九九五年，我第一次參加石油輸出國家組織會議。我在九點四十五分到達，準備開早上十點的會。有第一位部長十一點到，其他人全都中午時才到達。太驚人了。發言時，我直接切入重點：「以後開會，如果會議在十點召開，我們應該十點就到。」下一次會議時，每個人都準時到，但我覺得我的做法讓他們不是很高興。

事實上，石油輸出國家組織的問題比不準時嚴重多了。**該組織因為缺乏重心與紀律，已失去了全球的尊重**。卡達前能源及產業部長，阿卜杜拉・阿塔蒂亞（Abdullah Al-Attiya）坦言：「我們曾花好幾週在日內瓦開會，卻一事無成。大家喜歡做些冬季運動及購物，即使設定了限額，也沒有人尊重。每個人都在作弊。」黎巴嫩記者瓦利德卡杜裡（Wakid Khadduri）表示：「在阿爾納米進石油輸出國家組織前，成員國都忙著內鬨。」

我下定決心做出改變。作為石油輸出國家組織中，最大的石油生產國，握有最大的石油儲藏量，**我要讓這個組織重新定位，專注石油業務而非政治**。這個定位並不討人喜歡，當時很多人嗤之以鼻，現在也是。

石油輸出國組織國際發展基金（OPEC Fung for International Development）主任，蘇雷

曼・艾爾・賀必許（Suleiman Al-Herbish）回憶和我第一次開會的情形：「他說什麼『工作不要泛政治化。把政治與討論獨立開來。』不可能！我在會後告訴他，這裡不適合這種言論。」我們等著瞧。

未來的石油輸出國組織祕書長，阿卜杜拉・艾・巴德里（Abdullah el-Badri），比較支持我的計畫：「**他試著將石油輸出國組織，由討論政治帶往經濟領域**。他永遠都想著怎麼樣對組織比較好。」

一家位於華盛頓特區的顧問公司，「國際報導」（Foreign Reports）總裁奈・克恩（Nat Kern）是第一位在沙烏地阿拉伯念大學的非阿拉伯人，他補充說道：「他讓石油輸出國家組織變得非常有效率。有時候，納瑟前部長會想把沙烏地阿拉伯的經驗，傳授給其他會員國。但我不認為在老師需要付出很多心力，而學生也不想學的情形下，阿爾納米部長還會想繼續上課。」結果一九九〇年代末期的亞洲金融危機，為全球石油和參與金融市場的所有人，上了代價慘重的課程，還讓我差點丟了飯碗。

當我們試著解決供應限額的爭議，問題就發生了。令人遺憾的是，就像卡達副首相阿卜杜拉・阿提亞指出的，許多國家在生產限額上作弊，在石油輸出國家組織中，這更是慣例而非特例，只是有些國家比其他國家更過分。一九九七年，委內瑞拉越來越誇張，甚至連假裝有遵守限額也免了，大開油閥。他們的限額應該在三百萬桶以下，卻每天生產約三百六十萬桶石油。這犧牲掉其他會員國的利益，但是自己的國庫卻因超賣石油荷包滿滿。

在石油輸出國家組織會議上，我與委內瑞拉能源部長，厄文．艾列塔（Erwin Arrieta）攤牌：「你想想，因為你們的行為，我們違反了共同議定的最高限額。如果你想繼續這麼做，我建議我們增加會員國配額。」多年來，會員國伊朗與各國有嚴重的歧見，這次連他們也表達了類似的態度。但是委內瑞拉仍沒有要收手的跡象，所以其他會員國也不覺得，有必要遵守嚴苛的產量限制。因此，在一九九七年底到一九九八年初，石油輸出國家組織開始增加總產油量。

增加供油量，很快就對全球造成衝擊。當時亞洲發生金融危機，所以需求不久後便暴跌。正如我在上一章指出的，雖然一九九〇年代，許多亞洲經濟體大幅成長，但亞洲國家的監管及其他財務控制機制，卻常跟不上這樣的成長。因此，**過度使用槓桿或借貸資金，讓金融資產及整個地區的房地產市場，投機泡沫越來越大**。此外，許多貨幣私底下與美元掛鉤，在景氣好的時候，各國都嚐到甜頭，但隨著成長趨緩以及匯率貶值，這反倒成了負擔。

到一九九七年，亞洲大部分地區的經濟成長率和資產價格，後繼乏力的勢態越趨明朗。泰國情況最慘。到了年中，泰銖已貶值一半，全國的股市價值下跌了七五％。當年八月，國際貨幣基金組織（International Monetary Fund，縮寫ＩＭＦ，為世界兩大金融機構之一，職責是監察貨幣匯率和各國貿易情況、提供技術和資金協助）介入，提供總額超過兩百億美元的援助計畫。我們都希望這個傳染病已受到控制，也期望泰國的各個鄰國，會從這個國家的錯誤中學習。

不幸的是，金融危機迅速感染到其他國家，最接近泰國的國家首當其衝，在幾個月之內，整塊亞洲大陸和世界各地，紛紛傳出災情。印尼是下一個面臨擠兌以及股票、房地產價格暴跌的國家。接著是菲律賓，韓國也逃不過這個厄運。日本和香港的經濟，也大幅下滑。從俄羅斯到拉丁美洲的景氣，也如溜滑梯般直直落。幾個月後，國際貨幣基金會和美國輪流，協助一個又一個疲軟無力的經濟體。

一九九〇年代初期，美國經濟受到儲貸業危機拖累，但在一九九〇年代後半期大幅成長。柯林頓政府和共和黨控制的眾議院同意緊縮支出，網路熱潮也帶動經濟成長，股票價格也隨之走揚。然而，亞洲危機甚至衝擊華爾街，讓人擔心這種長久的磨難，也會使美國經濟失序。

一九九七年十月二十七日，道瓊工業指數下跌五百五十四點，即七．二%，這是史上單日最大跌幅。幾個月後，這個世界上最大的經濟體，深陷這波衰退之中。近一年後，美國聯邦準備理事會（US Federal Reserve），敦促一群華爾街銀行家，提供三十五億美元，協助紓困美國一家對沖基金長期資本管理公司（Long Term Capital Management）。這場危機造成這家公司搖搖欲墜，強烈威脅全球金融穩定。

墨西哥居中牽線，會員、非會員國喬出世界油價

之前好幾年，原油交易價格持續在每桶十八美元上下徘徊，一九九七年十月漲到二十一美元。沒多久，就因為供給增加且需求減少，油價開始回跌。國際能源署估計，一九九六年每日產量為兩千五百八十四萬桶。一九九七年這個數字又升高，一九九八年第一季又往上攀升到每日約兩千八百五十五萬桶，成長幅度逾一〇%，也就是每日兩百五十萬桶，高於一九九六年的水準。

下一屆石油輸出國家組織會議，排在一九九七年十一月，於印尼雅加達舉行。當時石油輸出國家組織陷入一陣混亂，茫然和不知所措籠罩著我們。大家都知道我們的產量飆升，但官方產量限額，並未反映這個現象，所以我們企圖修正這個差距。石油輸出國家組織**在會後發表聲明，確認了更精準、更高的產量數字。天下因此開始大亂。**

資深記者兼石油輸出國家組織觀察家瓦利德．卡杜里（Walid Khadduri）解釋：「我對雅加達的會議記憶猶新。記者坐在大廳，對這個決定感到震驚，真的非常震驚。我記得當石油公司的人，聽到這個消息時，他們的臉刷一下變得慘白。」對許多人來說，這項聲明成了石油輸出國家組織與現實脫節的另一項鐵證。我們在雅加達**深陷全球經濟危機之中，石油輸出國家組織卻要增加產量！**可以預見全球媒體的反應，而我自然成為眾矢之的。但事實上，

石油輸出國家組織沒有增加產量，只是如實公告產量，油價卻因此崩盤了。

一陣恐慌席捲各大石油生產國的首都。到了一九九八年三月，布蘭特原油在全球市場，暴跌到每桶十一美元。有些國家的價格甚至更低。雖然墨西哥並非石油輸出國家組織會員國，但該國經濟因一九九四年，墨西哥披索（Mexican peso，墨西哥合眾國流通貨幣，貨幣編號MXN）被迫貶值而受到重創，現在正緩慢但穩步的復甦，此外歐內斯特．塞迪略（Ernesto Zedillo）總統領導的親商政府，正拚命的為經濟注入活水。但墨西哥的經濟復甦，卻突然因油價暴跌而蒙受陰影。種種原因讓墨西哥石油，在此時期的交易價遠低於全球基準價，一九九八年初，墨西哥原油幾個月的報價，甚至低於每桶六美元。

在此之前，石油輸出國家組織和非會員國之間，從未針對任何行動進行協調。當然，我們的外交官會相互交談，但談的經常不是我們國家最值錢的出口產品，而且公司或部長級人員間的正式溝通也很少。各石油生產國相當於石油部門的單位都認為，如果要讓我們的經濟早日脫離苦海，就必須改變這種缺乏溝通和協調的狀態。

阿爾及利亞政治家尤瑟夫．尤斯非（Youcef Yousfi）德高望重，後來還出任該國能源部長和總理。首先，我請他於二月前往卡拉卡斯（Caracas），代表石油輸出國家組織所有會員國，與委內瑞拉會晤。會議氣氛融洽，但委內瑞拉沒準備要讓步，至少從他們的公開評論看來是如此。委內瑞拉能源部長艾列塔在該月發表聲明，表示該國不準備降低產量：「連一桶

▲那頂帽子好怪！這張照片攝於 2000 年墨西哥的卡波聖盧卡斯。當時與委內瑞拉能源部長亞利・羅德里格斯（左），和墨西哥的路易斯・特列斯（右）一起展開釣魚之旅。1990 年代後期，我們一起協助協調全球石油減產，所以建立起深厚的友誼。

也不想。」私底下，不用討好國內觀察家時，委內瑞拉和其他石油生產國表示，如果石油輸出國家組織和非石油輸出國家組織產油國，願意共同分攤這種痛苦，他們願意削減產量。我則繼續不斷施壓。

我在墨西哥的對應人員路易斯・特列斯（Luis Tellez），是備受尊敬的政府技術官員。一九九七年十月，正當許多發展中的經濟體石油市場，如自由落體般下墜時，他出任墨西哥石油部長。他擔心墨西哥經濟就此低迷，一九九八年初，他與塞迪略總統和財政部長見面。特列斯說：「基本上我們想說的是，如果想避免崩盤，唯一的辦法就是，**如果石油輸出國家**

組織有任何動作，我們都照做。」這是一項革命性的聲明，因為他是出了名的放鬆管制，及自由市場的擁護者。針對會議主題，墨西哥政府高層仍極力保守。

一九九四年，特列斯部長為了替披索紓困，和柯林頓政府建立起密切關係。此時他訪問白宮，預先示警華盛頓當局。他會見參謀長麥克．麥卡錫（Mack McLarty），和國家安全顧問山迪．柏格（Sandy Berger）。特列斯部長說：「我告訴他們墨西哥公共財政發生的問題、價格下跌的影響，以及我打算與石油輸出國家組織會談。當然，不論他們同不同意，我們都會這麼做。」柯林頓政府表示，美國對油價持續低迷也有類似的憂慮，但特列斯說：「他們不鼓勵我與石油輸出國家組織會談，但也沒有勸阻。」

在這幾個月中，沙烏地阿拉伯也讓美國官員知道，石油輸出國家組織試圖協調減產石油，以及我們堅持，主要的非石油輸出國家組織產油國也必須加入。美國官員小心翼翼的不發表任何相關的公開聲明，以免可能讓人覺得，美國政府想讓消費者付更多油錢。但他們知道，**在這麼低的油價之下，我們以及美國主要的一些石油公司，都無法無限期的持續探油和產油。**

墨西哥的下一步是聯絡委內瑞拉。當年除了預定在邁阿密舉行會議，特列斯部長與委內瑞拉的路易斯．古斯提（Luis Giusti）私下會面，透過以往的磋商和會議，兩人私下已有密切的關係。特列斯表示：「他們的想法是『讓我們將石油輸出國家組織拉回正軌，如果墨西哥能夠以局外人的身分協助我們，會大有助益』。」

三月中，各石油生產國願意共同減產，至少發表一些正面的公開聲明。特列斯飛往奧斯陸（Oslo，挪威首都和最大城市）與挪威政府代表會面，並於三月十九日發表聲明，表示他們討論了「石油政策雙邊問題」，和「石油市場現狀與未來可能發展」。該國政府公開表示：「針對減產，挪威此時不準備採取任何立場。」特列斯私下從奧斯陸致電，向塞迪略總統報告，表示：「基本上，他們說會和我們站在同一陣線，墨西哥政府因此感到安心。」特列斯表示，身為唯一與石油輸出國家組織合作的非會員國，「我們不是孤軍奮戰」。

我對委內瑞拉說：「我們兩敗俱傷。如果你想改善油價格，就和墨西哥一起到利雅德。我們開個會協商一下。」所以**我祕密邀請墨西哥和委內瑞拉代表**，於三月二十一日至二十二日在利雅德，與我方談判代表會談。該是**跨出石油輸出國家組織**，首次針對協調原油減產，制定具體內容的時候了。

在達成協議前，我們不希望會面的消息影響石油市場。兩國代表團分別飛往西班牙，在馬德里機場，與阿爾及利亞石油部長私下會面，並邀請他參與。他們對我說，這位部長對墨西哥試圖扮演「和事佬」不是很開心。**在我們立志謀取更大的福利時，個人自尊、野心**和國內政治的輕重緩急，**總是會來攪和，這種事屢見不鮮**。不過，墨西哥和委內瑞拉代表，仍一同祕密搭乘委內瑞拉的班機，前往利雅德，以避免引起懷疑。

就某種程度上，我們協商成功，但無法阻止媒體炒作。三月二十三日《中東經濟調查》（*Middle East Econimic Survey*）週刊刊出的當期報導表示，厄文・艾列塔於三月十九日，離開加拉加斯前往歐洲，「目的地不明，目的不明」，還從那時起行蹤不明。

我在利雅德機場會見墨西哥和委內瑞拉代表，及兩國駐沙國大使。在由西班牙出發的班機上，委內瑞拉與墨西哥已決定，由墨西哥代表先發言，可能是因為他們已經知道，我對委內瑞拉部長艾列塔曾砲聲隆隆。特列斯說，墨西哥希望與委內瑞拉，和石油輸出國家組織其他國家合作，而且根據他在奧斯陸的會談結果，他相信挪威也同意減產。

路德斯・梅爾加（Lourdes Melgar）是一位備受敬重的官員，日後也成為部長，當時他是墨西哥石油部長顧問，他表示：「當時我們不太清楚，沙烏地阿拉伯和委內瑞拉的關係有多糟，但因某種因素，我猜**沙烏地阿拉伯認為，墨西哥能讓委內瑞拉守信，所以墨西哥成為兩邊的橋梁**。我們當時確實與委內瑞拉關係密切。」對於墨西哥在這次歷史性會面中所扮演的角色，我清楚的表示感激。

第二天早上，我們開始辦正事。我單刀直入的說：「我每減一桶油，你們所有人就減一桶。」他們不喜歡這種做法。於是我說：「不要拉倒。你們想提升價格，就該這麼辦。」經過幾次會議後，他們最後還是同意了。

我聯繫了石油輸出國家組織的其他會員國，告訴他們這項計畫，還說他們也該減產。為了彰顯沙烏地阿拉伯、石油輸出國家組織，和非石油輸出國家組織的石油生產國，都盡可能透明互動，我與多數石油輸出國組織成員談話時，墨西哥及委內瑞拉部長都在場。特列斯說：「那次會議，三國關係非常透明開放。我們看到阿爾納米正與其他國家磋商。」我還說**我將與挪威和俄羅斯會晤，讓他們也加入協議**。沙烏地阿拉伯、委內瑞拉和墨西哥，於三月二十二日公開宣布協議，表示：「我們決定與石油輸出國組織其他會員國，及非石油輸出國組織石油生產國，同心協力，每天減產一百六十至兩百萬桶石油。根據《利雅德協議》（*Riyadh Accord*），沙烏地阿拉伯則每日減產三十萬桶。」

發表聲明後，每桶原油價格立即飆升一．五美元到二美元。如此看來，我們成功的保守了會談的祕密。多數石油生產國的媒體都在首都讚揚這則消息，但**對於非石油輸出國家組織國家，與石油輸出國家組織過從甚密，當地媒體仍提出一些異議**。例如，墨西哥媒體稱，特列斯部長，根本是特列斯「酋長」，同時批評他先前支持的自由市場主義，大開倒車。

瑪麗特．阿恩斯塔（Marit Arnstad），在一九九七年至二〇〇〇年間，擔任挪威能源部長。她表示：

一九九八至一九九九年間，開了各種不同的會議後，我發現在石油輸出國家組織內、外的國家，能夠建立信任感。這也讓挪威得以做出這項決定。**我認為阿爾納米先生是其中的關**

鍵，因為他以非常明智的方式與其他國家對話。對於所有其他國家的不同決策，他的態度既開明又明理。

一九九八年底，我馬不停蹄的開著一場又一場的會，努力確保各國真的遵守減產協議。

沙國率眾挺過亞洲風暴後，成為油市的王

儘管宣布協議之初，價格已回升，但卻因亞洲金融危機蔓延，油價再次下滑。而且令人格外不安的是，**不是每個人都遵守協議**。俄羅斯、伊朗和委內瑞拉，甚至完全沒有將產量降到協議標準。讓供過於求的問題雪上加霜的是，伊拉克大幅提升原油產量。為了協助減輕伊拉克人民的困苦，又不讓海珊統治權力強化，一九九〇至一九九一年的波灣戰爭後，聯合國執行以油換糧計畫，允許伊拉克出口石油。

全球各國的政府開支因此受到衝擊。一九九八年，墨西哥三次被迫修訂預算，以反映其石油營收下滑。該國石油營收占聯邦總收入的比例，由前一年的三七%，下降到二八%。我國預算也感受到壓力。一九九八年，沙烏地阿拉伯石油收入，較一九九七年下滑三〇%，政府債務再次飆升到國內生產總額的一〇〇%以上，是波斯灣戰爭期間的兩倍。當然，全球多

數消費者，都享受到低油價的甜頭。

簽署極具指標性的《利雅德協議》、約定減產的一週年即將到來時，全球再次面臨低於兩位數的原油價格，墨西哥每桶油價則不到十美元。各國對此在外交上使盡全力，希望能解決問題。一九九九年三月初，阿卜杜拉王儲與伊朗總統穆罕默德．哈塔米（Mohammad Khatami），進行了電話會議，雙方對解決油價崩盤的問題達成共識。三月八日，我在利雅德會見伊朗石油部長比詹．贊加內（Bijan Zanganeh）。後來與科威特、卡達和阿曼石油部長，進一步會晤後，我們承諾與石油輸出國家組織和非石油輸出國家組織生產國，密切協商，並採取一切必要手段，**清除市場上過剩庫存，進而拉抬油價，其中最重要的方式，就是大幅減少目前的產量**。

接下來三月十一至十二日，尤瑟夫．尤斯在海牙（Hague，荷蘭第三大城市）的阿爾及利亞大使館，舉辦一場關鍵會議，沙烏地阿拉伯、委內瑞拉、墨西哥、阿爾及利亞和伊朗代表皆到場出席。墨西哥部長特列斯不在場，讓我感到不悅，但塞迪略總統在國內為一項政府計畫揭幕，所以他覺得有必要留在墨西哥支持總統。所以，各國部長在努力協商的同時，官員們正努力設計出大家都願意簽署的協議版本。

路德斯．梅爾加（Lourdes Melgar）是其中一位墨西哥代表，她曾說明自己面臨的特殊挑戰：

當時我是唯一的女性。談判人員爭論哪些條款應該納入、哪些不應該。最後，我真的受不了，他們什麼都不讓我做，也不讓我發言。於是我站起來宣布：「好，我在這裡代表的是墨西哥。如果你們不想我在場，沒關係我就離開。但如果我走出去，就表示墨西哥出走。」你應該看看他們當時的表情。伊朗代表明白了，他馬上說：「不，不，不，不！請留下！墨西哥想表達什麼意見？」

使館區的大廳很寬敞，但在這裡舉行的會議卻悶得令人發慌。當時墨西哥國家石油公司（Pemex）的負責人，阿德里安．拉霍斯（Adrian Lajous）代替特列斯出席。當需要簽署最終減產協議時，拉霍斯承認他權限不足。我走進廚房和阿德里安．拉霍斯談，請他打電話給人在墨西哥城的特列斯部長，好讓我直接與他磋商。當時時間已近破曉，但他還是打通電話，而且特列斯承認只有墨西哥總統有決定權，所以他會等到塞迪略總統醒來後，再打電話給他，取得他的許可。

當我離開大使館時，我向在門外等候的媒體比了個和平手勢，之後致電阿卜杜拉王儲，向他報告這個消息，然後回到酒店補眠。

一九九九年三月十二日，該協議正式公布，承諾石油輸出國家組織和墨西哥、挪威和阿曼的每日原油產量，再進一步減少兩百一十萬桶。這還不包含先前承諾的，每天減少兩百萬桶的石油輸出國家組織協議。正如《中東經濟調查》指出：「主要的石油輸出國家組織產油國中，沙烏地阿拉伯毫無疑問的全力支持這項協議，這就是協議成功的關鍵要素。」到了一九九九年六月，石油輸出國家組織在維也納舉行會議，會員國正式批准減產。我們這次下定決心，一定要嚴守減產立場。

英國石油前執行長布朗爵士（Lord Browne），點出了談判的困難：「石油輸出國家組織，充斥著管理不善的問題。當然，主要問題不在沙烏地阿拉伯。恰好相反，問題在於委內瑞拉。」他看出我們試圖改變。他補充：

針對決策的限制，阿爾納米的態度很實際，也清楚知道目標是什麼。**他從來不說假話，但他有時會隱瞞全部真相！**當然，這就是談判的過程，但他清楚說明目的、要件和危機解決之道。在我看來，他這次協商非常成功的讓**沙烏地阿拉伯得以控制石油價格，但卻沒有將沙烏地阿拉伯逼入牆角**。這是扎基．雅曼尼擔任部長時，犯過的錯誤。

美國和其他工業化國家，大多支持該協議。三月二十二日，美國能源部長比爾．李察遜（Bill Richardson），告訴《紐約時報》能源記者尤瑟夫．埃布拉辛（Youssef Ibrahim）：

「我們認為油價下跌對消費者有利，但我們得承認，油價過低對國內、委內瑞拉及墨西哥等友邦，都有負面影響。截至目前為止，石油輸出國家組織的各項回應，不但相當負責也非常自制。」

我們嚴守協議，減少產量，而那一年當中，原油交易價格大多在攀升。十一月，「利雅德三劍客」（Riyadh Trio），我國、委內瑞拉和墨西哥，再次確認減產行動至少將持續到二○○○年三月下旬，當月原油價格更是達到二十五美元的高峰，這是自波灣戰爭以來，從未見到的價位。一九九九年，全年每桶平均價格約為十八美元，這是在我們談判期間的那年春天，石油輸出國家組織鎖定的價位。到了二○○○年夏天，沙烏地阿拉伯再次提高產量，協助緩和原油價格。由於亞洲景氣成長回溫，油價因此突破每桶三十美元。

擔任石油部長的前五年，我不斷的接受試煉，但我撐過來了。更重要的是，**沙烏地阿拉伯已成為石油生產國中，毫無爭議的龍頭**。不僅在石油輸出國組織是如此，在世界各地也一樣。雖然才撐過這場危機不久，但我相信這期間建立的聯盟與共識，大大有助於迎接未來的挑戰。

我的如意算盤打得太早了。

1995~1998

第十四章

自力鑽出謝拜油田，沙烏地奪回產油王

一九九七年與一九九八年，國外油價崩盤；國內，我正面臨重大挑戰。

第一項挑戰是對沙特阿美上下的嚴峻考驗，但對沙烏地阿拉伯全國，具有更廣泛的意義。這是一項極費心力的案子，考驗著公司的技術實力、管理階層的意志力，以及員工的專業技術。這項考驗只有兩個字——**謝拜**（Shaybah）。

只要不在阿拉伯，也許甚至只要不在石油產業，對謝拜肯定所知甚少。原因很簡單，謝拜位於我國東南部，在魯卜哈利沙漠中，英文的意思是「空域」（Empty Quarter），而且確實名副其實。

這座全球最大的沙漠，面積約有六十五萬平方公里，是令人讚嘆的天然奇景。一九三〇年代，知名英國探險家伯特倫．托馬斯（Bertram Thomas），以及聖約翰．費爾比（St John Philby）曾橫越這個地區。一九四六到一九五〇年間，威福瑞．塞西格（Wilfred Thesiger）在他的《阿拉伯之沙》（*Arabian Sands*）一書中，繪製並詳述了魯卜哈利的謝拜地區。

他回憶橫越這塊一望無際的沙丘時的震撼：「我環顧四野，直覺的想要尋找生路，但一眼望去無邊無際，漫漫黃沙在遠處沒入藍天，但在那片無垠之地，不見生命蹤跡，**甚至連讓人燃起一絲希望的枯萎植物也沒有。**」

這裡白天溫度可能超過華氏一百二十度（約攝氏五十度），夜間卻跌至冰點，年降雨量不到三公厘。遼闊的沙丘不但聳立高達一千英尺，更突顯出謝拜一區「空城」的特色。當

▲照片中是我帶領一群遊客走下謝拜的沙丘。女遊客有時候會穿高跟鞋來這裡，但如果要爬上沙丘，這就錯了，而且也不要以為你能夠用跑的上去。

然，這裡的生活（好像真的能在這裡生活一樣）條件極度嚴苛。年輕時，我曾親身體驗過，當時我在這裡工作，卻病倒了。當然幾世紀以來，硬頸又勤奮的貝都因人，一直在這裡穿梭，由南方以駱駝隊運送貨物，但這個地方極度危險，不可以小看。即使時至今日，我們有全球定位系統技術和手機，人們在這裡依然會因迷路而死。這一帶也充滿了神話和民間傳說。

我們就佇立在這裡，為探索石油苦思。

早在一九三八年，沙特阿美的地質學家，就勘查過魯卜哈利邊陲，一九四八年又再次勘查。直到一九五〇年代後期，他們才冒險進入謝拜中心的沙坪或鹽沼勘探、鑽井。一九六八年，我們才在謝拜的一號井開採石油。隨著時間的推移，我們估計在我國與阿拉伯聯合大公國接壤邊界、魯卜哈利東北方的謝拜油田，大約長四公里，寬十三公里，這座油田蘊藏驚人的石油，**數量超過一百四十億桶，等於北海的總儲油量**。另外還有二十五萬億立方英尺天然氣，約占我們總天然氣存量的一〇%。

儘管有這麼多優點，但這裡地勢卻非常險峻。距離公司總部也有八百公里遠，而且沒有道路。

我在一九七四年擔任北區產油部經理時，已在謝拜鑽了五十口探井。我們只能在巨大沙丘間的鹽沼上，鑽這些垂直井。順道一提，從一九六〇年代開始，我們就以衛星追蹤這些沙丘，確定它們不像大多數沙丘一樣，會漸漸漂移。當然，表面的沙子會被吹走，但沙丘的基本形狀大致維持完好，這可能是因為周圍沙坪的濕氣滲透到沙丘地基。我覺得這種現象特別有趣，因為正如我所說的，我曾研究過利雅德和達蘭之間的達納沙地的沙丘，這些沙丘每年移動距離多達四公尺。

我測試這些探井，以評估可能產油量。每座探井都淺鑽到兩千公尺左右，與西北方大型加瓦爾油田的產油深度相同。謝拜的探井確實都產油，但每天只產約兩千至兩千五百桶，對德州米德蘭附近的油田來說，這樣的產油率就很足夠了，但是因為謝拜地處偏遠、沙漠條件惡劣，而且在加瓦爾油田，這樣的探井隨處可得，每天的產油量還是謝拜的三到五倍，所以這裡的產量顯然經濟效益不足。此外，此區的含油岩，夾在下方水層，與上方天然氣層之間，抽油難度更高。根據這些探井測試結果，我們當時決定不開發謝拜油田。

早在一九三〇年代，蘇聯曾使用非常簡陋的**水平油井鑽探**。這種油井一開始是垂直井，然後到達一定深度後，轉為水平鑽探，直到鑽到目標含油岩層為止。幾十年來，這項技術在世界其他地方，並沒有廣泛流傳，老實說，也沒必要用到這種技術。五十年後，德州在一九八五年鑽了幾處水平井後，水平鑽井重獲青睞，還被稱為奧斯汀白堊層潮流（Austin Chalk trend），迅速流傳到世界各地。

我們在謝拜沒有採取垂直鑽井，而是以某個角度，探鑽到一些海上油田難以抽油的儲油庫。一九九一年四月，沙特阿美成功在海上貝里油田（Offshore Berri oilfield），鑽通第一批水平井。透過這種新技術，即使在同一塊油田，水平井的產油量是垂直井產量的三倍。

一旦開始以用水平鑽井，就能清楚看到，它協助開發謝拜油田的潛力。我們將這種技術搭配 3D 震測影像。早在一九七〇年代晚期，我們就開始以較早期、陽春的方式使用 3D 震測影像，來製作地下儲油庫的詳細平面圖。但技術突破使我們突然之間，有辦法定位、挖掘謝拜高聳沙丘下的石油，而非僅觸及位於鹽沼下方的淺層石油。

但以預估收益來說，這是否合乎成本效益？從一九九八年開始，沙特阿美管理委員會已多次研究謝拜開發案。我們當時預計需**以五年計畫，耗費約五十億美金的成本**，所以每次得出的結論都是，即使技術有重大突破，仍不值得花費所需的時間、精力及資金。儘管這些提案不斷被擱置，我還是不想放棄謝拜一案。

一九九五年初，我還是執行長時，我們又研究了一次。鑽井和成像技術不斷推陳出新，我們也研究了環境的影響，確定可以移動部分大型沙丘，以建造石油處理廠、工人社區和機場，而不至於破壞鄰近的沙丘或鹽沼。更何況，每桶油價維持在兩位數的高價位，這樣優渥的價格值得投入成本開發謝拜。

世界最大油水，不落外人田

另一項因素讓我們更有壓力。我不久前才得知，外國石油公司已就發展謝拜一事，接洽沙烏地阿拉伯政府，特別是納瑟部長。殼牌石油和美孚石油公司的代表，都分別與部長接洽，還表示：「**你們在謝拜擁有這塊很棒的油田。我們不覺得沙特阿美想開發**，他們仍不斷否決這個構想，但我們可以幫您。此案需要五年的時間，和五十億美元的成本。」

我越深入研究這個問題，就越擔心。殼牌和美孚不是特例，我獲悉道達爾公司（Total S.A. of France），已經討論過用沙特阿美上游資產，特別是謝拜，來交換下游提煉和其他處理資產。後來媒體報導法蘭索瓦・密特朗總統（President Francois Mitterrand，法國左翼政治家，曾任法國社會黨第一書記和法國總統）幕僚，深信法赫德國王或核心人士，已經答應了這筆交易，當作法國參加波斯灣戰爭的回報。我猜測事實上是，歐洲人把阿拉伯領導人表示的讚美和支持，誤以為是回報，但我當時沒有參與會談。法國另一家大型石油公司，億而富（Elf Aquitaine）後來併入道達爾。事實上，如果億而富當初不知道這筆可能的交易，也沒有試圖參與，沒讓談判變得更複雜的話，法國人可能就會以所謂的既成事實來找我們，讓我們喪失對謝拜的控制權。

這些外國公司威脅我認定屬於我國的利益，不是唯一的問題。我承認對於一九九三年，無法與日本人簽訂煉油協議，讓我覺得十分挫敗。**新下松煉油廠將永遠是我這個釣魚愛好者手中，錯失的一條大魚**。有時我們需要與外國夥伴合作，在本國市場開發煉油及處理資產，就是很明顯的例子，此時就得遷就相異的做法和目標。有時候，我們則需要自己完成。

就開發謝拜一案來說，我認為當然要靠自己完成。

一九九五年二月十五日，在沙特阿美管理委員會舉行的會議中，阿卜杜拉．舒馬赫和我比鄰而坐，我們再次就是否應開發謝拜進行投票。會議耗時很久，我們把所有的優缺點全都列出來討論。我強調這攸關國家榮譽，不能再拖延這個案子。最後我要求投票，結果大家無異議贊成，向沙特阿美董事會建議應該開發謝拜。我拿起一般的拍紙簿，草草寫給舒馬赫的訊息，同時把這張紙推過會議桌，上面寫著：「謝拜就是我的下松。」

納德米．阿爾納斯（Nahdmi Al-Nasr），是東部省第三代的沙特阿美人。他父親和我一起在沙特阿美成長，所以我們對彼此並不陌生。一九七八年，納德米取得法赫德國王石油與礦產大學化工系學位。他直接由沙特阿美總部附近的校園，走進沙特阿美的人事處。我們陽春的安全系統，也反映了當時的年代有多單純。

阿爾納斯在那年六月，開始擔任沙特阿美工程師，負責氣體治理系統，以及國內外的生產、煉油和油管理專案，並於一九九三年，在布蓋格工作時被拔擢為經理。他負責的各種任務，使他能充分為他下一段職涯發展做好準備，這將改變他的人生——我想指派他領導謝拜開發案。

我們讓阿爾納斯負責謝拜工作小組。他僅有兩個星期準備，並在一九九五年三月，向管理委員會進行專案簡報。他充分準備，表現的就像優秀工程師一樣，查閱了先前關於謝拜的四項提案，費用在五十億至六十億美元之間，估計需要五至六年才能完成。他的工作小組建議，如果採取快速流程，並排除其他程序，謝拜建設成本可降低到四十億美元以下，但仍然需要五年時間，以二〇〇〇年完工為目標。

我告訴他，這場簡報令人印象深刻，但我們必須在二〇〇〇年前，完成謝拜一案，因為外國的石油公司，也正在訂定五年計畫。我們的國家、我們的石油、我們的專業都面臨難關，但一定要加快腳步。管理委員會詳細討論細節和時程表，阿爾納斯在一旁聽著。我們最後拍板定案，預計在一九九九年中完成。阿爾納斯本來打算當場答應這個日期，但我們堅持他和團隊，先花三個月確認，因為我決心向全世界宣布這個專案，而且按時完工。

就是在這種情況下，我展開阿拉斯加釣魚之旅，還在釣魚途中得知，自己將被任命為石油部長。舒馬赫接任沙特阿美執行長，這表示他接手開發謝拜的重責大任，但我不打算放棄這個備受矚目的案子。

舒馬赫和他的小組飛往洛杉磯，而阿爾納斯就在洛杉磯附近的帕薩迪納（Pasadena），與承包商派森斯公司（Parsons Corporation）開始合作計畫這項規模龐大專案，以確保此企畫在一九九九年中完工。阿爾納斯表示，不只一九九九年可以完工，他的團隊還可以壓低成本，花費不到四十億美元。所有系統皆已準備就緒。

我保留了在達蘭的辦公室，作為沙特阿美董事長辦公室，舒馬赫和我會在這裡見面討論這個案子。當我花越多時間思索謝拜開發案，就越清楚自己要的不只如此，也覺得雖然我們執行重大建設工程的能力逐步改進，但仍舊顯得不足。

打造空域為石油城，沙烏地的巔峰

我對世界的觀點與石油部長不同，我認為沙烏地阿拉伯，是全球產量最高、最受信賴的石油生產國，所以如果要在世界舞臺上，繼續發光發熱，就要重新思考經營模式。我們必須大膽，必須對自己的能力更有自信。

我希望能提早一年完成謝拜開發案，同時大幅壓低開發成本。我們的團隊重新檢查計畫中的每一步，重新計畫他們能想出的每一種替代方案，後來他們提出了一項大膽的提案。

一九九八年中完工，**只要耗時三年，耗資二十五億美元**。這是在偏遠地區開發世界級油田的新現實。阿爾納斯和他的團隊要做的就是：執行。

身為沙特阿美執行長，舒馬赫的工作就是擔心和施壓。事實上，舒馬赫曾經開玩笑說，開發謝拜像是「不可能的任務」。對我來說，我的任務更像是激勵股長。

我經常探望謝拜團隊，鼓勵他們。即使他們住在偏遠沙漠中的臨時屋，如果情況許可，我會從白天陪他們到黑夜。他們是英雄。我以前常去那激勵他們，而且只強調任務的正面影響。我知道他們很緊張、害怕，也知道他們在顫抖。

謝拜團隊、公司的其他人，以及全球石油業，都深知這個案子涉及的風險。我們正在做一件史無前例的計畫，當時在許多方面，我和沙特阿美都遭遇相當強硬抵抗，有些阻礙我在前文已經提過，有些我會在後面簡短說明。就許多角度來看，謝拜是我擔任第一任部長時的亮點，因為**全世界的確都在質疑**，認為我無法證明沙特阿美能勝任這項任務。要開發油田，**謝拜是最艱難、條件最苛刻的地點，但我們卻吹噓自己做得到**，而且成本比以前開發的任何油田都要低。

謝拜地點偏遠、環境惡劣，逼得公司團隊必須發展出新的解決方案。小型飛機可以載特別工程師小組，到距離廠址幾小時車程的地點，卻無法這樣運送上萬噸的設備材和材料。

為了按時完成，就不能等到通往廠址的永久性道路鋪好。在道路建設期間，我們開承包商的卡車，沿現有道路運送材料，到距離謝拜三分之二路程的地點，再轉由沙特阿美的沙漠車輛轉送貨物。深沙漠車輛配有巨大的車輪，特別設計給極端越野行駛。單單在一九九六年，這些大型柴油動力駱駝穿越酷暑和一陣一陣的沙塵暴，運輸的貨物超過三千八百趟，總重量約高達九萬噸。

這條長達三百八十六公里的永久性道路，蜿蜒起伏的橫越沙丘，耗時一年才完工。事實上，道路工程切割成三段，每段都分別包給不同承包商，好讓完工日期提前三個月。取自泥灰坑的土壤富含黏土，所以鋪了好幾層當路基，然後在沙子上加以澆灌和壓實，好讓路基堅實。之後再將道路蓋在上面。完成之後，不用十二小時，滿載貨物的卡車就可以從達蘭開到謝拜。十個月後，我們運送了約三百萬平方公尺的沙，將工地上的鹽沼擴建，**蓋了一條足以讓波音七三七起降的跑道**。

謝拜的中央處理廠，包括三個油氣分離廠、氣體壓縮廠和許多電廠，可以用來淡化海水和發電。宿舍最多可容納一千名員工，一開始有七百五十名男性，二十四小時輪班工作，閒暇時可以享受廠內的各種設施，如圖書館、游泳池和體育館。這裡就像我們許多偏遠的廠房，以「單身」概念來建造。在設立航空服務後，已婚男性就能常常飛回東部省的家，但廠區並沒有特別設立給家庭的設施。

依照這些計畫，每天在謝拜必須抽取五十萬桶的**「超輕質」原油**。這種原油價值特別高，可以用來混和、稀釋國內他區發現的重質原油，也更容易混合和提煉成高價的航空燃料。

為了將石油從謝拜輸送到布蓋格的處理中心，我們蓋了一條長六百四十五公里、直徑一百二十公分的地上輸油管。輸油壓力較高，專案成本因此較低。這樣一來，就不需要建造和維護石油加壓工作站。但相反的，會需要最高級的油管配件，和其他高級零件，才能在這種極端環境下，以這麼高的壓力輸油。我們想以最具成本效益的方式在謝拜產油，但是我們也不想在品質上妥協。謝拜生產的石油將從布蓋格經由現有的油管網路，送到波斯灣拉斯坦努拉，或朱阿馬（Juaymah）的出口港。

地下工程也同樣令人讚嘆不已。我們首先在鹽沼鑽鑿十七座垂直井，以便進一步清楚描繪和監測地下儲油層，再把這些資訊結合我們的 3D 震測影像勘探結果，就能**找出水平油井的最佳位置及深度**。我們想盡量提高水平井抽取石油的效率，同時避免抽到下層的水，或上層的天然氣。四座水平測試井，每天的產油速度為一萬兩千桶，不但符合我們的預測，還是二十年前測試垂直井的五到六倍產量，讓我們的工程師堅信成功在握。

一九九八年第一階段生產期間，我們在鄰近的沙丘下鑿了一百多座水平產油井。水平井通常會延伸一公里，才進入儲油層。我們估計，如果我們只採用垂直井，必須多花六倍的成本，才能達到和水平井相同的產量。在幾年之內，我們的水平鑽井技術進展得飛快，在沙丘下方延伸了十二公里，還可以透過衛星對鑽頭進行「地質操控」（geo-steered，又稱地質導向，指在水準井的鑽進過程中，根據各種地質資料，隨鑽測井及測量資料，即時地調整井眼軌跡的測量控制技術）。

到了一九九八年七月，這個專案已經執行了三年，自從在謝拜發現石油，也已經過了三十年之久，工廠也依原定計畫開始生產。這項成就實在驚人，而且這個案子謝拜團隊**最後只花了十七億美元**。其實當初的預算已經壓得很低，但實際支出竟然又少了八億美元。未來十年，我都會記得這項優異的成果（十年後，另一項極具開創性的專案，又落在我的頭上）。

謝拜專案的時效性驚人，還採用先進的技術，讓這項專案得以實現，但要是沒有一項首要關鍵因素，一切都是鏡花水月。這項因素就是：**沙烏地人的團隊合作。謝拜專案團隊九〇%，都是沙烏地人**，而開發謝拜則是這個團隊的第一個大型專案，而這就是沙特阿拉伯石油公司自豪的「沙烏地化巔峰」。

舒馬赫送我一幅相框，紀念我對謝拜的付出。框裡面有那張我在一九九五年二月，遞給他的那張紙，紙上寫著「謝拜就是我的下松」，到現在我還把它掛在辦公室裡。

每當政要或媒體參訪我國時，我們一定會把謝拜安排在參訪行程中，藉此展示我國工程師及全國的成就。不管我去了多少次，只要看到同胞在如此偏僻的地帶辛勤工作，再加上無垠沙漠的極致美景，還是讓我著迷不已。

阿卜杜拉王儲在一九九九年三月蒞臨謝拜，為工廠啟用剪綵。這是證明沙特阿美技術成就的傲人時刻，但我想這項成就，對全國有更深層心理影響。

二〇〇七至二〇一四年間，由法赫德．卡里姆．阿布（Fahad Abdulkareem）擔任經理，管理謝拜油田。他說：「我記得小時候有聽說過空域。如果你想嚇唬人，就威脅要把他們派去空域。之後，沙特阿美來了，三年後蓋了這座油田，空域再也不空蕩蕩了。」

當時全球油價正崩盤，所以謝拜的成就更令人激賞。一九九九年油價低迷，所以謝拜完工時，我們沒有大張旗鼓。但因為我們有長遠的願景，也知道**市場和油價有週期性**，所以我們仍投入大量心血、努力不懈。

在極端的條件下，我們終於成功開發謝拜的資源。儘管對此感到非常心滿意足，卻沒有時間大肆慶祝，但事實證明，這是沙特阿美面臨最艱鉅的工程之一。更重要的是，國內另一場戰爭悄然逼近。這次所爭奪的，是我全心全意熱愛的公司。

1998~2003

第十五章

王子挾外力，意圖奪權

隨著時光流逝，一九九〇年代末期，我國和石油業手忙腳亂的記憶，也漸漸淡去。當時我感到非常慌亂，一九九五年，我出任石油部長，兩年後油價崩盤。透過外交努力，用盡全力引導全世界達成減產協議。此外，我們也從國內政策著手，包括分割礦產、成立國營沙烏地阿拉伯礦業公司、改革我國採礦法、設立沙烏地地質學會，還在謝拜這樣難以到達的偏僻之地，開發大型油田。雖然這段時間非常忙亂，但沒多久，事情讓人更吃不消。

故事的開場非常平淡無奇。時至一九九八年秋季，我與阿卜杜拉王儲，和外交部長沙特·本·費薩爾王子（Prince Saud Al-Faisal）一起訪美。在這特別的日子，我們前往駐美國大使班達·本·蘇丹（Prince Bandar bin Sultan）位於華盛頓特區市郊麥克林（Mclean）的家。當我們進屋時，**全球七家最大的歐美石油公司代表，竟全都坐在這間寬敞的客廳等我們**，接下來聽到的話，讓我覺得更不舒服。

王儲開始試探這些石油龍頭，對開發沙烏地阿拉伯上游能源資源的意願。對此我完全沒有心理準備，內心震驚不已。後來，才由「國際報導」公司總裁奈·克恩那裡，得知事情的始末：

> 一九九七年，班達王子問我如何利用石油強化美、沙關係。我建議他與德士古的彼得·畢傑爾（Peter Bijur）談一談。畢傑爾表示，最好的方式就是「開放沙烏地阿拉伯」。班達

> 王子請我簡短的寫一篇優缺點分析。我花了很多篇幅，強調開放下游產業，會如何提高沙特阿美的競爭力。這份報告大致上支持這個概念，但之後就沒下文了。

一年後克恩接到班達王子幕僚的電話，要求他把那份報告再寄給他一次。他們還要求克恩聯絡各大石油公司總裁，邀請他們到華府。克恩回憶，當時是星期五晚上，而會議就安排在週末。

到了開會時間，各家公司總裁都到了。沙特王子開始說，多年來美國和沙烏地阿拉伯關係非常密切，以及石油如何成為奠定這段關係的基石。接著他話鋒一轉，開始談論如何「重振」兩國關係。就在這時，阿卜杜拉王儲表示，他有興趣聽聽看，這些總裁對於投資沙烏地阿拉伯的想法。埃克森執行長李・雷蒙（Lee Raymond）首先發言，其他人也接著發表各自的看法，包括美孚石油公司執行長盧・諾託。他已經和雷蒙商談過，要合併兩家公司。這段談話的所有內容都很正面、合理。談到石油和天然氣時，王儲更表示他想看他們的企畫書。

我感到惶惶不安。策略方向出現了這麼重大的轉變，**我不僅被蒙在鼓裡，現在更明顯的暗示，沙特阿美無法獨立開發這些資源**，或至少無法主導開發案。記者史提夫・高爾（Steve Coll），在二〇一二年出版的《私人帝國：埃克森美孚和美國力量》（*Private Empire: ExxonMobil and American Power*）一書中，詳述了這場會議：「正如雷蒙・諾託和其他執行長所說的，阿爾納米『看起來像是吃了酸檸檬』，與會的其中一個人這樣回憶。」相信我，我的實際感受比他們看到的還差。

我絕對不是在說，我們與埃克森美孚（ExxonMobil），或與這些大型國際石油公司的任何一家有對立關係。相反的，他們都是我們最大的石油客戶。雷蒙的繼任者雷克斯．蒂勒森（Rex Tillerson）也指出，埃克森美孚是沙烏地阿拉伯最大的外國納稅人。而且針對我國和世界各地的合資企業或合夥關係，也會持續密切合作。就如我先前說過的，埃克森美孚和沙特阿美，在中國福建一起合作煉油。不過，儘管我與沙特阿美前董事私交甚篤，但在這場令人擔憂的談判後，我們的交情卻產生了回不去的裂痕。

華府市郊的這場會議，開啟了為期數年的艱苦歷程，還導致不可預期的後果。**如果事情出了差錯，國際石油公司可能會再次掌控我國的碳氫化合物資源**，就像在一九五〇和一九六〇年代，他們對美屬阿美公司的權力達到高峰時一樣。在這種情況下，我絕對無法繼續擔任石油部長。即使我們占了上風，那幾年確實不好過。

一開始，這項行動進行緩慢。外交部和石油部各有團隊在執行這個案子，而且兩邊都想搶到主控權。二〇一五年，沙特．本．費薩爾王子去世。我不得不說，我們的關係非常融洽，也相互尊重。多虧了派系鬥爭，這個案子過了很久才發酵。

石油消費國如禿鷹環伺，瞄準石油業上游

在我看來，再簡單不過。以沙特阿美的能力，開發自己國家的資源綽綽有餘，根本不需要美國或其他國際公司代勞。這件事攸關國家榮譽，也是很簡單的經濟學原理，我們幹嘛要把價值連城的上游資產，拱手讓給外國公司，讓他們的股東把錢賺走？

二〇〇一年，沙特阿美將哈立德．法力赫，從馬尼拉延請回來，領導「天然氣倡議」（Gas Initiative）小組。不到一年前，他才剛被派去菲律賓，擔任合資企業菲律賓石油總裁兼執行長，而且去馬尼拉前，他還為我國草擬了第一套天然氣策略及開發方案，所以這個職位非他莫屬。

接下來，我們仔細研究全國的自然資源地。阿卜杜拉．舒馬赫和我帶著這些資料，前往麥加求見阿卜杜拉王儲，說明我們的想法和概要。沙特王子本來應該和我們同行，但不知為什麼，他沒有出現。同時一時間，我們一起研究地圖，我指出我國擁有的資源和地點。當我們談到允許國外公司探勘新儲油地時，我強調**一定要限制外國企業探索我們也未知的區域，而且只能探勘天然氣**，不能探勘石油。王儲聽懂了，對我們眨眨眼說：「別擔心。」我們也同意，這些國際石油公司（international oil companys，簡稱ＩＯＣｓ）投資的先決條件，都必須是開發我國迫切需要的基礎建設。

這就是訂定天然氣倡議計畫的背景。二〇〇一年五月，沙烏地阿拉伯對外宣布這項計畫，並選定八家公司參與三項核心合資計畫，總價為兩百五十億美元。有些公司抱怨我們把石油從計畫中刪掉，但我們的交易條件就是如此。在三大計畫中，埃克森美孚主導其中兩項計畫。一號核心計畫規模最龐大，主要範圍在加瓦爾南部，和魯卜哈利北部一帶。參與的公司包括埃克森美孚、殼牌、英國石油（BP P.L.C.），及菲利普斯石油（Phillips Petroleum Company）。二號核心計畫主要是在探勘與開發紅海海上天然氣田。埃克森持份最高，其他參與公司為，西方石油（Occidental Petroleum），與馬拉松石油（Marathon Oil）。三號核心計畫的目標是在謝拜、吉基丹（Kidan）以及魯卜哈利，探索天然氣田，並建立天然氣處理廠。投資公司有殼牌與康納（Conoco），剩下持份由道達爾／菲納持有（Total/Fina）。

沙國接招，巧立外資只能開發天然氣名目

接下來超過十八個月的談判，多方經常談到劍拔弩張。每個核心計畫各有一個團隊，而法力赫的工作團隊只有十到十五名成員，必須應付三個不同的團隊，而且對方團隊的人數，通常是我們的兩倍多。利雅德著名的法伊撒莉塔（Faisaliah Tower）中，大部分辦公空間都租給國際石油公司，作為營運總部。我每週和法力赫見面兩、三次，在我們由達蘭通勤到利

雅德的路上聽取簡報。這些案子帶給法力赫很大的壓力，但這對他是很好的歷練。

當油價開始下跌，國際石油公司開始找我們談，一副我們吃了虧的樣子。一開始也許的確是這樣，但協商是短視近利的做法，再過幾年油價戲劇性反彈，我們從國際石油公司手中賺取的利潤提高，大大減輕我們的壓力，不再需要盡速達成協議。

就我看來，國際石油公司要談的條件相當嚴苛，而且不切實際，甚至到了貪心的地步。**他們要求投資我國的報酬率，要保證在一八%到二〇%之間**，但我們只願意提供一〇%到一二%區間的報酬率。此外，雙方不斷吵著哪些資產應該納入開發計畫中，以及他們探勘新天然氣儲備區時，應該要負擔什麼風險。

國際石油公司貪得無厭的鐵證就是，自一九七〇年代末期以來，我們的氣體治理系統已經擴建過一次。在哈瑪利亞和哈賴茲（Haradh）的偏遠沙漠區，我們已經投入心力，蓋了兩座大型工廠。這些造價逾十億美元的工廠，正是我們的第一座非伴產氣專用處理廠。這些氣體來自我前面提到的卡夫石灰岩地層，及一九九四年，沙特阿美地質學家發現更深的砂岩儲層，稱為焦夫（Jawf）。這兩個工廠將我們氣體治理系統的氣體產能，提高三分之一到九十四億標準立方尺。儘管我們已經完成了這些工程，而且開發這些資產根本零風險，但國際石油公司仍希望將這些資產納入他們的開發計畫中。

執行長阿卜杜拉．舒馬赫說：「當時我們正在興建哈賴茲以及哈瑪利亞的兩座天然氣處理廠，他們願意幫忙蓋完，然後拿走那裡挖出的天然氣。我們一再的告訴他們，這是我們發現的天然氣，而且他們沒有承擔任何風險，為什麼我們要和他們分享屬於我們的資產？」

埃克森一開始就在施壓，想把勘探和開發石油納入計畫，還希望我們將加瓦爾油田的極機密資料，移交給他們。在國內除了石油部和沙特阿美，沒有人知道有這些極機密資料。我們最後成功阻止這件事，同時把倡議案的重點放在天然氣上。但是這可能只是我們一廂情願的想法。

談判的頭幾個月，我常是國內唯一一位部長，高聲回絕國際石油公司的要求。好比說，我清楚感覺，李．雷蒙想利用他與沙特．本．費薩爾王子的關係，為埃克森美孚謀得更有利的交易。無論這是否是他的初衷，結果就是我被孤立了，讓我看起來像是只為沙特阿美謀利益，還引來許多沙烏地媒體，高聲批評我的做法。許多勢力強大的既得利益者，輪番質疑我的判斷和動機。

令人開心的是，政府中其他人士，包括阿卜杜拉王儲，逐漸明白我是在為國家奮鬥，而不是為我出身的石油公司。

到二〇〇三年春天，談判到了劍拔弩張的態勢。沙特．本．費薩爾王子，要求我的團隊在加州與李．雷蒙會面，看看我們能否消除歧見。我相信，埃克森美孚公司和其他國際石油公司，**想以賤價從我們這裡買到石油業通稱冷凝油的儲層**。在地下儲層，這些碳氫化合物通常是氣體，但是當它們被帶到地面時，就凝結成液體（所以由此得名）。這種油價值很高、質地非常輕，看起來幾乎像汽油一樣輕。我擔心的是，由**外交部領導的三大核心計畫初期團隊，完全沒有石油業專家代表，所以可能已經將冷凝油歸類成氣體**，或把它排除在談判內容外。但我不會這麼做，我太了解石油業務。該是採取強硬姿態的時候了。

加州之旅到了緊要關頭。我把我的想法告訴李・雷蒙，並直說我認為他想不當得利。李回嗆，場面很難看，我們的協商就此畫下句點。之後我就沒再見過李・雷蒙。**好可惜，我們曾是這麼好的朋友，但是對我來說，我不過是就事論事。**

儘管受到這些挑戰和阻撓，我們團隊每個人也都感到內疚，但我們在多年之後，還是無法解決王儲急著要我們達成的任務。但如果我們知道一項交易明顯對國家不利時，就實在無法接受這項交易。同時，沙特・本・費薩爾王子和他的團隊，持續主導、推動某種形式的三大核心計畫。

我們提供純上游區域，讓國際石油公司探勘天然氣。只有參與三號核心計畫的殼牌石油，和道達爾接受這項提議，與沙特阿美攜手合作。另外，我們把一號核心計畫的其他探油區，分成三件標案招標。二〇〇四年，我們建立了另外三項合資計畫。每項計畫中，沙特阿美都持有二〇％的股份，合作對象分別為：俄羅斯的盧克石油（Lukoil）、中國的中國石化、義大利的埃尼集團（ＥＮＩ），和西班牙的萊普索爾（ＹＰＦ）。

最終圓滿達成氣體倡議計畫時，我國政府認同沙特阿美和石油部，是我國開發碳氫化合物資源的主要幫手。王儲阿卜杜拉提供無條件的支持，極重視我們在保護沙烏地核心資源，使其不落入外人之手所扮演的角色。我們打贏了這場戰役。

但誰是最後的贏家？

2000

第十六章

九一一沙國
否極泰來，油峰論
唱衰沙國榮景不再

新世紀，新挑戰。一開始事情看起來都很樂觀。波斯灣戰爭和亞洲金融危機已遠去，我們對未來充滿著希望。油價穩定，沙烏地經濟基礎健全。事實上，雖然政府支出大幅增加，但這是多年來，我國第一次公告預算出現盈餘。這個趨勢在未來幾年，都會持續下去。

油價攀高對我國的經濟是好消息，但對石油消費國家卻是警訊。一桶原油三十美元，是一九九八年的三倍，美國政府開始坐立難安。

好在二〇〇〇年代開始之初，美、沙兩國政府關係依舊穩固。二〇〇〇年秋天來，柯林頓內閣能源部長比爾．李察遜，到利雅德商討油價相關事宜。他表示美國正考慮釋出戰備儲油，來緩和美國東北部民生用燃油價格上漲的情況。我說對他說，希望美國別這麼做，這會打亂全球油價。

他開始對美東家用燃油供應量的問題，發表長篇大論，我記得我只是微微笑著，問道：「**這該不會和高爾副總統競選總統有關吧？**」民主黨總統候選人高爾競選時，不斷呼籲要採取行動。

共和黨候選人喬治．布希批評，這個想法是利用能源價格和市場來「操弄政治」。李察遜部長說：「嗯，是有點關係沒錯。」

我一再重申在這個情況下釋出儲油，是很糟糕的想法，並建議他這是地緣政治議題，所以已經超出我的職權，他需要確認沙國皇室知悉美國的意圖，而且我無法替他傳話。之後他和外長沙特・本・費薩爾王子，在他比佛利山的家中開會，好宣布這則消息。

李察遜部長之後回憶這場會議：

我記得和外長一起用餐。我說：「外長閣下，我想告訴您，我們打算釋出儲油，想先提醒你，但只是用於家用燃油而已。我們擔心東北區的家用加熱燃油不足。」他回應道：「部長閣下，**我知道準備要大選了**。」他微微一笑。之後我們繼續用午餐。

在這段時期，我們的確因誤判文化差異而吃虧。沙烏地阿拉伯與科威特之間，有一處中立區。二〇〇〇年時，阿拉伯國際石油公司（Arabian Oil Company Ltd，簡稱AOC），正針對中立區的沙烏地區域，重新磋商四十年的石油開採權，商議斷斷續續的拖了好幾年，但是二〇〇〇年二月是關鍵時機，因為開採權在當月二十八日到期。雖然我們這幾個國家前前後後也執行過許多案子，但這筆交易還是無法達成協議。

當時我們正在開發磷酸鹽產業，因此需要挹注資金到北部鐵路開發案。我要他們付一億美元取得採油權，並作為這個案子的資金。他們懷疑我的動機不單純，但我堅持這筆錢會用來建設、營運鐵路。可惜這案子因為文化上的誤解，最終雙方談判破局。這就好像我們在一九九〇年代，和日本石油交涉煉油廠時，他們說「好」的意思，其實是「不好」，而且他們也不懂「但願吧」（God Willing）和「好」的差別。當時日本首相小淵惠三已經先與國王談過，離開時他以為國王授予日本阿拉伯國際石油公司開採權。事實上，國王說阿拉伯語的「Inshallah」，翻譯的意思是「但願吧」，而日本人就這麼誤以為，這表示他們已經達成最終協議。

日本貿易部長與謝野馨對我說：「別擔心，我們取得同意了。」我問他誰同意的？他說中間人和王子們。我說：「我還沒聽到有人同意。我才是你們要洽談的人。」就算之後我向王儲就此事進行簡報，他也不斷重申我們的立場，但這位日本部長好像還是不了解，和王儲會談和國王談是一樣的。

日子一天天過去，我們覺得日本人不想認真磋商。在我看來，我們提出的方案根本是鍍金交易。我在二月最後一週飛到東京，表示我們很有誠意，也想達成交易。儘管開了許多正式會議，參加了許多晚宴，受到熱忱的款待與敬重，到了二十七日還是沒有成交。所以我只好飛回利雅德。離開前我說，希望能馬上聽到各位的回音，因為明天就是重新磋商特許權的最後期限，但是他們似乎不當一回事，就這麼錯過期限了。他們就這樣白白錯失了好機會，少賺數十億美元的利潤。

君子絕交，不出惡言。共同通訊社在二〇〇〇年二月二十九日報導，日本首相表示：「有這樣的結果令人深感遺憾，但不影響日本與沙烏地阿拉伯和睦的關係。我們會努力強化友好關係。」沒錯，我方也有同感，未來我們還會建立重要的合資計畫。

九一一恐攻，世貿大樓與油市同崩

當年，我國政府的財務基礎相當穩健。雖然美國儲油釋出後，油價稍微回跌，但二〇〇一年，我國的經濟表現強勁。同時，我們必須多與美國新政府打交道。儘管高爾釋出戰備儲油，美國最高法院還是判定，高爾在大選中以毫厘之差輸給布希。

二〇〇一年四月，我訪問華府，與布希團隊的幕僚會面。副總統錢尼曾是前任美國國防部長，及大型石油公司哈利伯頓（Haliburton）的總裁，所以他在政府和石油業方面，都不是新手，當時他也已經主導訂定新內閣的能源政策。即使美國經濟在網路熱潮後，呈現疲軟的態勢，我們還是討論要提高長期全球原油供應量，以滿足全球需求的預期成

▲與美國副總統錢尼（左）進行談話。油價在 2008 年曾漲到 147 美元的歷史高點。我和錢尼一起打獵時，幸好他沒把我射死。

長。但是事實上，石油輸出國家組織宣布持續減產，以因應這一年來逐漸和緩的需求。

我也和美國能源部長，史賓沙．阿伯拉罕（Spencer Abraham）會面。會後發表的共同聲明中，他表示：「沙烏地阿拉伯是美國有力的盟國，也是非常重要的石油輸出國家組織會員國。」我信心滿滿的回國，相信日後我們一定會與布希政府合作愉快。

然而，就在二〇〇一年九月十一日，大家都聽到了那則慘絕人寰的消息。兩架飛機連續衝撞曼哈頓下城的世貿中心，第三架接著撞擊五角大廈。聽到這場攻擊時，我其實正從吉達飛往利雅德，我們和全球其他所有人，都緊盯著每個電視頻道不斷放送的恐怖畫面。我們明白自己的世界已經發生巨大變化。

我的直覺反應就是警示公司執行長，要他準備因應全球能源市場可能出現的混亂。事實上，**當你預料有危機出現時，石油及天然氣價格就會異常波動，但接下來的數小時甚至數天內，沒有人知道會發生什麼事。**

一旦全世界發現，飛機上的乘客都是沙烏地人，即使他們是自己國家以及美國的死敵，依然有人想把恐攻怪到沙烏地阿拉伯頭上。但美國政府和我們一樣，很快就發現這些恐怖分子同時對沙烏地和西方發動聖戰。副總統錢尼說：「我們將此視為必須解決的問題。沙烏地阿拉伯顯然和我們一樣損失慘重。就公共關係的觀點來說，有些人暗示這是沙烏地政府的錯，暗示很多劫機犯都來自沙烏地阿拉伯等。我們絕不苟同這種想法。」錢尼副總統、美國內閣其他人士，和我國駐美大使班達・本・蘇丹王子密切合作，不眠不休的確認外交溝通管道暢通無礙。

在這個關鍵時刻，讓兩國關係變得更加複雜的就是，**恐怖攻擊發生時，美國並沒有駐沙烏地阿拉伯大使**。美國當然有派駐職業外交官，但柯林頓政府時代的前任駐沙國大使，維奇・福勒（Wyche Flowler Jr），已經在三月辭職，又尚未任命接替者。攻擊發生後不到一個月，德州企業律師勞勃・喬丹（Robert Jordan）接任。我和我國政府其他人士，向新任大使明白表示，我們樂於與美國及其他國家合作，共同組織打擊恐怖主義的統一陣線。

喬丹回憶我們第一次開會：

> 我記得事件剛發生沒多久，他（阿爾納米）非常殷勤的歡迎我，我們相談甚歡。他明確表示，在恐怖攻擊事件發生後，如果全球石油供應量大亂，或市場出現失調，沙烏地阿拉伯人願意提供更多石油資源。他也大力鼓勵、支持，將所有可能涉案的恐怖分子繩之以法。我敢說在沙烏地資深閣員中，他極富智謀，也提供了無比的力量。

在恐怖攻擊、油價首次攀升後，全球經濟已呈疲軟，而且可能繼續走下坡的態勢越來越明顯。這也表示油價會再暴跌。二〇〇一年十一月，每桶原油交易價低於二十美元。

石油輸出國家組織的盟邦同意，我們需要減產以支撐油價。但就如同在一九九〇年代末期的做法，我們**堅持重要的非石油輸出國家組織產油國，也必須減產**，共同承擔苦難。如果非會員國響應，每日一共減產五十萬桶的話，我們每天會減產一百五十萬桶，讓總產量降到兩億一千七百萬桶。

墨西哥再次展現非會員產油國的領導風範，同意支持減產，以維護公眾利益。挪威也跟進，俄羅斯則在多次談判後也加入陣營。

阿曼也同意一起減產，每天減少供應四萬桶。安哥拉則減至兩萬兩千五百桶。雖然非石油輸出國家組織國家石油減產量，沒有達到五十萬桶的目標，但是石油輸出國家組織認為差不多了。減產行動開始於二〇〇二年一月一日，為期六個月，而**監督所有國家是否比照一九九八年和一九九〇年，確實執行減產（尤其是俄羅斯），是所有石油公司的挑戰**。

二〇〇二年四月，布希總統和阿卜杜拉王儲，在總統位於德州克勞福的牧場首次會面。他們依照沙烏地人的習俗，公開手牽手散步，好展現兩國領袖的團結。

九一一事件發生後幾個月後、甚至數年之後，雖然兩國政府密切合作，但是所有沙烏地阿拉伯人都知道，有些美國族群都有反阿拉伯情緒。我們這裡可以收看多數美國有線電視頻道，所以當然聽得到批評的聲浪。

二〇〇二年，我和山姆・懷特在德州遊獵時，我親身感受到這些憤怒。有一個客人高聲發表反阿拉伯言論，大聲到故意讓我清楚聽見，但是山姆和我的同伴立即上前對質，請他離開。這就是山姆的作風，我最好的朋友，我真是非常想念他。

遊歷克勞福期間，深深烙印在我腦海中的，不是會晤全球領袖，而是見到一群七老八十、頭髮灰白的西方人，他們非但沒有抗議我們來訪，反而以燦爛的笑容和鮮花在機場歡迎王儲。這些老人都是沙特阿美的退休員工，只接到臨時通知便齊聚在一起，想表達對我國和王儲的支持。喬丹大使表示：「這是我見過最感人溫馨的畫面，完全流露出真誠的友誼，我想這反映出，他們在沙特阿美受到優渥的待遇，也非常享受在沙特阿美工作的歲月。」

全球產油國天災人禍不斷，沙烏地再得利

沙烏地阿拉伯和許多國家，都支持美國搜捕賓拉登，同時攻入阿富汗並擊退塔利班（Taliban）。然而和許多歐洲及波斯灣國家一樣，我們認為布希政府在二〇〇三年春天，聯同英軍攻入伊拉克的理由不夠正當。儘管雙方政府對此想法不同，仍保持密切合作，確保原油供應無虞以及打擊恐怖主義。我們將每日產量提高了一百三十萬桶，達到八百一十萬桶，補足在美國入侵後，原來伊拉克在石油市場的供應量。另外，二〇〇二年十二月，委內瑞拉總統查維茲（Hugo Chávez）的反對黨發起的石油工人罷工展開後，我們也努力緩和罷工造

成的衝擊。

二〇〇三年，我再度被任命為石油部長，開始第三任的（一任四年）公職生涯，好為政府以及人民服務。過去幾年來，緊急危機一次次出現，現在該是放大格局，規畫未來的時候了。有一件事情非常明顯。一九九八年至一九九九年，及二〇〇一年至二〇〇二年原油出現過剩的趨勢後，全球需求正迎頭趕上供油量。**隨著這十年的發展，需求明顯大幅成長，而許多的成長都起於亞洲**。在我們增加產量以彌補伊拉克減產前，這種增長就已經存在。

為了確保系統每日儲備約一百五十萬到兩百萬桶的備用容量，我們開始投資，大幅擴張石油產能。同時，我們也需大幅提高煉油能力。二〇〇四年，我們的平均日產能，又提高了五十萬桶，如此一來，平均日產能為八百六十萬桶，總產能直逼一千萬桶。但是這個數字還是低於我們所期望的最低備用量，因為**幾乎沒有其他石油生產國儲存備用量，以調節突發性的供應或需求變動**。

供應吃緊的問題反映在全球石油價格上。二〇〇一年底，原油價格僅二十美元，到了二〇〇四年，交易價卻飆漲超過每桶五十美元，而且供應或需求依舊呈現上漲的趨勢，目前看不到在短期內會有改變的跡象。

二〇〇五年春天，我們即將發表重大公告，所以事先告知盟邦和貿易夥伴，我們打算推出一項五年五百億美元的資本支出計畫，來提升生產及煉油產能，同時也會把裝設在國內的鑽頭數量提高一倍。**牌價在這十年會越漲越高**。這個計畫的宗旨，是將公司每日總產能，提高到一千兩百五十萬桶。

二〇〇五年四月下旬，我參加由阿卜杜拉王儲率領的訪美代表團，向盟國介紹我們的計畫。當時美國零售油價，每加侖約為二．二五美元，美國官員顯然感受到漲價的壓力。王儲和布希總統，在總統位於克勞福的牧場再次會面，討論全球石油動態及我國的計畫，會後他們發表聯合聲明，表示：「兩國一定會繼續合作，以利沙烏地阿拉伯石油供應安全無虞。沙烏地阿拉伯堅定的承諾，會加快投資腳步並擴大產能，以利穩定油價，並供應市場充足的石油，美國對此表示讚賞。」

▲薩姆．博德曼（右）在 2005 年到 2009 年擔任美國能源部長，也成為我的好友。薩姆曾是化學工程師，這種背景讓他非常了解石油業務，而且不是所有美國的能源部長都如此。

正當為了地緣政治踏遍全球時，二〇〇五年八月一日，法赫德國王去世，沙烏地阿拉伯舉國上下都為國王的死默哀。十年前，法赫德國王中風時，已將許多職務轉由王儲代理。雖然我十年前曾考慮退休，但我知道只要有我可以效勞的地方，我就會留下為國王服務。

幾個星期過後，變化的速度越來越快。那年夏末，**卡崔娜以及麗塔颶風，襲擊美國墨西哥灣沿岸，美國幾個地區生產和煉油作業都因此中斷**，增加全球原油產能的緊急任務便落到我們頭上。颶風走了之後，石油價格飆升到將近每桶七十美元再回跌，美國有些地區的天然氣還漲到每加侖四美元之多。

二〇〇五年底，新任美國能源部長薩姆．博德曼（Sam Bodman），飛往沙烏地阿拉伯參訪我國現有設施，同時了解我們的擴張計畫。在為期三天的行程中，我親自陪同他參觀我國的幾項設施，包括謝拜在內。在我達蘭的家中，博德曼部長與一些沙特阿美主管，在泳池旁大啖中東菜。二〇〇五年五月，我造訪美國期間，他招待我在他華盛頓的家中，共進晚飯。這是投桃報李，而當天賓客包括聯準會（Federal Reserve，正式名稱為聯邦儲備系統）主席葛林斯潘（Alan Greenspan）。

博德曼部長有工程背景，所以沙特阿美工程師及技術人員，都非常讚賞他的提問。我在導覽時，聽到這些工程師用阿拉伯語說：「他是工程師，他聽得懂。一解釋他就懂了。」通常政要來參訪時，是聽不到這些話的。**前任美國能源部長亞伯拉罕，只花一天訪問沙烏地阿拉伯，連過夜都不想。**

華盛頓有些人擔心在未來幾年裡，沙烏地阿拉伯無法擔負這項重責大任，**沒有能力滿足全球石油供應無虞**。博德曼部長的訪問有助於消弭這些人的恐懼。正如他回華盛頓時對《紐約時報》表示：「不得不說，我非常讚賞他們的才能、能力和展露出的熱情。我信心滿滿的回國，相信他們會實現承諾。」薩姆．博德曼自此成為我的好友，也是我見過少數真正了解這一行技術面和實際面的能源部長。

油峰陰謀論，促替代能源再起

沙國不是唯一進行大型工程的產油國。波斯灣和全球各地其他石油生產國，都各自訂定開發計畫，以因應不斷成長的原油需求。比起我國的石油與天然氣擴張計畫的規模，這些工程都不能與之相提並論，但是他們全都和我們一起，爭奪相同的工程資源和材料。如此一來，許多工程的成本和複雜度便大大提高。例如，我們有時候使用混凝土壓桿，來支撐各廠區之間密密麻麻的油管，因為使用傳統鋼製支架又貴又耗時。

在這麼短的時間裡，沙特阿美進行這麼多大型、複雜的工程，我為同仁的勤奮、魄力和決策能力，感到無比自豪。我們必須供應全球未來能源所需，也突破難關、開創新局。不過，在看好未來之際卻發現自己旋即置身「油峰」（Peak Oil，一九五三年，美國地質學家哈伯特〔King Hubbert〕大膽預言，美國石油生產速率將於一九六〇年代末至一九七〇年代初左右達到頂峰，之後就會一直下降。這種情形稱為哈伯特頂點〔Hubbert's peak〕或石油頂峰、油峰）風暴當中，實在令人受挫。

在我國擴充產能期間，美國石油業顧問馬修・西蒙斯（Matthew Simmons），在參觀東部省石油生產設施時，想出一個理論。國際報導公司的顧問奈・克恩也在場。他回憶道：西蒙斯讀了該領域發表的文獻後，堅信沙國無法實現當初承諾的石油供應量。然後他斷言，沙國的蘊含量沒有裝那麼多石油，管理也不像宣稱的良好。

他真是大錯特錯。他聲稱**沙烏地阿拉伯的油田正在衰退當中，當我們的產量在不久後到達「油峰」時，全球經濟就會淪為悲慘世界**。二〇〇五年，他出版的《沙漠餘暉：未來的沙烏地石油衝擊和世界經濟》（*Twlight in the Desert: The Coming of Saudi Oil Shock*）一書中，滿是歇斯底里的語調。可悲但也許也無可避免，這種語調引起全球陰謀論者和狂熱派分子的呼應，他們只因為這種言論在網路上不斷發酵，就覺得此言一定不假。

即使我和其他沙特阿美人，連同全球各地的產業專家，已經強力反駁這些論點，在任務已非常繁重的時刻，這些謬論仍讓我們感到吃不消，讓我們的任務更艱鉅的是，我們始終把許多石油及天然氣儲存庫的詳細特性資訊，視為國家機密，因為分享太多機密知識，可能會讓其他石油生產國坐享其成。我們進退維谷，所以決定起身反駁，把戰場拉到美國。

我們組成了一個工作小組來解決這個問題，成員包括了例如南森・撒勒理（Nansen Saleri），和馬姆・阿杜巴奇（Mahmood Abdulbaqi）等高階主管，還請來了明日之星穆罕默德・沙卡夫（Muhammad Saggaf）。二〇〇三年，我在倫敦第一次注意到穆罕默德，當時他在為大家做簡報，而他就是我們的戰略與國際研究中心在華府舉辦的專題會議中，為我們辯護的絕佳人選。沙卡夫之後回憶道：「參加人數非常踴躍。我的任務就是介紹探勘技術，而我的夥伴兼好友穆罕默德・卡坦尼（Mohammed Qahtani），負責介紹石油工程技術。我們倆一搭一唱，簡報也很令人振奮。」大家也因此更清楚了解沙烏地阿拉伯的石油蘊藏量。

多年來針對這個問題，我們始終採取一貫的立場。我們確定可採的石油蘊藏總量約為兩千六百一十億桶，但這只是保守估計。公司的目標是將大部分油田的開採率提高到七〇%，如此一來，就可能產生更多的儲備量。沙烏地阿拉伯的儲備量綽綽有餘，可以滿足未來幾十年的全球需求。再加上我們持續探勘和開發現有油田，都超過我國每年產油量。

普立茲獎得主作家及劍橋能源研究協會（Cambridge Energy Research Associates 簡稱CERA）主席，丹尼爾・尤金在當時表示，西蒙斯（於二〇一〇年過世）是杞人憂天派最新的一位成員。每隔幾十年，這一派人就會跳出來警告大家，說石油儲量即將達到高峰。尤金說：「**這是第五次謠傳全球石油要用完了**。無論是第一次世界大戰結束時的『石油匱乏論』（gasoline famine），或是一九七〇年代的『永久性短缺論』（permanent shortage），**科**

技進步與開發新邊緣地區，都將每一次石油衰退的恐懼掃除殆盡。當代所謂的科技無用論，根本就是空穴來風。」事實上，我很高興的指出，近幾年來，美國頁岩油及天然氣資源開發，已為全球石油及天然氣市場，帶來豐沛的新資源，這也再次證明尤金的論點。

油峰事件終究只是虛驚一場。不幸的是，我們之後卻面臨到非常真實的威脅。二〇〇六年二月二十四日下午，我在達蘭辦公室接到電話，恐怖分子開著兩輛裝了炸彈的車，朝布蓋格的處理廠發動了自殺式攻擊。我旋即到達公司直升機停機坪，搭公務直升機到不遠處的工廠。當時我身為沙特阿美董事長和石油部長，在危機時分我得陪在同仁左右。

直升機飛近廠房時，我看到火勢不大，而且恐怖攻擊顯然並未實際損及我們的石油處理廠，石油及天然氣處理系統中，油管綿密交錯的重要接點也未受損。單單在一平方公里大的布蓋格園區，一天就可以處理七百萬桶油。其中一輛車在警衛射擊後，於外圍門口爆炸。第二輛車衝過第一道門，但也在停車場遭到射擊然後爆炸。這兩名恐怖分子皆遭擊斃。令人難過的是，兩名警衛也身負重傷。

我由攻擊現場向國王報告，對他保證公司設施沒有重大損壞。他稱讚我趕赴現場陪伴同仁的行動。我還透過媒體向所有人保證，布蓋格的重要設施保持不變。儘管做了這些以及其他保證，**攻擊事件透過媒體傳開後，全球油價依然跳漲逾每桶一美元**。

因為石油是我國發展的命脈，所以對自己後半部長任期，我還不能聊太多，不過我這另外半個頭銜，與礦產資源息息相關，倒是可以談談。一九九七年，我受王室命令成立沙烏地阿拉伯礦業公司（Saudi Arabian Mining Co.，簡稱 Ma'aden），以開發我國礦產，當時我擔任石油部長才不過兩年。

沙烏地阿拉伯礦業公司初期，著重在開發和擴展我國金礦業務。雖然在貴金屬業務經營有成，但我們發現沙烏地阿拉伯礦業公司，能夠提升金屬的附加價值，對我們進入非石油相關產業大有幫助。沙烏地阿拉伯礦業公司成立僅僅十年後，我們在沙烏地證券交易所（Tadawul），公開發行該公司五〇%的股份。由於我是政府首長，所以公司一上市，便辭去沙烏地阿拉伯礦業公司董事一職，但仍持續參與協助並引導公司發展。

大約在沙烏地阿拉伯礦業公司上市同時，我在阿拉伯灣朱拜勒北部的海爾哈納（Ras Al-Khair）工廠，駕駛著推土機。一九八〇年代，我們在此蓋了這座工業城作為石化基地，而現在我挖起一車沙子再倒掉，作為動工儀式。但是我們要蓋的不是另一座石化園區，而是蓋了今日的大型磷酸二銨（DAP）工廠。磷酸二銨是肥料，與其他產品的關鍵成分。磷酸二銨廠旁邊則是與美國鋁業公司（Alcoa），合資成立的製鋁公司，旗下擁有先進氧化鋁精煉廠、冶煉廠和軋機。

海爾哈納的磷酸鹽礦、鋁土礦及加工廠的連結，都仰賴沙烏地阿拉伯鐵路公司興建的新鐵路網。不僅如此，雖然耗費了好幾年的時間，但二〇〇〇年，我們與日本重新磋商中立區特許經營權時，趁機取得鐵路資助之後，便由財政部直接發放資金。

這座鐵路網將這些工廠連接到另一座地處偏遠的北部沙漠前哨——瓦拉艾沙默（Walad Al-Shamal），意思是北翼的希望。這座廠區距離利雅德一千一百公里，耗資九十億美元，環抱磷酸鹽礦山，一樣透過鐵路通到海爾哈納。這項計畫完成後，預定會有辦公區、住宅區及一座全新地區學院。未來這座學院每年會有三百名專精的畢業生，來填補廠區預計會產生的白領職缺。

這些計畫都是沙烏地阿拉伯整體長期計畫的內容，旨在將我國經濟工業化，產業多元化，**避免過度依賴石油**。更重要的，可以為我國創造更多就業機會及商機。

談到工作機會，過不了多久，阿卜杜拉國王出乎意料的，直接交辦我一項任務，充分考驗我和團隊的耐力、智力和能力。

2006~2008

第十七章

不能全靠石油，我協助國家轉型

二〇〇五年八月，阿卜杜拉繼任他哥哥的王位才不到一年，便著手實現他過去三十年來，念茲在茲的夢想。他希望**在沙烏地阿拉伯，建立一所世界級的研究型大學**。這所學校會延攬世界研究各領域技術的菁英和學生，與頂尖的沙烏地學生，一起工作與生活，重現伊斯蘭黃金時代的無上榮耀。很快的，我發現自己能參與這個最令人興奮不已又有意義的案子，不僅如此，我竟然有幸可以主導此案。

利雅德的一場會議提及這個話題，但先前的進展慢如牛步。這個案子卡在委員會中動彈不得，我看得出國王很沮喪。後來**我向他提議，為什麼不讓沙特阿美來管？**對於執行重大計畫，我們經驗很豐富，而且公司人才濟濟，都是國內頂尖的人才。我對他說，沙特阿美能把大學辦好。他說：「好。」

自一九六〇年代以來，我國建立了十幾所大學，但大都著重於滿足因人口不斷增加，而產生的一般教育需求，或像法赫德國王石油與礦產大學一樣，是專門訓練烴加工產業的工程師。而且這些學校也遵守沙烏地阿拉伯傳統，嚴格區隔性別。

國王表示，現在是時候，該成立排名世界頂尖的技術大學了。他還說，這所學校將「是永久和平、希望與和諧的燈塔；是調查、探索、研究和學習的世界級中心，並以專長、成就及才能為基礎，開放所有人就讀，同時承襲我國科學傳統」。

實際上，這表示**這所大學將無性別之隔**，對國內許多人來說，這是很具爭議性的計畫。

阿卜杜拉國王的理想是，一所**類似現代的智慧之家**（Bayt Al-Hikma）**的大學，就像巴格達早期的大學，汲取西元八世紀到十一世紀的經驗知識，成就伊斯蘭黃金時代**。在歐洲陷入黑暗時代時，伊斯蘭的新月光輝，由西班牙南部經過北非，照耀到中東和南亞，保存並拓展了物理學、幾何學、醫學、工程學、哲學和天文學等領域的知識。智慧之家正是拓展知識的中心。國王覺得我國社會已有長足進步，應該建立一所開放國民，以及世界各地人士就讀的學校，著眼更長遠的未來，再一次摘取夢想的星辰。

這項任務可說是重責大任。蓋工廠是一回事，我們當然辦得到，但消除本地反對聲浪，又是另一種難題。不過有了國王的恩准，這項難題不難解決。但是建立一所世界級大學？我致電沙特阿美執行長阿卜杜拉．舒馬赫，向他傳達這則消息。

當時舒馬赫在日內瓦，我撥打他的手機才聯絡上。他剛結束沙特阿美執行委員會會議，正沿著湖邊步道散步、運動，還可以一邊遠眺絕美的阿爾卑斯山。我對他說，我幫他拿下了一份新工作，國王要沙特阿美成立新大學。他停下腳步。

他指出，剛剛在會議中，他才談到沙特阿美正因各種計畫忙到不可開交，而且很多案子都是為了達成日產一千兩百萬桶的目標。此外，他們才剛批准二〇〇七年兩百億美元的支出預算，要建設新工廠和翻修、保養現有架構。我們兩人都很清楚，還有預算更高的案子正在計畫中。他告訴我：「對我們來說會很困難。但我們會調整順序，好執行任務。」**我就知道**

我會聽到這答案。這就是沙特阿美積極進取的精神，我要的就是這種精神，好讓這項計畫得以圓滿完成。

規畫流程在五月起跑。四位擁有國際研究背景的高階政府官員，訂定了概念報告。國王選定了紅海邊一塊遼闊但貧瘠的土地作為校址，這塊地在吉達北部九十公里，鄰近小漁村圖沃（Thuwal），具有珊瑚礁生態系統的海洋保護區。校地的陸上面積為一六．四平方公里，和一座小鎮一樣大，海上面積更達一九．六平方公里。國王下令立即動工，盡早完成。

我們初期組成的專案管理工作團隊，包括由納德米．阿爾納斯擔任代理校長，主要是因為他管理謝拜的大型專案成效斐然。我則擔任董事長。很自然的，整個團隊都假設，沙特阿美只負責校園的硬體建設。

沙特阿美的廠房規畫經理，阿姆德．阿卡威特（Ahamd Al-Khoqaiter），也在團隊成員之列。取得麻省理工學院企管碩士學位之後，阿卡威特沒有回到沙烏地阿拉伯，因為他覺得麻省理工學院的校園，非常適合散步。

事實上，多虧了阿卡威特，麻省理工學院的無限長廊，或那條貫穿整個校園，把研究人員集結在共軸上的共同通道，大大影響了我們學校的核心設計。很快的，他開始與資深廠房規畫工程師，阿卜杜拉．阿爾薩利赫（Abdullah Al-Saleh），合作檢討全部文件。為了修改平面圖，他們希望與教務規畫團隊見面，規畫內容包括，科學學科與研究領域、他們需要怎樣的實驗室，與教師和研究生的比例等。

我與國王談話完數天後，我與阿卡威特和阿爾薩利赫在達蘭辦公室見面。我對他們說，**沙特阿美不只要負責蓋校園、周邊房舍，及其他附屬建築，還要負責規畫教務：**「沒有其他人員，就只有你們負責。蓋校舍最不重要，不是什麼大事，因為我們早就駕輕就熟。負責規畫教學才是重點。」

阿爾納斯說：「這是一記警鐘。我們這才明白這不是尋常的任務，還發現這和以往的工作截然不同。」

三年的奇幻旅程由此起步，全心投入成立阿卜杜拉國王科技大學（King Abdullah University of Science and Technology，簡稱ＫＡＵＳＴ）。我們很快的列出，攸關建校成敗的顧問團隊，並與他們聯絡。

華盛頓諮詢顧問團（Washington Advisory Group），是由退休大學校長組成，協助設計阿卜杜拉國王科技大學的學術結構；ＳＲＩ國際研發機構（SRI International）的前身，為史丹佛研究院（Stanford Research Institute），協助開發學校研究重點；由建築師組成的霍克國際建築設計諮詢有限公司（Hellmuth, Obata + Kassabaum, Inc.，簡稱ＨＯＫ），為位於紅海沿岸的實體校園，制定總平面圖。

在發展阿卜杜拉國王科技大學與提供諮詢方面，華盛頓諮詢顧問團的兩位領導者，扮演極重要的角色，分別是前康乃爾大學校長法蘭克・羅得博士（Dr Frank Rhodes），以及眾人敬重的作家法蘭克・普瑞斯博士（Dr Frank Press），他是前美國國家科學院院長，及卡特總統科學顧問。正如普瑞斯博士後對《今日物理》（*Physics Today*）所說的：「這是一項規模龐大的實驗，將會改變整個國家，還代表沙烏地阿拉伯，即將成為**國際研究型大學**的一員。」

這「兩位法蘭克」（我們喜歡這麼叫他們），大力為我引薦全球各地的大學校長，及頂尖研究人員。兩位法蘭克、阿爾納斯和我，一同旅行了無數次，前往北美、歐洲和亞洲的重要研究型大學，學習全球的標竿。他們幾乎都很親切的招待我們，讓人印象深刻。

但是當然也有人，對我們抱持懷疑的態度。有位與我們會面的教師說：「你一定是瘋了，不然就是搞不懂狀況。但是當你開始進行任務時，有時候不知道事情究竟有多艱難，也算是件好事。」

華盛頓諮詢顧問團還有一位成員，布魯斯・蓋爾博士（Dr Bruce Guile），是個很隨和的加州人，在這個領域有超過二十年的經驗。他回憶第一次接到關於成立阿卜杜拉國王科技大學的電話時，說道：「我以為他們在開玩笑，我認為他們撐不過六個月。但我們從不回頭看。事情進展的速度快得驚人。」

校舍尚未完工，研究已經開跑

我們參訪的很多大學一開始就答應要和我們結盟，共同訂定我們的整體課程，並延攬和訓練在特定領域積極進行研究的教授。這些學校包括史丹佛大學、加州大學柏克萊分校（University of California, Berkeley）、德州大學奧斯汀分校（University of Texas at Austin）、劍橋大學（Cambridge University）和倫敦帝國理工學院（Imperial College London）。**即使還在蓋校舍，我們已經與許多大學聯手推出協同研究計畫**，讓我們得以迅速啟動學術研究。

創辦阿卜杜拉國王科技大學初期時，建立的夥伴關係與聯盟就可以看出，我們的全球研究計畫的國際視野。這些夥伴學校，包括美國麻州費爾茅斯的伍茲霍爾海洋研究所（Woods Hole Oceanographic Institution in Falmouth, Massachusetts）、法國石油研究所（Institute Francais du Petrole）、新加坡國立大學（National University of Singapore）、印度理工學院（Indian Institute of Technology）、開羅美國大學（American University in Cairo），及慕尼黑理工大學（Technische Universitat Mucnchen）。

我們和SRI國際研發機構一起設立，阿卜杜拉國王科技大學的前四所研究機構，**把重心放在協同研究**，希望能跨越多數大學傳統學科制所導致的知識「孤島」。第一項研究側重於能源和環境資源、生物科學和生物工程、材料科學與工程，以及應用數學和計算科學。最

▲ 2009 年，阿卜杜拉國王（右）頒發獎狀給我，表揚我投資阿卜杜拉國王科技大學。成立大學和沙特阿美平常執行的超大型計畫有所不同。在某方面來說，打造硬體很容易，正確理解文化、感受和原則，才是更大的挑戰。

初先提供這九大領域的高等學位。

對訂定阿卜杜拉國王科技大學的創辦書，法蘭克・羅得博士居功厥偉。這份文件明確闡述，學校願景及使命，尤其是學校對於學術精專程度與自由度的承諾。石油部律師先對該團隊擬訂的草案稍做修正，我自己也進行審查，以確保其呼應政府政策。二〇〇六年十二月十一日，國王和皇家法院批准該文件。

在沙烏地阿拉伯，最具爭議的也許是，學校宗旨為「以最高標準學術成就，與成效為基礎，建立不分國籍、不分性別、合乎道德、健全、多元化和具吸引力的學術共同體，為社會進步繁榮，竭盡心力。」這是沙烏地風俗與作風的重大突破，而且並非徒具虛文。國王明白，如果我國要創辦真正能在世界名列前茅的機構，這是必要的。經驗顯示國王並未錯信他的國民。

霍克團隊幾乎每天日以繼夜的工作，他們利用中東和歐美的時差，透過全球辦公網路，將計畫修正案的電子檔，送達世界各地。自古以來，當地就持續使用風塔這種被動式冷卻技術。他們也調整中央研究大樓，以便利用風塔將海風，導入通往紅海邊大樓的公共區域。此外，太陽能電板沿著大型公共屋頂，和其他建築物表面鋪設，結合其他被動式及主動式科技，使這座學校的校園非常節能。

二〇〇七年十月，沙特阿美在阿卜杜拉國王科技大學校址，為這項預算高達數十億美元的工程，舉行破土典禮。這個計畫由阿卜杜拉國王主持，近一萬五千名政要出席。我們明確展現不願等到校舍落成再展開學術工作的意圖，所以在舉行破土典禮的同時，我們召開了「二十一世紀研究型大學之功能」學術研討會。

阿卜杜拉國王科技大學的設施用途廣泛，建築材料多樣，由某些角度來說，這個案子比我們在國內其他地方建造的大型處理廠，還要複雜得多。學校各處都備有各種世界級的實驗室，還包含造價約十五億美元的科學儀器，包括一部速度在中東數一數二的超級電腦。二〇〇八年，工程達到高峰期時，有數萬名工人住在這裡，他們的工作或生活所有必需品，皆由吉達或國內其他地方運送過來。

阿卜杜拉國王科技大學的初期建設成本，由我們支付，但我們知道有必要設置基金，來因應未來的辦學所需。我堅決認為阿卜杜拉國王科技大學，必須擁有自己的資金來源，才能維持獨立性。我們快速檢視各家研究型大學，並擬定了一個數字。我求見國王，向他稟告我需要一百億美元，作為阿卜杜拉國王科技大學的資金。他說：「阿里，這是一筆大數目。」

我同意，但我說我還訂了募款計畫。十年來，油價大都在上漲，所以不但創造了收入來源，而且每年都大大超出預算支出，所以每年預算盈餘都不斷在增加。我寫了一封信請國王簽名，請他指示沙特阿美，從原油收入轉撥一百億美元，到阿卜杜拉國王科技大學帳戶。他簽了，一切安排妥當，至少我以為是這樣。

我們的顧問又回來找我，說一百億美元的捐贈基金太少。他們說如果基金功能要完善到，讓阿卜杜拉國王科技大學成為理想中的大學，那會需要一百七十五億美元。

我又去求見國王，決定湊整數以求安心，說自己還需要一百億美元。他表示：「阿里，這金額太高了！」我解釋：「相信我，這樣才能確保學校運作無虞。」他要我給他兩週的時間想想。我回他：「我已經準備好了，我要這一百億。」他搖搖頭說：「你真是難搞又善變。」他簽了第二封信後，我們又拿到了一百億的阿卜杜拉國王科技大學基金，交託一家獨立投資公司管理。

我們由世界各地引進學者及大學領導人，二〇〇七年還成立了國際諮詢理事會，兩年後由常設理事會取代。**新加坡國立大學校長施春風**（Shih Choon Fong），就是其中一位理事，他曾在美國擔任各種研究及教學職位逾三十年，包括奇異和布朗大學等機構。一開始他覺得自己沒時間把阿卜杜拉國王科技大學辦好。但是他了解得越多，就越想參與這個前所未有的計畫。這樣很棒，因為在二〇〇八年一月，他同意**成為阿卜杜拉國王科技大學創校校長**。

有了施校長，遴選全球各大學教師的腳步就加快了。此外，二〇〇八年一月，阿卜杜拉國王科技大學，對全球各大學優秀的男女工程和技術科系學生，提供一百七十八個獎學金。我們以非常嚴苛的標準挑選學生，其中有八十多名來自沙烏地阿拉伯。在第一批四百名研究生中，他們是重點學生，將在二〇〇九年九月，進入阿卜杜拉國王科技大學，與七十五名創校教師緊密合作，共創美好的未來。

起初，有些沙烏地家庭不考慮讓女兒就讀男女混校。我們理解他們的考量，也為學生及家人舉辦參觀日。漸漸的，他們參訪學校，理解阿卜杜拉國王科技大學的課程內容，以及本校能為他們的寶貝女兒提供良好機會後，很多人變得非常感興趣。我國許多優秀的學生，不論性別，都想進入阿卜杜拉國王科技大學就讀。

我們同時以極高的標準要求所有的學生。一開始有些人說，因為阿卜杜拉國王科技大學，是一所沙烏地大學，所以**學校裡的沙烏地人**應該占了九〇％。這絕對不是真的。為了達成真正的國際化，沙烏地人的比例，不應超過五〇％，而現在的比例更**只有大約為三〇％**。

當第一批研究生準備入學時，我們就已經在計畫成立另一所獨立專責研究機構。這所機構靈感來自國王，名為阿卜杜拉國王石油研究中心（King Abdullah Petroleum Studies and Research Center，簡稱KAPSARC）。

沙特阿美再次被交辦負責建設研究園區，這次園區位於利雅德市郊。和阿卜杜拉國王科技大學一樣，我們還在蓋中央園區時，研究計畫就已經起跑了。這座園區是由知名伊拉克建築師，札哈．哈蒂（Zaha Hadid）設計，更是節能和有機設計的絕佳範例，園區中央結構採六邊形概念，方便未來擴建。

今日，阿卜杜拉國王石油研究中心的使命，是希望協助解決沙烏地阿拉伯和世界未來的能源問題。以沙烏地阿拉伯來說，問題的核心在於過度依賴化石燃料。

阿卜杜拉國王科技大學，和所有新創事業一樣，都會經歷一些成長的痛苦。然而就如同它對沙烏地社會未來的影響一樣，它對知識創造的影響力逐年增強。理海大學前校長艾麗絲．高斯特（Alice Gast）說：

> 阿卜杜拉國王科技大學非常重要。這所極具開創性的頂尖研究型大學，吸引了全球才華洋溢的教師和學生，**研究對我國和全世界來說，都相當重要的議題：食物、水、能源**，沒有什麼比這些更不可或缺。這個機會令人興奮不已，我們可以從頭開始建立道道地地的世界級機構。

這對我來說是一項艱鉅的挑戰，但在我人生中，它的價值也最高。許多人貢獻心力，才造就它的成功，或是說持續的成功。功臣實在多到不勝枚舉。但阿卜杜拉．舒馬赫的優秀領導，居功厥偉。**其他石油公司執行長，哪裡會接到要蓋大學的電話後，然後輕鬆搞定**？這對他和我們所有人，都造成了龐大的額外壓力，但我們辦到了。即使經歷歲月風霜，這所學校仍會是一個鐵證。創辦阿卜杜拉國王科技大學的過程中，我們遇到了許多迷人、聰明且出色的夥伴，而教育機會正是最棒的禮物。

阿卜杜拉國王的願景成真了，下一代的學生將受惠於新的學校設備。阿卜杜拉國王科技大學，與其他沙烏地大學密切合作，共同進行研究，這已為我國帶來正面的成果。阿卜杜拉國王科技大學，還與各個沙烏地政府機構合作，如與農業部合作，研究耐旱、耐鹽小麥品種。希望這項研究以及未來的諸多研究，都將幫助人類克服科學和技術上的挑戰，為所有人打造更美好的世界。

我知道這些聽起來很老套，但我深信教育和所有人的力量都很強大。我證明了透過辛勤工作、熱忱投入，和良好的教育，最後再加上一些運氣，一定可以有所成就！

2008~2014

第十八章

對付金融海嘯怪象：沒有買家油價卻暴漲

過去，打油價戰主要是為撐起油價，但是從二〇〇八年起，我們拚命不讓油價飆高。這一樣具有挑戰性，而且更需要全球共同努力與順利協調。

沙特阿美為了穩定全球石油市場，盡力提升石油備用容量，因而付出了前所未有的代價。由於計畫不斷增加與擴大，再加上通貨膨脹和材料短缺，提高了建築成本，計畫支出預算由二〇〇五年初的五百億美元，增加到二〇〇八年的六百五十億美元。而且這還不包括蓋阿卜杜拉國王科技大學，耗費的數百億美元。

雖然光看這些金額會覺得很可觀，但相較這十年前後，我國為規模驚人的開發計畫編列了共五千億美元的預算，這些金額只是小巫見大巫。這筆龐大的金額從用於建立全國各地的新市鎮，到提供扶植新產業的基金，以延續經濟多元化。

這個想法已經醞釀多年。除了開發超過六個世界級的油氣處理廠外，我們也建立了國家**石化工業**。在早期的天然氣倡議招標過程中，排除石化產品之後，我們就開始研究如何利用石化產品，進一步提升經濟多元化。我們延請顧問協助評估各種選擇，並特別研究新加坡、韓國和日本等其他國家在這方面的成就。沙烏地基礎工業公司成立於一九七六年，主要生產基礎石化產品及其他材料。

二〇〇五年，沙特阿美與日本住友化學公司（Sumitomo Chemical Co.），合資成立拉比格石油公司，朝著這個目標邁出一大步。二〇一一年，在阿拉伯海灣的朱拜勒，我們展開另一項大型石化計畫，沙特阿美和陶氏化學公司（Dow Chemical Co.），聯手成立世界級合資企業，薩達化工有限公司（Sadara Chemical Co.），主要將生產乙烯和聚乙烯。

這些包括石化、化肥和鋁等新興產業，將為我國年輕、快速成長的人口，提供數十萬個就業機會。

原油價格不斷上漲，讓這一切美夢成真。二〇〇八年三月三日，紐約商品交易所的石油合約價格，每桶高達一〇三．九五美元，比一九八〇年四月調整通膨後的歷史高價，還要高十九美分。這是數年前的平均價格的四倍，而且不見回跌跡象。身為石油部長的我前瞻未來，覺得我們置身無人開發過的新天地。

就各方面而言，沙烏地阿拉伯的瘋狂支出，彌補了過去失去的時間。一九八〇年代後期和一九九〇年代末期，油價暴跌，導致我國人口繼續成長，但基礎設施的長期投資卻不足。我們同時也希望能避免重蹈覆轍，不走上一九七〇年代後期，油價攀升後不加節制開支的情況。這次我們集中投資國家的未來，正如我在二〇〇八年一月向《紐約時報》表示：「這個策略包括擴大沙烏地的經濟基礎，使國家收入來源多樣化，吸引國際投資，並享受此類計畫帶給沙特烏地人民的直接和間接利益。」

全球原油需求飆漲，導致二〇〇七年油價數次上漲。二〇〇八年初需求趨緩，但油價卻繼續攀升。**全球各地一系列的獨立事件造成供貨緊縮，並產生油價風險溢價的聯合效應**（指一個人在面對不同高低風險、且清楚高風險高報酬、低風險低報酬的情況下，會如何因個人對風險的承受度，影響他是否要冒險獲得較高的報酬，或接受已經確定的收入，放棄冒險可能得到的較高報酬）。

二〇〇八年二月，委內瑞拉將埃克森美孚資產國有化，因而深陷後續法律糾紛之中，導致這家大型石油公司停止銷售。幾個月之後，墨西哥表示其大型油田，坎塔雷爾油田（Cantarell oilfield）產量下降，石油出口急遽下跌。三月，伊拉克的兩條出口油管被炸毀後，產量每天下降約三十萬桶。四月，埃克森美孚再次受到攻擊，不過這次地點是在奈及利亞，當地的工會工人罷工，造成每日產量下跌七十八萬桶。六月，在各家石油公司的各種設施，遭到劇烈攻擊與破壞後，奈及利亞每日下跌的產量已達一倍，到一百六十萬桶。四月下旬，北海的蘇格蘭石油工人罷工，導致四十多條油管被迫關閉，這些油管的運輸量占英國北海產量的一半。

沒有買家，油價弔詭高漲

由於油價上漲，沙烏地阿拉伯發現自己正面臨危機。我們一直主張，應該維持油價穩定，維持、開發充足供油量的成本，才能與由全球經濟成長帶動的需求，取得平衡。二〇〇八年開春不久，我們強烈的感受到，**儘管有上述事件，但油價與市場現實高度不符。在這段時間裡，我們找不到其他石油買家**，這表示全球經濟比多數人想像的更孱弱。**然而原油價格每桶竟高達一百二十美元，接著還漲到一百三十美元**，並以一百四十美元收盤。我們認為期貨市場的投機性採購，是推高油價的幕後黑手。

美國能源部長薩姆．博德曼表示：「當時真是緊張萬分。油價上漲，白宮還打電話來問因應措施可能造成的後續效應。我試著解釋，這需要時間才能看到成效。」

因為油價上漲，有些城市的美國人買到將近一加侖四美元（一公斤為新臺幣四五〇元）的零售油。無奈的是，當年又有總統大選。共和黨人利用高油價，作為推動擴張鑽探石油計畫的理由，約翰．麥肯（John McCain）的競選大會上，眾人大喊：「盡情鑽油！」民主黨候選人希拉蕊和歐巴馬認為，高油價證實了油峰論，還強調需要開發替代性能源。

二〇〇八年一月中旬，美國總統布希及副總統錢尼，在他們的中東行訪問我國。雖然他們關切的重點在於區域和國際安全問題，但能源價格也是他們訪問時，優先討論的議題。正如一月十五日，布希總統對一群沙烏地企業家所說的：

> 我與大使談過，今晚將再次與國王陛下談論，油價非常高，這對我國經濟相當不利。我希望石油輸出國家組織考慮改變產量。他們知道，如果他們最大的消費者經濟受創，這意味

▲英國總理戈登．布朗（左）與阿卜杜拉國王（中）在 2008 年合影。我坐在國王後面。布朗對於全球石油業不甚了解，以他前財政部長的身分，著實令人驚訝。

著購買量降低，石油和天然氣銷售量當然也會下跌。

我在利雅德與美國總統和副總統短暫見面。我知道錢尼了解石油市場，所以我主要是向總統提出個人看法，詳細解釋並無石油短缺一事，並指出包括埃克森美孚在內的主要石油公司，**都沒有購買我們公司的石油。如果最大的客戶都不買我們已投入到市場的石油，為什麼還得鑽更多石油？**

總統仔細傾聽我說話並頻頻點頭。當我說完後，他轉身向副總統說：「迪克，當我們在沙姆沙伊赫與埃及會晤時，提醒我要談到這些重點。」可惜第二天在埃及會議中，總統與胡斯尼．穆巴拉克總統（President Hosni Mubarak，埃及前總統，自一九八一年起擔任埃及總統，至二〇一一年初，長達三十年之久），沒有談及任何石油市場的相關討論。起碼我們盡力了。

有些歐洲國家也不太了解，危機時期的石油市場機制，我記得英國首相戈登．布朗（Gordon Brown，二〇〇七年至二〇一〇年擔任英國首相及工黨領袖），要求我國抽取更多的石油，好讓價格下跌。我問他是否願意買石油？他拒絕。我又問英國石油公司是否會買？他又再次拒絕。最後我必須向他解釋石油市場的運作方式。

我要沙特阿美執行長舒馬赫遊說客戶購買更多原油，他也照辦了，但客戶不要。我直接向當時法國公司道達爾總裁，克里斯多福．馬熱里（Christophe de Margerie）攤牌：「你要更多石油嗎？來拿。但你又吞不下。」他同意他們沒準備要進一步成為買家。

我們人在沙烏地阿拉伯，發現自己有責任遏止**石油市場的炒作歪風**。二〇〇八年六月，阿卜杜拉國王在吉達舉行產油國和石油消費國的緊急會議。石油輸出國家組織代表石油生產國，已有悠久的歷史，主要石油消費國則成立了的國際能源總署（International Energy Agency，簡稱ＩＥＡ），總部位於巴黎，當初成立是為了解決一九七三年至一九七四年的石油禁運危機。但雙方常溝通不良。一九九〇年薩達姆．海珊入侵科威特之後，石油生產國和石油消費國間展開密切協調。隔年進而成立國際能源論壇（International Energy Forum，簡稱ＩＥＦ），作為石油生產國與消費國間的對話橋梁。

當時國際能源總署首席經濟學者，法提赫・比羅爾（Faith Birol）明白情況非同小可，他說明：「吉達會議至關緊要。高油價重創全球經濟。然而，唯一覺得有責任調節全球石油市場的國家，只有沙烏地阿拉伯。」

吉達會議於六月二十二日舉行，共有三十六個國家及大型國際石油公司代表出席。石油輸出國家組織、國際能源總署，和國際能源論壇代表，也都出席該會議。儘管國王理解我們的立場，認為供油量要滿足當前需求綽綽有餘，但他希望我們以行動加強我們對穩定長期油價的承諾。因此我們宣布將原油日產量提高二十萬桶，到九百七十萬桶，是一九八一年以來的最高產量。

當時的國際能源總署署長瑪麗亞・范德何文（Maria Van der Hoeven）日後表示：「吉達會議只是象徵性的會議。並非所有象徵性會議都很重要，但這一場絕對至關緊要。」當時的國際能源總署祕書長，諾埃・霍爾斯特（Noe Van Hulst）也同意：「沙烏地阿拉伯單方面宣布增產，並增加投資，好提升產量。這個動作非常重要。」

吉達會議和宣布的政策，沒有立即影響油價，對此我們自然感到喪氣。事實上，油價漲得更高，因為伊朗的導彈試驗，它周遭地區進而提高警覺，所以油價在七月十一日達到一四七・〇二美元的新高。接著商品市場觀點與價格，照例迅速逆轉。在這個夏季，原油價格皆欲振乏力，只有曇花一現的暴漲幾次。

正如國際能源論壇幾年後的紀錄指出，在說服市場以更具彈性的供給曲線來訂價上，沙烏地阿拉伯的行動發揮了關鍵作用。**價格上漲的動力，部分是因為主要生產國不願或甚至無法增加產量，以限制油價上漲，但是當某個關鍵生產國宣布增產並執行後，這個論點就站不住腳了**。

二〇〇八年八月，原油價格回跌至一百二十美元以下。九月石油輸出國家組織在維也納舉行會議的第二週，油價下叩一百美元關卡。我們擔心價格還需要繼續跌，才能將需求再次逼出來，並防止全球經濟陷入衰退。然而，石油輸出國家組織投票決定，每天減產五十萬桶。我們同意減產，但同時也向主要客戶保證，只要他們需要，石油供應量無虞。

金融海嘯過境，歐美阻升油價以求經濟回溫

九月十五日，雷曼兄弟宣布破產，全球一夕風雲變色。後來的**全球金融危機，使油價由下滑轉瞬為暴跌**。石油輸出國家組織在十月，以繼續減產一百五十萬桶因應，但價格仍繼續下跌。歐巴馬當選美國總統後不久，每桶原油在十一月初，以每桶低於六十美元的價格作收。石油輸出國家組織於十二月中，在阿爾及利亞瓦赫蘭海岸度假村，再次舉行會議時，原油價格為每桶四十美元，與七月的高峰相比，跌幅逾七〇%。

進入在奧蘭的會場時，我下定決心，我們必須大幅減產並堅持到底。幾週前媒體已大幅報導國王阿卜杜拉表示，七十五美元上下是公道的價位，可滿足產生產者和消費者雙方的需要。在二〇〇八年接近尾聲時，石油生產國面臨驚人的新現實：**全球金融危機導致全球原油消費量，在二十五年內首次下滑。**

與一九九八年至一九九九年的危機期間一樣，我們需要非石油輸出國家組織的產油國，同步減產，好盡量拉高對價格衝擊。我在奧蘭私下與俄羅斯副總理兼國營俄羅斯石油公司（Rosneft oil company）董事長，伊格·謝欽（Igor Sechin）會面。他同意雙方都減產約三十萬桶。我們握手時，他說他要對媒體宣布俄羅斯削產的消息。

《彭博新聞》（*Bloomberg*）隨後報導：「謝欽表示，俄羅斯前一個月，已每天減少出口三十五萬桶的石油。如果價格沒有上漲，俄羅斯準備再減少三十二萬桶。」但俄羅斯根本沒有減產過。兩個月後，石油輸出國家組織祕書長，阿卜杜拉·艾·巴德里，說他：「非常失望。」

俄羅斯並未遵守承諾。二〇〇八年底，他們不僅沒有依照協議減產，根據彭博社報導，當謝欽在二〇〇九年三月聲稱「減量供應」時，另一位俄羅斯石油公司主管彼得·歐布萊恩（Peter O'Brien），證實他們計畫將原油產量再提高，而且相較於二〇〇八年的產量，會再高出二%。

無論俄羅斯是否與我們一起行動，我希望二〇〇八年十二月，石油輸出國家組織會議的結論，盡可能影響油價。奧蘭會議結束時，我們宣布將每天減產兩百二十萬桶，是石油輸出國家組織史上最大單一減量行動，每天全球因此共有四百二十萬桶原油，在市場上消失。幾星期後，最新的減產行動全面影響市場，這段期間的交易價，在每桶三十至三十五美元間。

我深信我們在訂定石油底價方面，發揮了關鍵作用。為確保能影響市場，二〇〇九年一月，沙烏地阿拉伯的產量每天減少三十萬桶，到七百七十萬桶左右，與二〇〇八年中的最高產量相比，每天少了整整兩百萬桶。

油價崩跌時，我盡量保持冷靜。我當然知道要市場維持一百四十七美元的天價，太不真實，同時我也明白，每桶三十二美元的破盤價不實際，所以我們的目標是繼續專注在眼前的任務。

二〇〇九年初，油價迅速反彈，每桶交易價落在四十至五十美元的區間，六月更回升到六十美元，且持續走高。但即使最殘暴的風雨已經過去，石油生產國還是沒什麼好開心的，因為這一年來需求不振，我們決定不增產。當然，**我們受到來自美國和其他主要石油消費國的壓力，在世界各國經濟開始各自回溫時，不能採取任何可能損及景氣的行動**。二〇〇九年，全球石油需求已經連續第二年下降。

在該年第四季，油價回到接近阿卜杜拉國王一年前宣布的目標價，七十五美元。當時有報導說我把這個價格形容為，「邊際生產者所需的價格，因為這個價格，能維持投資並未雨綢繆，為未來的消耗需求提供充分供油量」。我越來越相信我們與全球各地，都已擺脫最惡劣的經濟衰退。

地底儲油最多，地表太陽能最旺

二〇一一年十二月，英國智庫英國皇家國際事務研究所（British think-tank Chatham House），發表了一份報告，強調政府內部許多人留心的問題。報告指出：

世界上最大的石油出口國，在國內消耗了這麼多的能源，導致其穩定世界石油市場的能力已岌岌可危。沙烏地阿拉伯對本國石油和天然氣的需求，以每年七％的速度成長。依照這樣的成長速度，沙烏地阿拉伯的石油消耗量，將在十年內增加一倍。根據「基線情境」（business as usual）預測，這會危及該國出口石油到全球市場的能力。以沙國對石油出口收入的依存度來看，無法擴大出口將嚴重影響該國經濟，及政府是否能繼續支撐國內福利服務支出。

英國皇家國際事務研究所估計，沙烏地阿拉伯消耗的石油約占產量的四分之一，原本可能出售這些石油賺回出口收入。但是我們以生產成本的價錢，出售石油給本國電業和其他公用事業公司，而且單單是低效能的空調機組，就占了六五％的能源使用量。正如國際能源總署首席經濟學家，法提赫·比羅爾所說：「如果可以使用天然氣發電，用石油就沒有經濟效益，就像用香奈兒香水加油一樣。」

儘管如此，沙烏地阿拉伯人均能源消耗量，約為全球平均值的兩倍，所以如果繼續不管制國內消耗率成長，實際上**可能在二〇三八年前**，**成為石油淨進口國**，英國皇家國際事務研究所，做出這樣的結論。雖然我國政府人士，不認為我國消耗量會繼續以這個速度，成長這麼多年，但對我國社會，這確實是一記遲響的警鐘。

隔年五月，我國政府發布了一項遠大的能源供應多元化長期計畫，並投入數十億美元**研發替代能源**，**以太陽能發電為主軸**。最初的目標是在二〇三二年，以太陽能發電取代將近三分之一的電力需求。風力能源和地熱能源也將被納入替代能源計畫。

我們將目標日期推至二〇四〇年，原因很多，包括繼續評估應該發展什麼科技。我們還師法國、德國和西班牙，他們近年來大肆提供政府補貼，引發一窩蜂的太陽能面板安裝潮。但是，我們一樣堅守對替代能源的承諾，特別是太陽能。

我國坐落於全球已知最大的原油儲存庫上，為什麼還要長期投資太陽能和其他再生性能源？如果你查一下地圖，**看看全球哪個區域的太陽能輻射最強？答案是沙烏地阿拉伯**，尤其是西北部。這裡和撒哈拉沙漠同樣名列前茅，表示我們的**地底藏著龐大的儲油，而地上也有豐沛的太陽能蘊藏量**。

我決定投入太陽能，並把太陽能做大，我認為這是未來的王道。我相信科技，身為科學家，我當然相信科技，而且沙烏地阿拉伯就坐落於最有利發展太陽能的地點。我們有土地，還有矽土，也有太陽。我們能成為全球的太陽能發電機。

我激勵這個領域的每位研究員。近幾年來，這個領域的發展速度飛快，太陽能面板的效能大幅提升，也因此拉低成本，面板效能有時甚至高達八〇%。沙特阿美已經與沙烏地國營電力公司（Saudi Electric Company）簽署合約，為我國偏遠地區提供三十億瓦的太陽能電力，降低工廠對柴油燃料的依存度。

沙特阿美並非孤軍奮戰。沙烏地太陽能公司（ACWA Power），是世界上最具競爭力的太陽能公司之一。最近在杜拜、摩洛哥以及南非都有先導計畫。

圖爾基．本．沙特．本．穆罕默德．阿勒沙特王子，掌管阿卜杜勒．阿濟茲國王科技城（King Abdulaziz City for Science and Technology，簡稱 KACST）。這所國立研究發展機構位於利雅德，是我國推動太陽能技術的領導者，在二〇一五年中，他告訴《大西洋雜誌》（*The Atlantic*）：「我們對太陽能發電深感興趣，而且在我國，太陽能很快就會呈指數性成長。」

我不想只和全球各地太陽能製造商簽約，再由我國的公共事業公司或沙特阿美安裝，這樣太不費吹灰之力。我、圖爾基王子和其他人，包括再生性能源法令監管單位——阿卜杜拉國王原子暨再生能源城（King Abdullah City for Atomic and Renewable Energy）的高階主管都希望，我們由最基礎的矽沙開始，建立本國太陽能產業。

早在一九七九年，我們就曾在利雅德北方的一個小地方，**與美國一起進行太陽能實驗計畫。卡特總統也在同一年，將太陽能面板裝設在白宮上**。但是由於一九八〇和一九九〇年代，我們把全副心思放在開發石化燃料資源上，所以不管是這座工廠，還是白宮屋頂上的面板，都被打入冷宮。

現在終於計畫要工業化生產太陽能面板及設備。幾十年前，我告訴沙特阿美工程師，從懷俄明州進口過濾用沙，是一件荒唐事，因為我們國內到處都是沙。所以我們動身出去尋找，發現自己的沙子就是最好的解決方案。對於太陽能面板，我們長期以來也抱持相同的態度。大多太陽能面板不可或缺的材料就是矽土，而我們多得是。

我們推動可再生性能源的思維流程，既簡單又直接。我們決定對可再生性能源技術，投資這麼多，就是希望確保掌握知識發展，而非僅為他人的成品付費。我們希望盡量善用整個產業鏈的價值，如此反過來能提升我國工業化程度，並創造就業機會。阿卜杜拉國王科技大學，及其太陽能光電工程研究中心，率領多所大學，與政府和民營太陽能公司協調，一同致力實現這個目標。

二〇一〇年，重新啟動利雅德北部烏雅那鎮（Al-Uyaynah）的計畫，阿卜杜拉．阿齊茲國王科技城，在該地建了實驗性太陽能面板組裝線。第二年，產能增加三倍。依照計畫，還需要再蓋一座太陽能電池廠，而且這座工廠必須有能力跟中國現有的大型工廠競爭。由於中國勞動力成本低廉，又有政府補助，所以過去十年來，全球多數太陽能電池製造，已在中國發展起來。我們仍須克服許多障礙，但希望我國最終將晉身全球效率最佳的太陽能電池製造商之林。

我們擁抱的太陽能科技，不會在一夜之間就改變我國社會。儘管如此，政府機構解決了監督和法令問題，讓我國民間企業在太陽能和可再生能源領域，處於領先地位。對此我也感到特別高興。我們為人民、男性，及越來越多的女性，開拓新商機和職涯，就是期望看到這樣的社會轉變。

從石油生產到發展太陽能資源，我們致力達成或超越我們所有工業部門的相關環保標準。讓我澄清一點：**我們相信氣候變化，真的。但問題不在於化石燃料本身，而在於燃燒煤炭、石油和天然氣所排放的有害廢氣。解決辦法絕不是讓世界上最棒、最豐沛、最具經濟效益的能源資源長埋地底。**

除此之外，我們尤其注重**碳捕獲與封存**。沙特阿美最近推出了中東規模最大的二氧化碳強化採油研究展示計畫。我們每年從哈瑪利亞天然氣廠，收集八十萬噸的氣體（主要是二氧化碳），再透過管線轉送到位於奧斯曼尼耶油田的工廠，把這些氣體注入原油儲油槽，以維持壓力。

就某些方面而言，我們算是重啟這項計畫，因為初期就已將天然氣及甲烷灌入油田以維持氣壓，而非如二氧化碳等廢氣。之後在一九七〇年代，開始注入處理過的海水，並另用天然氣促進經濟成長。這項碳捕獲與封存計畫仍在初期階段，但已展現出大有可為的成果。

所以，從二〇〇八年開始，我就忙碌不堪，對付高油價、經濟多元化和日益重要的氣候問題。我甚至沒有談到阿拉伯之春（Arab Spring），這波浪潮讓這個地區的各國領導者，都面臨更多挑戰。

但是，如果我以為自己可以進入冷靜省思的階段，那就大錯特錯了。

2014

第十九章

頁岩油挑戰王座，這回我無為而治

自史前時期，人類就已經開始從地底抽取石油，幾千年來，石油被用於建築、暖氣和照明。然而要到十九和二十世紀，我們才親眼目睹，現代石油業巨大的影響力，部分是因為內燃機問世，接著是因為大眾運輸的動力，從煤炭轉由石油。從那時起，石油和越來越多衍生自石油的高價值產品，都已成為現代經濟體的關鍵要素。在各個方面，化石燃料協助成就今日的西方繁榮經濟，對發展中國家未來的成長，也將發揮關鍵作用。

這本書讀到此處，相信有一點已昭然若揭：**過去幾十年努力控管油價結果有好、有壞。石油是商品，需求有起有落，價格時漲時跌**。這種現象由來已久。

然而到二〇一四年，**頁油岩為全球石油市場開啟全新的篇章**。

雖然被視為新風潮，但在中古世紀，歐洲人已有頁岩油的相關研究文獻。在一八三〇年代，法國已商業化生產這類石油，並在十九世紀中，迅速蔓延至整個歐洲、美國及加拿大。與在多孔岩層發現的慣用石油和天然氣相比，**這種油與緻密岩緊密結合**。但漸漸的，相繼發現便宜的鯨油（whale oil，取自鯨魚並經過提純的油，工業革命的能源基石），以及後來的慣用的原油，所以各地便摒棄生產成本昂貴的頁岩油。

雖然從二〇〇九年起，油價相對穩定，持續維持在一百美元左右，也代表頁岩油這個曾被嫌不夠便宜的能源，再度獲得青睞。不論是大型或小型石油生產商（尤其是美商）都前仆後繼的投入。但全球馬上感受到後果。

針對頁岩的興起，及其他「緻密」油源的發展過程，我們心知肚明，所以並不擔心。未來幾十年，需要開發新的石油和天然氣來源，以滿足全球日益蓬勃的能源需求。現有油田的產量正常減少，再加上亞洲、非洲和拉丁美洲等發展中國家中，大量成長的中產階級，造成能源使用增加，這意味著未來幾十年，需要更多的石油和天然氣。雖然沙烏地企業提供的可再生性能源，也能夠滿足部分需求，但絕不可能完全取代。

二〇一四年中，頁岩油這種高價生產出來的原油供應量超過需求量，當然，這時市場就會發揮力量，那隻隱形的手開始拉低價格。

就石油和金融資本方面，世界各地普遍期望，沙烏地阿拉伯再次調低產量與收入，以利支撐油價及對我國出口產品的長期需求。我們在一九八〇年代和一九九〇年代不就曾這麼做了嗎？嗯，沒錯，**我們做過了，也吃了大虧**。二〇一四年，我們學到了教訓。這一次情況大不相同。

石油輸出國家組織和許多觀察家一樣，對美國頁岩油業的發展速度後知後覺。最初的頁岩熱潮僅限於天然氣生產，幾年後，北達科他州巴肯盆地（Bakken basin），以及德州頁岩油鑽探擴張，引發了頁岩油熱。在德州米德蘭市，成千上萬的工人湧進追尋發財夢，一九七〇年代後期的石油熱似乎又重現了。從房屋到鑽頭，所有器材的成本飆漲到天價。

石油輸出國家組織在二〇一一年的《世界石油展望》（*World Oil Outlook*，石油輸出國家組織的出版品，有助於油價穩定）表示：「頁岩油只不過是讓原油供應，多了一道來源。」但是在二〇一二年，局勢全然改觀。石油輸出國家組織也承認：「頁岩油大大改變了供應情勢。」事實上，根據美國能源資訊管理局，**多虧了頁岩油，美國石油產量在二〇一二年，每天增加八十五萬桶**，二〇一三年增加九十五萬桶，二〇一四年增加一百二十萬桶。普華永道聯合會計師事務所（PricewaterhouseCoopers）估計，到了二〇三五年，全球頁岩油產量可能達到每天一千四百萬桶。

頁岩油強勢登場，馬上供過於求

到二〇一四年底，新增的頁岩油，使美國產油量每日接近九百萬桶，比二〇〇八年金融危機前夕高出八〇%，和沙烏地阿拉伯的生產量大致相同。**上次美國每日產油量高達九百萬桶，是什麼時候？一九八六年，原油價格崩盤的那年。**

最初這種新型頁岩油，對居高不下的全球油價沒什麼太大影響。部分是因為某些關鍵產油國，特別是利比亞和伊拉克，因為阿拉伯之春而發生混亂和內戰。例如，在內戰前，利比亞石油產量約為每日一百八十萬桶，二〇一三年下半年和二〇一四年初，跌到每天二十五萬桶的低水準。因此，頁岩油一度彌補了利比亞的減產。

我們不太擔心頁岩油生產，其中的一個原因是，我們預測需求成長強勁，尤其是亞洲地區。但到了二〇一四年初，原油需求並不如預期成長。全球原油消耗量略有波動，但並沒有維持每天九千萬至九千兩百萬桶的成長率。不僅如此，讓許多經濟學者和投資者跌破眼鏡的是，中國的經濟成長，竟比預期的還要溫和許多。而美國一％至二％的疲弱成長看似強勁，只是因為相較於歐洲正經歷經濟緊縮，而成長率低迷。全球局勢正面臨緊要關頭。

當二〇一三年進入尾聲，我的石油部顧問預測來年情勢很悲觀，因此我們密切關注未來的供需趨勢。

對全球供過於求的擔憂，並未立即得到市場中其他國家的共鳴。事實上，當石油輸出國家組織，即將在二〇一四年六月十一日召開會議時，市場還預測，因美中兩國需求超乎預期，而且伊拉克和利比亞未能增加產量，所以需要增產。就在石油輸出國家組織會議後僅僅一個星期，油價攀上高峰，布蘭特原油價格每桶達一百一十六美元。

最後證明這是高水位警示。

時間一週一週過去，價格一而再、再而三的下跌。問題在於**未來的情勢會如何發展？**在這種情況下，**我非常清楚所有的目光都會看向我——沙烏地阿拉伯石油部長**。二十年的工作經驗，再加上擔任沙特阿美主管的二十年歲月，我知道應該大膽、果斷的行動。但這一次，不能只有我們。

就像多年來一樣，我們願意與其他石油生產國合作，一起協調減產。但所有集體行動，必須包括主要的非石油輸出國家組織產油國。根據一九九〇年代末期和二〇〇九年的經驗，尤其是與俄羅斯打交道的經驗，對於真的付諸實行的可能性，我沒抱持樂觀的態度。

當然，我不會首先發難，也知道需要花上一點時間，才能讓石油輸出國家組織和其他產油國理解我們的立場，並了解我們不是在開玩笑。

油價不止跌，誰先出場？

我同時觀察到，**原油價格下跌，對高價與效率低的生產者逐漸形成壓力**。到了九月的第二週，布蘭特原油交易價格低於九十八美元，西德州中級原油價格在九十美元上方徘徊。九月十日，我們出席科威特的海灣合作理事會會議（Gulf Cooperation Council meeting）。大家的共同疑問是：會低到什麼地步？我對記者表示，價格波動實屬正常，我不擔心油價。有一些沙烏地媒體大肆批評我不該這樣說。他們想知道，如果石油部長不擔心油價，那應該由誰來擔心？

到十月中旬，每桶布蘭特原油又下跌十美元，而且沒有止跌的跡象。因為石油價格繼續下滑，委內瑞拉等生產國面臨著日益嚴重的財政危機。委內瑞拉外交部長和前石油部長拉菲爾・瑞米（Rafael Ramirez）呼籲，排定在十一月二十七日舉行的會議之前，先行召開石油輸出國家組織緊急會議，以利訂定價格底線，但是這個想法在石油輸出國家組織中，並沒獲得太多支持。

更讓我感興趣的是，我接到一通私人電話，要我在十一月的第一個星期的國際氣候變化政策會議，私底下另外和瑞米見面。這次會議地點是委內瑞拉加勒比度假村，瑪格麗塔島先前被徵用的希爾頓酒店。下一屆聯合國締約方大會（United Nations Conference of Parties，簡稱COP20）會議，預定於下個月在利馬（Lima）舉行。在那之前，政府部長和民間團體領導人都會在這次會議中聚頭。

一九九〇年代後期，沙烏地阿拉伯和委內瑞拉是死對頭，因為我們認為委內瑞拉不願遵守限額，也不公布準確的生產數字。儘管如此，我個人非常尊重瑞米部長以及他對市場的判斷，尤其和他的前任部長相比。

我在飯店大廳見到瑞米部長，我們搭電梯去他的套房開會。我們試圖到他位於頂樓的套房，當下奇怪的氣氛正好預示了待會的會議場面：電梯停了前四層樓，然後立即把我們送回大廳。部長很尷尬，但我們都笑了出來，最後終於到了他的房間。

經歷了電梯驚魂記，我們獲得的回報，就是宛如明信片般的絕美景觀，加勒比海港浸沐在月色之中，秋夜溫暖宜人，我們未穿外衣坐著開始談正事。瑞米部長稍微介紹後，我首先發言。在我的職涯中，大家始終稱讚我是很棒的傾聽者，透過**傾聽別人說的話，還有他們沒說的話，事實上可以學到很多**，而且不在一開始就插嘴主導對談方向，還可以強化自己的論據或決策。

但我這次需要盡量把話說清楚，因為風險太高了。也許是年歲漸長也漸漸養成耐心，甚至智慧。但我了解到，當你為國家和政策發聲時，**絕對不能只說一次或兩次，必須不斷重複**才能改變現狀。

我概述了我們所處的現狀，**高成本油源（頁岩油）的供應量不斷升高，需求又低於預期**。他點點頭，說他們對市場的看法也是如此。我接著說：「現在，石油輸出國家組織會員國被要求減產。我不覺得我們為了保衛油價而保衛油價是公平的。這樣會犧牲掉我們的市場占有率。」我還補充說明：「如果我們想減產，就必須與上談判桌的其他非石油輸出國家組織產油國合作。」接下來就看委內瑞拉怎麼決定。

瑞米趁機發言：「油價對委內瑞拉非常重要。我想我們可以試圖和其他國家談談。」感覺是委內瑞拉總統希望他採取這種方法，而且我也同意他的看法，所以他因此鬆了一口氣。我們討論了產油大國，如俄羅斯、墨西哥、哈薩克和挪威。由於美國原油是由獨立企業生產，而美國訂定了嚴格的反壟斷法，所以我們不可能有機會與美國人談話，更別提談判。

我的一位組員後來問我，我覺得瑞米部長**把非會員國帶上談判桌，並成功讓他們減產的**

機會有多高？我舉起右手，比出一個零。

氣候政策會議結束後，我飛往墨西哥，參加國際能源論壇在阿卡普爾科（Acapulco）舉行的天然氣會議。我在那裡遇到了墨西哥能源部長，佩德羅・柯德維爾（Pedro Joaquin Coldwell）。事實證明，我跟瑞米部長走上相同的腳步。柯德維爾部長告訴我，他對委內瑞拉說，墨西哥贊同我們需要協調降價，還提醒我，我們兩國在一九九〇年代後期和二〇〇九年，兩度密切合作減產。現在的問題是，墨西哥正採取各種手段，吸引該國迫切需要的外國投資，以利其關鍵領域的石油生產現代化。他們不能在現代化的同時，又減產為吸引投資而預計增產的油田。我明白。

藉此機會，我重申自己在十一月十二日的演講中，所表達的立場。我說，我們希望與「其他生產國合作確保油價穩定，以保護生產國、消費者和整個產業的利益。無論蓄意與否，價格戰的論點是不正確的，而且毫無現實依據可言」。有些名嘴緊盯我們在石油定價公式中，作出的小變化，並抨擊說這是我們發動價格戰的證據。我對他們說，胡扯：「沙特阿美的油價符合完善的行銷流程，不多也不少。這些流程囊括了許多科學及實際因素考量，包括市場現狀。」

我想自己說的很直白。許多觀察家了解，但我不過是在重申一直以來的立場。

無所作為，沙國就這麼勝出

在油價由年中的高點，下跌約三〇%的時候，我並沒有積極的作為。其他人感到很沮喪。一位評論家**說我「刻意打迷糊仗」**，**「非常葛林斯潘」**。有時，你就是贏不了。

我日曆上的下一件大事，就是十一月在維也納舉行的石油輸出國家組織會議。這裡又發生了另一齣電梯荒唐劇。在石油輸出國家組織官方會議前幾天，我們同意與委內瑞拉以及兩個非石油輸出國家組織產油國俄羅斯及墨西哥的代表會晤。如果全球真的會做出一致的因應措施，關鍵地點就是這裡。

會議在柏悅飯店（Park Hyatt Hotel）舉行，俄羅斯能源部長和同事也都下榻於此。瑞米部長在維也納與我們會面前，先飛往莫斯科，分別會見俄羅斯人員，以倡導共同降價。他熱臉貼到的冷屁股，大概和十一月下旬的莫斯科天氣一樣冷吧。

為了避免引起媒體注意，我們沙烏地人員分別乘坐兩輛車，前往柏悅飯店，然後由後門進入。那裡原來是飯店的卸貨區，**我們穿過卸貨區搭乘電梯**，然後前往較高的樓層，但是電梯小到只容得進兩人，所以我們分兩次搭乘。

套房內有兩個半圓形大沙發。其中一個上面坐的是俄羅斯副總理，兼大型國營石油公司俄羅斯石油公司執行長伊格．謝欽，以及俄羅斯能源部長亞歷山大．諾瓦克（Alexander

▲ 2009 年，被困在石油輸出國組織中。我坐在沙烏地阿拉伯副石油部長，阿卜杜拉．阿齊茲王子（右二）旁邊，面對亂哄哄的媒體，小心應對石油輸出國家組織中會議的例行媒體問答。媒體有其自己關注的議題，但可悲的是，他們越來越過於短視。

Novak）。另一個上面坐的是瑞米部長。我們邊彼此寒暄邊等墨西哥代表團到達。

柯德維爾部長加入後，我們移動到另一個房間，圍桌而坐，幕僚在我們身後。組織會議的瑞米部長先歡迎我們大家，然後看著坐在對桌的我說：「阿爾納米部長閣下，你想先發言嗎？」這次與在瑪格麗塔島上的會議不同，我不想。這幾週以來，我已經清楚表明立場，所以我想讓別人先表明他們的想法：「先聽聽非石油輸出國家組織的朋友，有什麼看法吧。」向柯德維爾部長比出手勢。

墨西哥重複了他在阿卡普爾科對我說的話，並補充說明一些油田發生的技術性問題，但也強調為了吸引外國投資，他們別無選擇，只能維持目前的產量。我點點頭表示明白。

我們都轉頭看俄羅斯代表。伊格．謝欽先發言，其次是諾瓦克部長。他們談到近年來俄羅斯的產量如何趨於穩定，還提出了一份清單，詳列了以往遇到的技術問題。他們的幕僚還分發了簡報，我們隨便翻閱了事，而他們的底線就是，現在完全無法減產。

所有人把目光轉向我。也許他們希望，他們的聲明會讓我備感壓力，好讓我決定沙烏地阿拉伯將再次跳進來，一舉大幅減產。這樣他們就可從中受益，不必分擔損失收入的痛苦。這次不行。

我收好文件說：「**看起來沒有人可以減產，所以我想會議結束了。**」然後我站起來，握手要離開。對於我的反應，我的幕僚顯然和其他部長一樣措手不及。我聽到他們在我身後匆忙收拾東西。我對談判不感興趣，柯德維爾、諾瓦克和謝欽極力掩飾他們的震驚。瑞米部長一副不悅的樣子。我們全都握了手，然後我們小組由後面的電梯離開。

當晚，瑞米部長與媒體談話，說我們舉行了一場會議，儘管沒有達成共識，但他仍然樂觀的認為，石油輸出國家組織官方會議會採取行動。但市場卻沒這麼樂觀，他的記者會後，油價下跌了數美元。

謝欽還公開致辭，在書面新聞稿中他表示：「我們應該明確區分多數石油輸出國家組織國的石油業，和俄羅斯石油業的具體性質差異。由於氣候、後勤和技術性因素，俄羅斯無法立即減產，但可以採取具有中長期效應的結構化措施。」他在問答時間表示，最近油價下跌對於俄羅斯經濟來說「無關緊要」（不過莫斯科部長持不同意見），俄羅斯連「一桶」石油都不會減產。

此外，在OPEC全體會議前一天，我和伊朗石油部長比詹・贊加內（Bijan Zanganeh）見面。這次會面比較著重於說明我們最近的立場。他大體上同意我們的看法。我當天也會見了其他波灣的會員國，並對記者表示，我預計石油市場「終將自行穩定」。

即使到了石油輸出國家組織會議的上午，還是有些人預測，我們會不等非石油輸出國家組織的協調結果，就逕行宣布大幅減產。

委內瑞拉的瑞米部長在會前告訴記者，為了恢更高的油價，每天需要減產兩百萬桶。他不願意忘掉一百美元的油價。阿爾及利亞也希望減產。

我們一進入石油輸出國家組織開會現場，各項活動就如我預期的進行。部長們宣布了各自的立場，許多人表示石油輸出國家組織需要減產。我一個一個問他們，他們代表的國家是否都願意減產。沒有國家願意。

午餐後，我重申我國立場。如果沙烏地阿拉伯或石油輸出國家組織全體減產，但主要非會員國卻沒有參與，那我們只是犧牲了自己的收益與市場占有率。為了所有會員國的長期利益考量，我們必須讓市場自行找到供需平衡點，而且石油市場出現太多新進生產商，沙烏地阿拉伯無法扮演全球生產調節者的角色。我們投了票，同意維持生產目標。

儘管我已多次闡明立場，而且兩天前，我們在墨俄兩國的會議上，也未能達成協議，但石油市場和貨幣市場的反應，好像這個決議出乎意料一樣。布蘭特原油期貨下跌六．七％，到每桶七二．五八美元。俄羅斯盧布兌歐元，創下歷史新低，兌美元也接近史上最低紀錄。

儘管石油輸出國家組織，和非石油輸出國家組織產油國，未能在二〇一四年底達成協議，而且油價隨後又大幅下跌，但我仍保持樂觀。我們身處於暫時的狀態：全球最重要的商品，正在就未來的發展重新調整價格。新的供應量會以適當的價格，找出新的需求。

結果一定是——**透過油價漲跌，沙烏地阿拉伯依然會是全球最值得信賴和可靠的能源供應國。**

致謝

石油的未來，我這麼看

我選擇在二〇一四年十一月，結束我的職業生涯。原因有很多，不只是因為人生無不散的宴席，也是因為在維也納召開的石油輸出國家組織會議中，我們做出的歷史性決定，似乎非常正確。儘管如此，在這篇回憶錄於二〇一六年定稿付梓之前，我們的環境起了很大的變化。二〇一五年，薩勒曼國王（King Salman）接替哥哥阿卜杜拉的王位。按照習俗，他必須在一段時間內改組內閣。在我擔任部長二十一年後，因全面改組，前沙特阿美執行長哈立德．法力赫出任石油部長。我誠心祝福哈立德，他非常具有才幹。薩勒曼國王賜我擔任皇家法庭顧問的榮耀。

現在似乎正是我回顧這一生中職業生涯，以及石油產業變化的大好時機。如果您已讀完本書，現在應該已經知道，一九四七年，我進入沙特阿美擔任辦公室工讀生，也知道當時的世界和現在截然不同。從那時起，沙特阿美和沙烏地阿拉伯也經歷了不少變化。沙烏地阿拉伯走出過去的貧困不堪，到現在已名列二十國集團（G20，國際經濟合作論壇）。與當時還是小男孩的我所看到的相比，現在的預期壽命、教育水準、醫療照護與基本建設，完全不可同日而語。真是一段令人讚嘆的時光，而且這段旅途也還未走到終點。

在石油及天然氣產業工作的七十年歲月裡，我親眼見過每桶二美元，和一百四十七美元的油價，還看過在這兩個數字間的價格波動。我目睹過供應過剩及不足，看到多次繁榮與蕭條，也逃過油峰末日論者的魔掌！這些經歷教會我，**這個事業以及這個商品，就和所有商品一樣，無可避免的不斷循環**。儘管我盡力將目光放遠，短視卻仍是主流。**需求有漲有跌，供應量時起時落，價格當然也有高有低。**

在一九九五年，我成為石油部長時，當年每桶平均油價約為十六到十七美元。生產者與消費者雙方，都覺得很合理。由於各種因素，包括亞洲金融危機，價格隨後崩盤，但透過鋼鐵般的決心及外交合作，石油輸出國家組織，與非石油輸出國家組織產油國，攜手合作，情勢終致好轉。事實上，之後的數年，我們目睹油價以驚人的幅度攀升，這是因為多數已開發國家與開發中國家，經濟強勁成長的結果。

當石油飆漲到每桶一百美元時，供應商和消費者似乎也覺得價格很公道。但這個價位真的很高，**造成全球一股腦兒的投資先前不具經濟效益的油田**。從北極到加拿大油砂，從委內瑞拉奧利諾的焦油砂，到深海的未開發地域都是。這也導致美國某些區域的頁岩油資源得以開發，造成全球各地，傳統與非傳統石油供應強勁成長。想當然耳，價格開始下跌。

如同前文提到的，二〇一四年十一月召開的石油輸出國家組織會議，許多人大聲疾呼石油輸出國家組織，應該降低產量，好讓油價止跌。但石油市場比石油輸出國家組織大多了，我們盡力將會員國與非會員國集結在一起，以尋求共識。但大家對共擔苦難興趣缺缺，所以交由**市場重新尋找供需平衡點，似乎是最有效的方式**。這是當時（也是現在）最簡單的做法——回歸市場機制。無心留意的旁觀者，會覺得這很合理，但這個做法在石油輸出國家組織中卻是非常重大的變革。我會交由歷史來評判，我們市場機制政策的成敗。

事實上，不論過去或現在，石油需求都很強勁。您可以辯稱，有時會有小幅度的起伏，**但結論依然是，全球每天需要、也取得超過九千萬桶的石油，而且長期需求會升高，所以我不擔心需求面**。

比較過去的週期循環，我們可以發現，每個年代都各有不同。二〇一四以後和一九八〇年代不同，石油市場變得更複雜難懂，還出現了許多三十年前，不存在的市場參與者與財務工具。每個石油市場的循環，都帶來了一些未開發的市場。比起過去幾十年，全球石油市場變得更有效率、更活躍，也不斷讓我們感到意外。有時出現驚喜，有時出現驚嚇。市場波動與暴衝的油價（包括市場高低價）都是未來的關鍵挑戰。

萬一市場失靈，政府和產業需設法攜手合作，協助市場回到平衡點。我們需要讓市場機制發揮作用，但也必須戒慎恐懼。我們必須盡力了解市場動態，同時好整以暇，解決市場可能出現的失靈及極端價格波動。

就更廣泛的層次來看石油業的未來，**石油在未來仍是主流**，你也許並不意外。事實上，我覺得石化燃料很好，但是不管我們喜不喜歡，石化燃料依舊是整體能源組合的關鍵要素。但別誤會，我大力支持再生性能源，尤其是風力發電以及太陽能發電。以沙烏地阿拉伯來說，太陽能會是下一世代很棒的能源來源，但我同時也相信，組合式來源在未來是最棒、最安全的。

以我而言，**環境問題不在於化石燃料本身**，而在於燃燒煤炭、石油和天然氣後，排放的有害廢氣。然而，解決辦法絕不是讓世界上最棒、最豐沛、最具經濟效益的能源資源，長埋地底。我相信**解決之道在研發降低、終至消除有害廢氣的科技**。有些人不認同這個觀點，但我對科技深具信心，如碳捕獲技術已小有斬獲。世界不斷的在進步，但仍需要更多的努力與合作。在未來數十年，全球人口會不斷成長，相信單靠可再生性資源，無法滿足所有需求。而且開發中國家致力於滿足其能源需求時，卻由先進國家獨斷的允許或禁止，這些開發中國家何者該為、何者不該為，根本不公平。

沙烏地阿拉伯、美國、歐洲和亞洲，基本上世界每個國家和地區的開發，都少不了化石燃料。石油衍生產品，在人們的生活中更是不可或缺。石油業應歡欣接受這樣的現實，也應更善加說明這些珍貴天然資源的重要性。

▲又是美好的一天和美好的一座山。我即將滿 80 歲，但仍然是運動迷，這讓我的團隊很困擾，但這項嗜好有助我思考，讓我一步步解決問題。

至於我，我為沙特阿美效力，進而成為領導者，又擔任石油部長二十一年，我為自己在這段期間發揮的功用深以為傲。但戲再精彩，終須落幕。我無怨無悔，即使重來，我的決定依然不變。無論如何，過往的人生與職涯，我過得很精彩。儘管年近八十，經歷了七十年的石油人生，我依然是未來世界的公民，也是天生的樂天主義者。

至於明天會發生什麼？多年來我常對媒體說，若我能未卜先知，我現在就會在拉斯維加斯或澳門豪賭一把了——端看何者距離比較近。

阿爾納米大事紀

年代	阿爾納米大事紀	世界大事
一九三五年	阿里·阿爾納米出生。	沙烏地阿拉伯初建國三年。
一九三九年	當年四歲的阿爾納米獲得他人生的第一份工作：牧羊。	·阿卜杜拉·阿齊茲國王親自打開油閥，沙烏地阿拉伯躋身產油國。 ·第二次世界大戰爆發，沙國石油資源差點成為軸心國目標。
一九四〇年	五歲，和同年紀的親戚一起行割禮，一群人躺在客廳，一個一個被長輩喀嚓掉。	
一九四四年	九歲起第一次與哥哥到直布學校上學，每天赤腳走十幾公里，知識讓阿爾納米的人生就此不同。	
一九四六年		第二次世界大戰落幕。
一九四七年	·當年阿爾納米十二歲，被學校選為代表，在阿卜杜拉·阿齊茲來訪時朗誦詩句。自此，阿爾納米每位國王都見過。 ·初次進入阿美公司擔任辦公打雜小弟，就此展開七十年的石油生涯。	

一九五六年	獲頒公司獎學金，可以在貝魯特美國大學國際學院念書，並上大學。	蘇伊士運河危機爆發。
一九五九年	初到美國賓州理海大學求學，兩國不同的文化讓阿爾納米一下被誤會是共產黨和同性戀，還有美國學生以為他是騎駱駝來的。	
一九六〇年		·石油輸出國家組織正式成立。 ·沙烏地阿拉伯正式成立石油暨礦產資源部，首位石油部長為塔里基部長。 ·甘迺迪當選美國總統，全美氣象煥然一新，他於隔年就職。
一九六二年	·由理海大學畢業，阿爾納米説服公司，讓他繼續到史丹佛大學深造，取得碩士學位。 ·阿爾納米和妻子黛比雅完婚。	雅曼尼接任塔里基，成為沙烏地阿拉伯新任石油部長。
一九六三年	由史丹佛大學畢業。	甘迺迪總統遇刺身亡。
一九六五年	應農業部長之邀，短暫加入政府擔任主任，但因阿爾納米與該部作風迥異，兩天後便重回阿美公司任職。	
一九六六年	長子拉米出世。	

一九六七年		阿拉伯以色列六日戰爭爆發。
一九六九年	被任命為蓋布格產油部負責人，是第一位擔任部門負責人的沙烏地人。	
一九七三年	晉升為蓋布格石油部經理。	贖罪日戰爭爆發，沙國費瑟國王宣布石油禁運，導致第一次石油危機。
一九七五年	晉升阿美公司執行副總裁。	·費瑟國王遭其侄刺殺身亡。 ·人稱「豺狼卡洛斯」的恐怖分子襲擊石油輸出國家組織的總部，還挾持十位人質，包括雅曼尼部長。
一九七九年		·伊朗伊斯蘭革命，造成第二次石油危機。 ·沙烏地阿拉伯禁寺恐攻事件。
一九八〇年		兩伊戰爭開打，波斯灣國家石油和運出產業時不時會受到影響。
一九八三年	成為阿美公司總裁。	
一九八六年		雅曼尼部長遭到公開解職，納瑟成為新任石油部長。

一九八八年	沙特阿美正式取代阿美公司。	兩伊戰爭落幕。
一九九〇年		．海珊入侵科威特。 ．波灣戰爭開打。
一九九一年		波灣戰爭結束。
一九九三年	遞出辭呈，滿心期待在六十歲退休，卻被國王親自打回票。	
一九九五年	在阿拉斯加的釣魚之旅途中，被國王首度徵召為石油部長。	
一九九七年	阿爾納米偕同石油輸出國家組織如實修正各國產油量，油價卻因此崩盤，直探每桶十一美元。	亞洲金融風暴，泰國首先發難，其後世界各地景氣直直落。
一九九八年	石油輸出國家組織會員國和非會員國首次共同合作，議出全球油價。	
一九九九年	阿爾納米領導世界上最大的油田——謝拜油田落成。	

二〇〇一年		·九一一恐怖攻擊事件。 ·美國總統小布希上任。
二〇〇三年	阿爾納米三度出任石油部長。	美國入侵伊拉克。
二〇〇五年		沙烏地阿拉伯法赫德國王逝世。弟弟阿卜杜拉繼位。
二〇〇八年		·全球金融海嘯。 ·歐巴馬當選美國總統，於隔年上任。
二〇一〇年		阿拉伯之春。
二〇一五年	阿爾納米卸任石油部長，出任皇家法庭顧問，結束了長達二十一年的石油部長生涯。	沙烏地阿拉伯薩勒曼國王繼位，改組內閣。

國家圖書館出版品預行編目（CIP）資料

油價決定者：他的一句話直接影響油價、一個動作震盪世界經濟，沙烏地阿拉伯油王告訴你，世界的權力如何運作！/ 阿里·阿爾納米 著；易敬能 譯
-- 初版 -- 臺北市：大是文化, 2017.07
368面；17×23公分. --（Biz；228）
譯自：Out of the Desert：My Journey From Nomadic Bedouin to the Heart of Global Oil
ISBN 978-986-94580-5-4（平裝）

1.阿爾納米（Ali Al-Naimi）
2.傳記 3.石油工業

783.5918　　106005650

Biz 228

油價決定者

他的一句話直接影響油價、一個動作震盪世界經濟，沙烏地阿拉伯油王告訴你，世界的權力如何運作！

作　　者　阿里・阿爾納米
譯　　者　易敬能
責任編輯　王怡婷
校對編輯　李家沂
美術編輯　邱筑萱
主　　編　賀鈺婷
副總編輯　顏惠君
總 編 輯　吳依瑋
發 行 人　徐仲秋
會　　計　林妙燕
版權主任　林螢瑄
版權經理　郝麗珍
行銷企畫　汪家緯
業務助理　馬絮盈、林芝縈
業務專員　陳建昌
業務經理　林裕安
總 經 理　陳絜吾

出 版 者　大是文化有限公司
臺北市 100 衡陽路7號8樓
編輯部電話：（02）23757911
購書相關諮詢請洽：（02）23757911 分機122
24小時讀者服務傳真：（02）23756999
讀者服務E-mail：haom@ms28.hinet.net
郵政劃撥帳號　19983366 戶名／大是文化有限公司
香港發行　里人文化事業有限公司 "Anyone Cultural Enterprise Ltd"
地址：香港新界荃灣橫龍街78號 正好工業大廈22樓A室
22/F Block A, Jing Ho Industrial Building, 78 Wang Lung Street, Tsuen Wan, N.T., H.K.
電話：（852）24192288　傳真：（852）24191887

封面設計　張哲榮
內頁排版　張哲榮
印　　刷　鴻霖印刷傳媒股份有限公司
出版日期　2017年7月初版
定　　價　新臺幣399元
I S B N　978-986-94580-5-4